# Cartas luso-brasileiras

**Direção editorial** Antonio Nicolau Youssef
**Coordenação editorial** Célia de Assis
**Edição** Nina Basílio
**Assistência editorial** Caline Canata Devèze
**Revisão** Fernando Mauro S. Pires
Luicy Caetano de Oliveira
**Produção editorial** José Antonio Ferraz
**Capa e coordenação de arte** Narjara Lara
**Assistência de arte** Marilia Vilela
Viviane Aragão

**Dados Internacionais de Catalogação na Publicação (CIP)**
**(Câmara Brasileira do Livro, SP, Brasil)**

Cartas luso-brasileiras 1807-1821 : a invasão francesa : a corte no Brasil : a revolução liberal / Antônio Monteiro Cardoso, Antônio de Oliveira Pinto da França, organização, introdução e notas. – São Paulo : Companhia Editora Nacional, 2008. – (Coleção Brasiliana)

Bibliografia.
ISBN 978-85-04-01405-1

1. Brasil – História 2. Cartas luso-brasileiras 3. Família Garcez – Correspondência 4. Família Pinto da França – Correspondência 5. Portugal – História I. Cardoso, Antônio Manuel Monteiro. II. França, Antônio de Oliveira Pinto da. III. Série.

08-09618 CDD-900

Índices para catálogo sistemático:
1. Cartas luso-brasileiras : História social 900
2. Correspondências : História social 900

1ª edição – São Paulo – 2008


Companhia Editora Nacional

Av. Alexandre Mackenzie, 619 – Jaguaré
São Paulo – SP – 05322-000 – Brasil – Tel.: (11) 2799-7799
www.editoranacional.com.br editoras@editoranacional.com.br

# Cartas luso-brasileiras

## 1807-1821

A invasão francesa

A corte no Brasil

A Revolução Liberal

Antônio Pinto da França

Antônio Monteiro Cardoso

Companhia
Editora Nacional

*IN MEMORIAM*

*Bento de Oliveira Pinto da França*

*(1944 - 2004)*

*Ao amigo,*

*Realizador de cinema e de televisão de rara sensibilidade, que através das suas imagens me ajudou a descobrir o Brasil, a África e tanta coisa interessante. Com muita saudade das conversas infindáveis, em que falávamos de cinema, de história, de tudo e ainda do filme que se havia de fazer sobre a vida de uma família luso-brasileira na época da Independência do Brasil.*

Antônio Manuel Monteiro Cardoso

*Ao meu irmão,*

*Companheiro insubstituível da minha vida, recordando em particular todo o empenho que no passado pôs na publicação desta correspondência.*

Antônio de Oliveira Pinto da França

# Sumário

# Apresentação

Lilia Moritz Schwarcz *

Este livro apresenta um conjunto documental cuja abrangência, qualidade e coerência são raramente encontradas no Brasil. Trata-se da longa, contínua e sensível correspondência trocada entre as famílias Garcez e Pinto da França, que mantiveram laços de parentesco desde finais do século XVIII. O prolongado diálogo escrito resultou em um pacote polpudo de trocas de correspondências entre os membros dos dois grupos e, mais ainda, num retrato vivo desse Brasil joanino (de um lado) e desse Portugal sem um rei (de outro).

Mais interessante ainda é que a correspondência cruzava, a todo momento, dois continentes – a Europa e a América – e num período particularmente marcante de uma história que acabou por unir, mas também separar, as duas nações. Estamos falando de tempos nervosos e do contexto particularmente estratégico que marcou o período que vai de 1807 a 1824. Quando as missivas começaram a ser trocadas, o príncipe regente D. João recém partia numa aventura singular, rumo a sua colônia tropical e americana. Experiência ousada, o translado da Família Real representava uma epopéia das mais originais: era a primeira vez que a realeza se

* Lilia Moritz Schwarcz é professora titular do Departamento de Antropologia da Universidade de São Paulo (USP) e autora, entre outros, de *A longa viagem da biblioteca dos reis* (São Paulo, Companhia das Letras, 2002) e *O sol do Brasil* (São Paulo, Companhia das Letras, 2008).

mudava, e atravessava o Atlântico, premida pela pressão do exército francês comandado por Junot.

Acompanhamos, pois, a partir de um olhar singular, a vida dessa corte transmigrada, as mudanças aceleradas e as tantas expectativas de parte a parte. Havia muita novidade nos trópicos, e muitos ajustes a serem feitos. No entanto, para quem ficou em Portugal sobravam receios, temores, assim como uma boa dose de esperança.

Mas a outra ponta desse conjunto documental é também significativa. Em 1824 não só o rei estava já de volta a Portugal, e jurara a Constituição, como o Brasil se tornara independente de sua metrópole. A história dá, portanto, muitas voltas e nesse caso essas cartas narram de maneira indireta uma trajetória tomada por ambivalências, perigos e guinadas políticas de toda sorte.

Depositadas no arquivo da família Garcez as missivas restaram sem maior publicidade, durante um bom século, e só agora vêm a público, revelando a relação regular que se estabeleceu entre esses dois lados do império português. Parte dos membros das famílias relata as vantagens dessa "nova" e "magnífica" terra. Não se perdem, porém, as raízes e alianças com a ex-Metrópole, que ficara momentaneamente para trás.

A documentação traz também as características da literatura epistolar, cuja popularidade só é corroborada por esse conjunto documental. Esse gênero literário permite entrar na "sala de jantar" sem convite expresso; bisbilhotar as contradições da vida alheia e, de quebra, entender como a política se inscreve nas situações mais inusitadas. Gênero reconhecido e consagrado, essas obras epistolares, feitas de diálogos escritos e devidamente trocados, sempre satisfizeram a curiosidade de uma série de leitores que nunca negou seu lado fofoqueiro.

Na França, por exemplo, essa literatura fez a alegria da corte, assim como mostrou as mazelas da nobreza decadente do Antigo Regime. No entanto, já no Brasil, um conjunto coerente como esse é jóia rara de ser encontrada, e merece mesmo uma boa lapidação. Nesse caso, temos duas famílias afastadas pelo Oceano e cada uma escrevendo sobre seus dissabores, sabores e saudades. A vida cotidiana no Brasil, a chegada e a estada de D. João na colônia – elevada a Reino Unido em

1815 –, a revolta de Pernambuco em 1817 e finalmente a rebelião liberal do Porto em 1820, bem como o conseqüente retorno de D. João VI e de Carlota Joaquina a Portugal. Aí estão temas que surgem salpicados em meio ao tempero dos assuntos de cunho mais pessoal, e dos dramas do dia-a-dia.

As duas famílias pertenciam à chamada "nobreza das províncias" e por isso falavam sempre em nome dessa elite imigrada e que em terras tropicais teve tempo de dialogar com uma nobreza recente; um baronato novo, criado pelo regente como forma de compensação aos préstimos dos "nativos da terra". Toda essa nova paisagem política criava certa tensão entre a idéia de velho (e puro) e de novo (porém de certa maneira contaminado). Nas cartas a "tradição" desta nobreza, que carrega seus títulos mesmo quando viaja ao Brasil, fica evidente, assim como a referência aos seus direitos hereditários.

Mas esse ambiente marcado por privilégios estáveis e duradouros iria mudar, ainda mais nesses tempos acelerados e dados a alterações pouco antecipáveis. E todo esse mar de contradições aparece sempre nas entrelinhas; uma vez que boa parte das cartas menciona, sobretudo, as saudades e as faltas recíprocas.

Em uma das missivas aparece a seguinte citação: "Eu vivo melancólico e rodeado sempre de estranhos e sem esperança de ver tão cedo os meus". A idéia da ausência, a insegurança em rever amigos e parentes é uma constante nesses documentos que mostram como esse exílio forçado era sentido, na experiência de cada um, como uma grande falta, uma imensa ausência, seguida da insegurança do que estava por vir.

"Dito isso, nada sei", é a expressão presente em outra missiva, revelando como o receio maior era da inexistência de notícias ou do extravio das poucas cartas que ligavam amigos, familiares, esposos saudosos, pais e filhos.

"Cada vez temo mais que se percam as cartas; estou desesperada, desesperadíssima porque não me chegam cartas; vou a ver se me chega alguma coisa apesar de que até outubro não requeiro." Solidão e desespero representam a expressão individual de um drama político de proporções maiores e que afetava as duas nações, mas ainda mais os portugueses, que ficavam sem o rei, sem a corte, mas também apartados de seus parentes. Feliz era aquele que finalmente tinha sinais de um bom sinal de vida: "Recebi uma cartinha sua que, como sempre, estimo ao infinito. Saudades". Dura era a realidade daqueles que aguardavam em vão: "Há muito tempo que não tenho o gosto de receber cartas tuas".

"Eu vivo melancólico e rodeado sempre de estranhos e sem esperança de ver tão cedo os meus." Meus e seus, estranhos ou familiares, eram termos flexíveis e que se intercambiavam ainda mais nesse momento. Afinal, as próprias fronteiras políticas andavam afetadas nessa época em que os exércitos franceses redesenhavam o destino das nações européias, criando monarquias ou reduzindo outras a Estados agora dependentes.

Não por coincidência a França aparece definida com tinta das mais negativas. Termos como "o inimigo", "malditos franceses", "maldito Bonaparte" ou "guerra bárbara" expressam com clareza os ânimos exaltados que assolavam os nossos compatriotas. Afinal, "o monstro corso" seria o culpado de tanto desgosto; o responsável pela separação e apartamento de tantos conhecidos, familiares e amigos queridos. Por conta disso, não faltavam torcidas de todo o tipo. Por vezes elas poderiam revelar-se mais temerosas: "O inimigo tem se adiantado em força". Não faltavam momentos, porém, em que os termos surgiam mais esperançosos, revelando quase um ar de desabafo: "Desejo que lhe saiam bem errados os seus planos e que levem bem nos narizes". Só não valia ficar indiferente a tudo que acontecia.

Como se vê, os temas e as expressões eram de ordem íntima, mas faziam parte de uma agenda mais ampla. No entanto, em se tratando desse tipo de literatura epistolar tudo passa pelo crivo pessoal: ora o desespero, ora a resignação.

Também sobram manifestações de curiosidade, ainda mais diante daqueles que ficaram e ansiavam pela experiência daqueles familiares que agora viam os trópicos. Os que permaneceram em Portugal perguntavam sempre pelas novidades da terra e recebiam por vezes descrições mais detalhadas e por vezes respostas breves; cortantes até: "Não dou novidades da Corte porque as gazetas as publicam e estou no seu sistema de não ser noveleiro".

Mas era possível narrar um pouco dos novos ares sem "ser noveleiro". Por isso as missivas que retornam para o Velho Mundo chegam repletas de descrições que desenham por escrito, e por meio das palavras, as maravilhas dessa colônia.

"País de uma natural magnificência e beleza que encantam" é pouco quando se trata de retratar para uma alma de coração próximo, mas presença distante, as delícias dessa terra de eterno verão.

Contudo, mesmo quando econômicas, as cartas relatam os novos costumes ou lamentam a ausência dos velhos. Particularmente representativa é a troca de correspondência acerca de casamentos e alianças. Os mais velhos reclamam das mudanças nos costumes, deploram os casamentos agora feitos por amor, e não mais pautados pelas alianças realizadas pelos pais e calculadas com cuidado. No entanto, se tudo andava pelos ares e mudava rapidamente, como parar o cotidiano ou as decisões agora feitas mais ao calor da hora? Numa época em que não se tinha certeza sobre o futuro, nada como apostar nas saídas de última hora ou que sinalizavam para o tempo presente. Por isso, os casamentos pareciam selar-se rapidamente, assim como as novas perspectivas de vida e destino.

Novos amores, novos futuros, novas separações eram, assim, parte dessa realidade marcada e condicionada pela política externa. Nunca a vida pública afetou tanto a vida privada e entrou na intimidade de cada um. De um momento para outro Portugal acordou sem seu rei e a população portuguesa sentiu que perdera não só o soberano, como o rumo da própria vida. Se não se tinha certeza da sina da Família Real, o que dizer do pequeno reino de cada um.

*Cartas luso-brasileiras* trazem, pois, ao leitor do século XXI, e quando se completam duzentos anos da chegada da Família Real ao Rio de Janeiro, uma visão singela de um tempo que passou e deixou muitas lembranças. A história é em geral cruel com os vestígios que fazem pouco sentido, e apaga memórias pessoais com muita facilidade. Nesse caso, porém, temos um relato vivo, feito de pessoas que sofreram as mazelas de ter um oceano a apartá-las. Como dizia o poeta: "tanto mar".

# Prefácio

Antônio de Oliveira Pinto da França

Nos arquivos das famílias Garcez e Pinto da França, aliadas por casamento nos finais do século XVIII, conservaram-se por gerações dois conjuntos epistolares que vão de 1807 a 1824, época em que vários membros dessas famílias se correspondiam entre Portugal e o Brasil. À medida que os séculos correram essas cartas privadas foram ganhando relevância como fonte histórica.

Com efeito, as duas coleções epistolares contêm importantes testemunhos sobre os acontecimentos que marcaram anos particularmente conturbados da história de Portugal. São os anos de profunda crise econômica, são os tempos das invasões francesas, da estadia da corte no Rio de Janeiro, do advento da Revolução Liberal e da germinação das idéias que conduziram à Independência do Brasil. Claro está que toda essa dramática conjuntura perpassa e se reflete nestas cartas, transmitindo-nos elas preciosos testemunhos sobre os sucessos da época.

Publica-se neste volume o primeiro núcleo de cartas, aquelas que se achavam guardadas no arquivo Garcez. Foram facultadas por José Garcez Lencastre, atual depositário daquele arquivo. A ele se fica a dever a divulgação deste importante espólio documental, abrangendo um período que vai de novembro de 1807 a agosto de 1821.

As duas famílias acima referidas, os Garcez Pinto de Madureira e os Pinto da França, tinham em comum o fato de acumularem, ao longo de algumas gerações, uma relação regular com a Bahia, sem por outro lado jamais haverem alienado as suas raízes no Reino. Constituirão assim um exemplo paradigmático de famílias verdadeiramente luso-brasileiras. Eram gentes que afetivamente traziam em si duas pátrias.

Pode facilmente pressupor-se que há algumas gerações mantinham entre si contatos na Bahia, mas também em Portugal, por ambas estarem ligadas ao Porto e à região ribeirinha do baixo Douro. Terão ainda coincidido na Universidade de Coimbra ou no quadro de carreiras militares, círculos a que estiveram ligados elementos de ambos os clãs. Ligá-los-ia ainda a partilha de ideais liberais. Como aconteceu com muitas famílias da pequena nobreza de província com algum pendor intelectual, terão sido permeáveis aos ventos que sopravam da França. Por último, a ambos os lados afligia uma crônica penúria de meios financeiros. Essa particular circunstância aliada a uma marcada ambição tê-los-á empurrado, ao longo de sucessivas gerações, para o Brasil numa incansável busca de fortuna.

Os Garcez Pinto de Madureira eram duma antiqüíssima estirpe da nobreza de Penafiel. Aí se estabeleceram nos tempos em que a vila ainda se chamava Arrifana de Sousa. Haviam vindo do Porto após terem obtido o ofício hereditário de tabelião da vila, que exerceram desde os fins do século XIV até os princípios do século XIX. A partir de certa altura, os membros desta família são regularmente eleitos para os cargos de sargento-mor e de capitão-mor de Penafiel.

Estranhamente, todo esse percurso familiar parece nunca lhes ter assegurado uma base econômica sólida. Talvez fossem de natureza perdulária. Todos os esforços despendidos em busca de fortuna parecem esfumar-se a cada nova geração.

Por duas vezes se aliaram por casamento a famílias judias sem com isso haverem ultrapassado decisivamente as suas endêmicas carências econômicas.

Ao analisar as alianças matrimoniais dos Garcez, parece poder concluir-se que esta família, com antigos pergaminhos de nobreza, ter-se-á norteado nas escolhas feitas menos por preocupações aristocráticas e mais por considerações de ordem econômica.

Na primeira metade do século XVIII, José Pereira Pinto Garcez, senhor de casa, desposa Teresa Luísa Cardoso, filha de judia. "A Douradinha" era como o povo conhecia sua mãe, Mariana Teresa Rosa Pinheiro. Tal alcunha poderá sugerir beleza mas também pode significar riqueza.

Na seqüência deste casamento com Teresa Luísa Cardoso surge a primeira relação dos Garcez com o Brasil. Com efeito, era ela irmã de João Luís Cardoso Pinheiro, que depois de haver sido desembargador da Relação e da Casa do Porto terá sido transferido para a Bahia, onde se finaria rico e sem filhos. A sua herança deu origem a longo e custoso pleito entre o seu sobrinho e personagem central desta correspondência, o capitão-mor José Garcez Pinto de Madureira, e uma irmã deste, acabando o primeiro condenado a pagar pesada indenização por apropriação indevida de bens do seu tio.

Em virtude do casamento deste último José Garcez Pinto de Madureira, patriarca da família na virada do século XVIII para o XIX, estabelecem-se novas ligações dos Garcez com o Brasil. Com efeito, sua mulher, Maria Libória Máxima Guilhermina da Silva Carneiro, vinha de uma família de origens bem modestas, mas que fizera fortuna no Brasil. Felgueiras Gayo, no seu *Nobiliário*, ao tratar dos Garcez, informa que o avô paterno de Maria Libória fora mestre alfaiate com loja no Porto, o qual teria emigrado e morrido desgraçadamente em terras brasileiras. Um seu filho, criado por um frade bernardo que era prior no Porto, meteu-se a "cravador" de pedras preciosas nesta cidade, emigrando mais tarde para a Bahia, onde fez fortuna. Além de Maria Libória Guilhermina, acima referida, teve também um filho, Antônio Feliciano da Silva Carneiro, que estudou leis em Coimbra. Foi este a certa altura despachado como desembargador da Relação na Bahia, onde casou com Luisa Cavalcanti de Albuquerque, senhora das primeiras famílias baianas. Personagem influente naquelas paragens, viria ele a patrocinar a ida para a Bahia de quatro dos seus sobrinhos Garcez. Desfrutaria ainda da vizinhança da sobrinha Maria Bárbara, também casada com outro baiano como adiante se verá. Aliás, a sua única filha casaria com um dos primos diretos, Manuel Garcez, assim como um sobrinho de sua mulher, Rodrigo Falcão, barão de Belém, casaria com uma filha de Maria Bárbara Garcez, afinal os habituais arranjos matrimoniais entre famílias aparentadas, ainda tão correntes no início do século XIX.

Por outro lado, os Pinto da França, igualmente personagens centrais desta correspondência, traziam também no sangue antigas e repetidas vivências baianas e múltiplos laços familiares os uniam a gentes de Salvador. Senhores do Engenho de Aramaré, no Recôncavo Baiano, eram o fruto de sucessivos casamentos de varões de decaída e empobrecida nobreza de Entre Douro e Minho, atraídos ao Brasil na mira de fortuna, com filhas de senhores de engenho de famílias estabelecidas em terras baianas desde princípios do século XVII. Daí as ligações de parentesco com os proprietários dos engenhos da Transfiguração de Jacuípe, de Jacuípe Pequeno ou de Tararipe de S. Pedro de Rio Fundo, todos eles vizinhos em terras do Recôncavo Baiano.

Bento José de Oliveira, reinol puro, órfão e rebento destituído de antigas estirpes de Fonsecas Pinto e Franças estabelecidas sem glória no Porto, parte para o Brasil, ainda adolescente, na primeira metade do século XVIII. Faz fortuna e casa com Maria Francisca Ferreira d'Eça, da linhagem matriarcal de filhas de senhores de engenho a que acima se faz referência. Compra o Engenho de Aramaré, que permanecerá nos seus descendentes por um século. Para além de cultivar cana e fazer açúcar, desempenha o cargo de coudel-mor e, de 1776 a 1782, chega mesmo a governar a capitania-mor de Sergipe, ao norte de Salvador e dependente do governo da Bahia. É bem natural que durante esses anos na Bahia haja conhecido e convivido com o desembargador Pinheiro, tio do capitão-mor José Garcez, e, mais ainda, com o cunhado deste, o desembargador Silva Carneiro, afinal homem da sua geração. Aliás, é possível que as comuns ligações ao Porto e ao Douro hajam contribuído para uma aproximação entre eles. A cidade de Salvador era afinal naqueles tempos um minicosmos no que toca a reinóis de certa projeção.

Ao deixar a capitania de Sergipe, Bento José de Oliveira vê-se viúvo com três filhos pequenos. Decide retornar ao Porto e, uma vez ali, aplica a sua fortuna em quintas que viriam a servir de base à instituição de um morgadio, enquanto, simultaneamente, se empenha num projeto de urbanização no centro da cidade, nos terrenos da quinta da Fonte Nova, que corria ao longo da rua do Almada. Essa quinta viria a ser cabeça do morgadio instituído por Bento José a favor de seu filho Luís Paulino e de patronímico ao título de conde anos mais tarde concedido a seu neto Bento, outro personagem desta correspondência.

Entretanto, Bento José põe o seu primogênito, Luís Paulino de Oliveira Pinto da França, a estudar leis e matemáticas na Universidade de Coimbra. Ali terá ele encontrado o primogênito do capitão-mor José Garcez, também ele chamado José. Eram da mesma idade e ambos cursaram matemáticas.

Como já se disse, tudo leva a crer que as famílias de ambos manteriam já de há muito relações, mas esses anos de Coimbra, continuados na camaradagem de uma carreira militar comum na arma de cavalaria, consolidaram uma sólida amizade a que só a morte poria fim. Juntos terão descoberto os ideais liberais que adotaram apaixonadamente.

Esta amizade terá muito provavelmente vindo a proporcionar o casamento de Luís Paulino com Maria Bárbara Garcez, uma irmã mais nova de José. Assim convergem, enfim, as duas famílias para os anos de vivências intensas que se sucederiam e que esta correspondência retrata com tanto colorido.

Para além de Maria Bárbara, sobressaem na correspondência que ora se publica as personalidades de José Garcez e de Luís Paulino, cujos destinos dramáticos e aventurosos refletem a grandeza e originalidade das respectivas personalidades, marcadas, como toda a natureza humana, tanto por aspectos positivos como negativos.

Desenharam-se, porém, opostos os destinos destes dois cunhados e amigos. A Luís Paulino, à parte alguns revezes, sempre lhe sorriu uma boa estrela que o irá conduzindo por caminhos suscetíveis de satisfazer a sua marcada ambição e dar corpo às capacidades com que nascera. A José, igualmente dotado de excepcional inteligência, vitalidade e valentia, couberam em quinhão amargos anos de frustração e um fim de vida, viúvo e sem filhos, em apagada tristeza. Morreria na casa de família em Penafiel, com setenta anos, em 1844.

Foram as linhas destes destinos díspares traçadas quando as tropas de Junot entraram em Coimbra.

O desagrado que terá causado a José Garcez a invasão de Portugal não terá sido forte bastante para ofuscar a admiração que nutria por Napoleão, nem posto em causa a idéia que dele fazia como paladino dos ideais da Revolução Francesa. Posto pelos invasores perante o dilema de se render, entregando a espada, ou se inscrever na Legião Portuguesa que a França decidira constituir para acompanhar o imperador nas suas campanhas, opta por esta última alternativa. Irá seguir o imperador até a Rússia, distinguindo-se heroicamente em diversas ocasiões e, como bom intelectual que era, escrevendo um diário das campanhas em que foi participando.

Derrotado Napoleão, viu-se José Garcez demorado em Paris diante da hostilidade das autoridades portuguesas e inglesas em relação aos oficiais que haviam incorporado a Legião Portuguesa. Só em dezembro de 1814 regressaria a Portugal. Como os seus companheiros, sentiu-se olhado como traidor e afrancesado. A hierarquia militar recusou-se a reconhecer-lhe o posto de coronel e chefe de esquadrão que alcançara na Legião. Permaneceu como alferes, só anos mais tarde conseguindo que o nomeassem coronel de milícias. Viveu até avançada idade dos proventos do morgadio que representava e dos rendimentos do ofício de tabelião público, aquele hereditário cargo de escrivão da fazenda da sua família, que ainda exerceu por uns anos. Único consolo para o seu credo liberal, chegou a ser eleito deputado às Cortes por Penafiel em 1840, cargo que exercia, quando faleceu em 1844.

Ao contrário da maioria dos seus irmãos, nunca esteve no Brasil, em relação ao qual se afigura alimentaria algumas reservas como se poderá deduzir de uma passagem do seu testamento datado de 1839. Ao recomendar aos seus herdeiros a educação do filho de um seu dedicado servidor a quem, certamente levado por persistente devoção, dera o nome de Napoleão, acrescenta que devem eles buscar-lhe depois modo de vida “não desejando eu que de maneira alguma o mandem para o Brasil a não ser que meus irmãos e irmã, D. Maria Bárbara Garcez, dele se queiram incumbir e só quando chegar à idade de quinze anos”.

Como o seu cunhado Luís Paulino, também ele foi afinal um homem do romantismo, imbuído de grandes ideais. Tal postura se reflete bem na inscrição que determinou para a sua campa: “Aqui jaz José Garcez Pinto de Madureira que viveu e morreu como homem de honra e que foi amigo da humanidade”.

Fora Luís Paulino igualmente admirador de Bonaparte, mas só até os franceses invadirem Portugal. Nesta correspondência constatamos até que na família o apodavam, a partir daí, de "monstro". Naquela manhã de Coimbra, quando lhe comunicam que teria de optar entre entregar a sua espada ou inscrever-se na Legião Portuguesa, recusa com tal energia que por pouco não foi preso. Arrebatadamente desce com o filho de doze anos a Santa Cruz, quebra a espada no túmulo de D. Afonso Henriques e improvisa um belíssimo soneto a proclamar a sua revolta e a protestar o seu patriotismo.

Começa aí o seu brilhante destino tão ajustado aos heróis românticos. Muito apreciado pelo comando inglês, constantemente louvado pela sua bravura e pelo seu desempenho ao longo da guerra peninsular, vê confiarem-lhe missões de responsabilidade constantemente acrescida. Esconjurada a ameaça napoleônica, solicita autorização para partir para o Brasil a fim de juntar-se à família que entretanto pusera a salvo no Engenho de Aramaré, herdado do seu pai. Para além dos deveres de chefe de família, invoca a premência de se ocupar dos seus interesses pessoais na Bahia. Só em fins de 1812 consegue enfim partir.

Não tornara à sua terra natal desde a infância. Pouco o deixam, porém, demorar-se em Salvador. D. João VI chama-o ao Rio de Janeiro, nomeando-o comandante do 1º Regimento de Cavalaria da Corte, que servia como guarda real e que depois da Independência viria a transformar-se nos Dragões do Império. Esses anos na corte iriam dar origem a um relacionamento pessoal com o soberano, que para sempre o honraria com a sua confiança. Apesar da influência que essa confiança lhe proporcionava, Luís Paulino continua a sonhar com o regresso à Bahia. Só em 1819 o rei se conforma a deixá-lo partir. Promove-o a marechal-de-campo e nomeia-o inspetor das tropas de cavalaria naquela província. Ali viveu entre o seu sobrado da capital e o engenho, que procurou recuperar do abandono em que andara tantos anos.

Contudo, mais uma vez o destino contrariou os seus planos. Triunfando o movimento liberal em Portugal, vê-se logo em 1821 eleito para integrar o grupo de baianos que representaria a província nas Constituintes. Sofrerá ali os inconvenientes de ser moderado. Congrega a animosidade quer dos deputados portugueses quer dos deputados brasileiros. Não lhe perdoavam os primeiros que tenazmente se opusesse a tudo aquilo que significasse o regresso do Brasil à situação de colônia, enquanto os segundos o hostilizavam por defender a preservação de uma forma de união entre este e Portugal. Ele foi nas Constituintes o paladino do projeto de um Reino Unido.

Estando a Bahia à beira da guerra civil, envia-o D. João VI com ordens para que se retirem as tropas portuguesas. Ali chegado estava consumada a Independência e as tropas portuguesas haviam já evacuado a cidade. Luís Paulino, mal vê a família que lá ficara, vê-se apupado nas ruas e saboreia o gosto amargo de se ver expulso da sua terra natal, que amava tanto quanto amava Portugal, e enviado ao Rio de Janeiro.

Entretanto, encontrando-se gravemente enfraquecido pela tuberculose que o minava, autoriza-o o imperador, em nome da amizade que lhe tinha, a desembarcar e a recolher-se à casa do seu cunhado Antônio Garcez, desembargador na corte. Mas logo o governo brasileiro determina expulsá-lo. Embarca, morre na travessia do Atlântico e o seu corpo é lançado ao oceano. A poucas horas de morrer compõe ainda mais um esplêndido soneto a despedir-se da família e dos amigos. Até nessa tragédia final lhe concedeu o destino manter o perfil de herói romântico.

Ao lado das impressivas figuras de Luís Paulino e de José Garcez, avantaja-se ao longo desta correspondência a notável personalidade de Maria Bárbara Garcez. Nascida em Penafiel em 1779, casa ainda menina, aos catorze anos, com Luís Paulino, o grande amigo de seu irmão mais velho. Dele terá dois filhos e duas filhas. Durante as invasões francesas, o marido põe-na em segurança na Bahia. Em 1813, vai juntar-se ao marido, no Rio de Janeiro. Ali faz a vida da corte até 1819, altura em que regressa à Bahia de onde nunca mais retornará a Portugal, apesar das saudades de que tanto se queixa nas suas cartas. Viúva em 1824, sobre ela recai a responsabilidade da exploração do Engenho de Aramaré, que administrará com grande energia até a data da sua morte em 1851.

É surpreendente a qualidade literária do seu estilo e o nível de conhecimentos que se reflete nos seus escritos. Onde terá ela aprendido e progredido intelectual e culturalmente, nascida e criada que foi na província nos tempos retrógrados do século XVIII e havendo-se casado tão jovem? Por certo terá estado sujeita a benéfica influência do marido tão dado às letras. Também poderá ter bebido ensinamentos naqueles anos de Coimbra, até as invasões francesas, onde por certo freqüentou os círculos intelectuais a que Luís Paulino andava ligado. Mas pouco teria aprendido se não fosse dotada de outras qualidades. Para além da inteligência, revela dons de aguda observação, perspicácia e muito bom senso. Apaixonada até o fim pelo marido, ela vive também com paixão os tumultuosos acontecimentos desse período histórico de que foi testemunha atenta.

O núcleo familiar do capitão-mor de Penafiel, José Cardoso Garcez Pinto de Madureira, era formado por seis filhos e três filhas. Seis deles andam neste período pelo Brasil, sendo autores ou personagens destas cartas – Feliciano, Antão, Manuel, Henrique, Antônio e Maria Bárbara. Destes, os quatro últimos nunca mais regressariam a Portugal.

Os seus percursos são sumariamente descritos num quadro genealógico reproduzido mais adiante. Porém, muito mais que as efemérides das suas vidas, são estas cartas que nos dão o retrato psicológico, às vezes devastadoramente realista, de cada um deles, definindo-lhes quer as virtudes quer as fraquezas.

Abre a correspondência uma carta do desembargador Antônio Feliciano da Silva Carneiro, que da Bahia escreve a seu cunhado José Cardoso Garcez, tecendo considerações e dando conselhos sobre o destino a dar aos seus sobrinhos, os nove irmãos Garcez.

Essas considerações estão imbuídas dos conceitos e valores reinantes em Portugal durante todo o século XVIII, apesar do tom cínico do desembargador, já por certo tocado por algumas idéias da Revolução Francesa.

Era difícil arrumar nove filhos de uma família de aristocracia rural, arruinada e desgovernada, paradigma da decadência e da crise latente em que o país andava mergulhado. Exaustivamente se optava pelas soluções de recurso à toga, ao exército e à Igreja através de sinecuras destinadas a "arquivar", indiscriminadamente, seres humanos que não produziam, viviam do Estado e, progressivamente, agravavam a ruína nacional. Só que a carta de Antônio Carneiro, escrita na Bahia, é datada de 8 de novembro de 1807, poucos dias antes de se iniciar a primeira invasão francesa, acontecimento que iria marcar o advento de uma era nova e revolucionar o modo de viver e de pensar dos portugueses. Assim, as receitas que este tio adianta para o destino a dar aos seus sobrinhos seriam súbita e radicalmente postas em causa pela História, que viraria às avessas o mundo em que os portugueses vinham modorrando ao longo do século XVIII.

O rei parte para o Rio, seguem-se anos de remanso no Brasil. É a corrida atrás do Eldorado e do poder. No ambiente tropical de dengues e sestas, a crise portuguesa exacerba-se. As cartas refletem bem o fenômeno de dependência de um Estado caduco, um poder e uma elite que viviam promiscuamente, o primeiro a conceder benesses, a segunda a intrigar para as obter. Era o vazio, viver só da forma, não produzir, não pensar. Como pano de fundo um império imenso e agonizante onde, misteriosamente, as pessoas, meia dúzia, continuavam a circular como nos tempos heróicos da Expansão, quais habitantes de uma pequena cidade de província.

As últimas cartas descrevem o regresso de D. João VI a Lisboa, tratam da Revolução Liberal, da Constituição, da eleição dos deputados, dos prenúncios da agitação que levaria à Independência do Brasil. Fechava-se um capítulo, desencadear-se-ia uma nova cadeia de acontecimentos, testemunhados por esta mesma família, Pintos da França e Garcez, no conjunto de cartas que vão de 1821 a 1824 e que foram já publicadas no Brasil pela Companhia Editora Nacional, em 1980,* e em Portugal pela Imprensa Nacional, em 1983, sob o título *Cartas baianas*.

Com maior ou menor brilho literário, com maior ou menor lucidez, os personagens desta família luso-brasileira, fruto de sucessivas gerações com raízes em ambos os lados do Atlântico, dão o quadro das esperanças e preocupações dos portugueses dessa época.

Tanta inquietação, tantos esforços, ambições, sofrimentos!

E tudo passa, tudo é pó. Ficaram estas cartas e o espírito que as ditou. E quem sabe o que dele perdura em nós.

São afinal testemunho da relatividade de todas as coisas.

*Tomar, Anunciada Velha, 21 de março de 2005*

---

* Coleção Brasiliana, v. 372, *Cartas baianas*, que foram reeditadas por esta Editora simultaneamente a estas *Cartas luso-brasileiras* [N. E.].

# Introdução

Antônio Manuel Monteiro Cardoso

As cartas que adiante se publicam, abrangendo o período compreendido entre 1807 e 1821, constituem documentos bastante importantes para uma melhor compreensão daquela época tão conturbada.

De fato, a campanha contra os franceses, a vida quotidiana na corte de D. João VI no Rio de Janeiro, a revolta de Pernambuco em 1817 e finalmente a revolução de 1820 e a sua repercussão no Brasil são assuntos que perpassam na correspondência trocada entre os membros desta família.

Estas cartas revestem um interesse especialmente acrescido, por provirem de uma família pertencente à chamada "nobreza das províncias", um universo vasto e heterogêneo, em relação ao qual escasseiam elementos deste tipo, ao contrário do que sucede com as grandes casas titulares, a respeito das quais se dispõe de um conjunto relativamente vasto de documentos de caráter memorialístico e epistolar.

Na verdade, as cartas que agora se publicam, escritas por membros das famílias Garcez Pinto de Madureira e Pinto da França, permitem-nos entrever a sua vida quotidiana, o dia-a-dia das suas preocupações e aspirações, que seriam comuns a grande parte da nobreza não titulada das províncias nos finais do antigo regime.

Com efeito, a sociedade portuguesa da época caracterizava-se pela existência de uma aristocracia titular de corte, restrita e claramente separada das restantes categorias nobiliárquicas. Essa pequena elite titular, formada pelos "grandes", desempenhava os ofícios superiores da monarquia, beneficiando-se, como remuneração dos seus serviços, das principais honras e distinções, em que avultavam os senhorios jurisdicionais e as comendas.[1]

Pelo contrário, a nobreza não titulada das províncias representava um grupo amplo, ao qual se podia aceder mais facilmente, quer como condição tácita adquirida por se "viver à lei da nobreza", quer pelo desempenho de funções nobilitantes. Assim, por exemplo, o posto de oficial do exército de primeira linha, o exercício de funções na magistratura, a eleição para os postos superiores das ordenanças ou para as câmaras de terras importantes conferiam nobilitação. Também o grau de familiar do Santo Ofício[2] e os hábitos de cavaleiro das ordens militares constituíam formas privilegiadas de reconhecimento da nobreza.[3]

Dentro deste amplo universo de elites locais e provinciais existiam diferenciações, designadamente entre a nobreza mais recente civil ou política e a fidalguia de linhagem mais antiga, mas que não se traduziam em categorias uniformemente hierarquizadas à escala de todo o Reino.[4]

Por outro lado, o abaixamento do limiar da nobreza não titulada foi acompanhado de uma restrição progressiva dos seus privilégios, não envolvendo a obtenção de benesses significativas, nem o acesso ao exercício de altos cargos, que permitissem acrescer os rendimentos.

Por isso, salvo algumas famílias mais ricas, sobretudo no Minho e no Douro (na região demarcada do vinho do Porto), grande parte da nobreza das províncias

---

1 Ver sobre esta matéria Nuno Monteiro, *O crepúsculo dos grandes (1750-1832)*, Lisboa, Imprensa Nacional – Casa da Moeda, 1998.

2 Alguns estudos têm salientado que, a partir da última década do seiscentos, a dimensão de promoção social decorrente do estatuto de familiar do Santo Ofício constituiria uma dimensão mais relevante do que a repressão religiosa; ver José Veiga Torres, "Da repressão religiosa para a promoção social", *Revista Crítica de Ciências Sociais*, nº 40, 1994, p. 109-135.

3 Sobre o estatuto da nobreza e os cargos e empregos que a conferiam, ver, para a época a que se reportam estas cartas, *Privilégios da nobreza e fidalguia de Portugal*..., de Luiz da Silva Pereira Oliveira, Lisboa, 1806.

4 Ver Nuno Monteiro, "Elites locais e mobilidade social em Portugal nos finais do Antigo Regime", *Análise Social*, vol. XXXII (141), 1997, p. 335-368.

vivia em uma situação econômica precária, limitada a uma preponderância local, exercida através das câmaras e das ordenanças.

Era de algum modo esta a situação da família Garcez Pinto de Madureira, de Penafiel, cuja casa, constituída por algumas quintas dos arredores, uma das quais vinculada, se encontrava endividada. Para tanto, pouco adiantava a antigüidade da linhagem, o ofício hereditário de tabelião do público, judicial e notas de Penafiel[5] e a eleição sucessiva dos membros da família para os cargos de sargento e capitão-mor.[6]

Para esta nobreza de província, o encaminhamento dos filhos para o serviço militar, para a magistratura e para as carreiras eclesiásticas representava o modo de manter a casa e a expectativa de alguma ascensão social.

Contudo, no caso da família Garcez, nenhum dos cinco filhos varões do capitão-mor José Cardoso Garcez ingressa na vida eclesiástica, distribuindo-se todos entre a magistratura e a carreira militar. Esta desqualificação tendencial das carreiras eclesiásticas, iniciada pela "cultura das luzes" e pelo pombalismo, constitui um fenômeno corrente entre as elites esclarecidas desta época.[7]

A depreciação da vida eclesiástica revela-se de forma manifesta na carta escrita em 1807 por um tio dos irmãos Garcez, desembargador no Brasil (Carta 1). Embora sugerindo o ingresso de três dos sobrinhos em ordens religiosas, não o faz por qualquer juízo positivo sobre aquelas instituições, mas somente pelos benefícios que proporcionavam, mesmo aos mais ignorantes, de acordo com o dito popular de que "não servindo para albardeiro, há-de ser padre bento".

---

5 Sobre os ofícios hereditários em Portugal, ver Francisco Ribeiro da Silva, "Venalidade e hereditariedade nos ofícios públicos em Portugal nos séculos XVI e XVII", *Revista de História,* vol. VIII, 1998, p. 203-213.

6 As ordenanças enquadravam todos os homens válidos, exceto os privilegiados, a fim de operarem em nível local, quando fosse necessário, para o que recebiam treino militar regular. O reino estava dividido em capitanias-mores, chefiadas por capitães-mores e sargentos-mores, eleitos pela câmara e gente da governança entre as "pessoas de melhor nobreza, cristandade e desinteresse". Apesar de eletivos, estes cargos acabavam em muitos casos por ser exercidos durante longo tempo pelos membros de uma mesma família, tornando-se na prática vitalícios e hereditários. Embora não fossem remunerados, conferiam considerável poder aos titulares, sobretudo porque lhes competia proceder ao recrutamento.

7 Cf. Nuno Monteiro, op. cit., p. 182-183, que evita falar de laicização dos valores dominantes, difícil de demonstrar.

Quanto às duas sobrinhas, ainda solteiras, se fosse "amigo de freiras", aconselharia a arrumá-las nos conventos de Vila do Conde e Arouca, que eram bons e custavam pouco, mas não o sendo, melhor seria acharem marido, um "homem de bem e decente". Ainda que vivendo menos abastadas, ao menos não chorariam.

Apesar disso, certamente por falta de dote suficiente, acabaram por morrer celibatárias na casa paterna. De fato, apenas a mais velha, Maria Bárbara, casou com Luís Paulino Pinto da França, protagonista central desta correspondência, como autor da maior parte das cartas nela incluídas.

Nascido na Bahia, Luís Paulino provinha pelo lado paterno de uma família de estatuto idêntico ao dos Garcez, pois era filho de um capitão, natural de Soalhães, cavaleiro da Ordem de Cristo e familiar do Santo Ofício.

Porém, do lado materno, abriam-se-lhe algumas perspectivas de enriquecimento e de ascensão social, visto que a mãe era filha de um senhor de engenho de açúcar na Bahia.

A formação de Luís Paulino, tal como a do cunhado José, primogênito dos irmãos Garcez, caracteriza-se por associar o estudo na Universidade de Coimbra com a carreira militar.

De fato, Luís Paulino, depois de ter cursado filosofia e matemática, obtém o grau de bacharel em leis em 1793, para dois anos depois assentar praça como cadete no regimento de cavalaria 6. Por sua vez, José Garcez, também ele oficial de cavalaria, tira o curso de matemática na Universidade de Coimbra, bem como o da Academia Real de Fortificação, Artilharia e Desenho em Lisboa.[8]

Esta cumulação de estudos universitários com a carreira militar não é inédita, sobretudo no que concerne à nova faculdade de Matemática, criada pela reforma pombalina de 1777, cuja freqüência era incentivada ao tempo de D. Maria I, através da concessão de licenças aos oficiais.

---

8 Instituída em 1790, constituiu a primeira escola de ensino militar em Portugal, com bases científicas. Tinha cursos destinados a todas as armas e era aberta a civis que pretendessem tornar-se engenheiros. Em 1837, passou a designar-se Escola do Exército.

A passagem pela universidade destas duas figuras centrais nesta correspondência (Luís Paulino como autor e José Garcez como destinatário) irá revelar-se bastante marcante para a sua formação.

Na verdade, ali conheceram muitas das figuras que iriam integrar a futura elite política de Portugal e do Brasil ao longo da primeira metade do século XIX.[9] Por outro lado, foram decerto influenciados por círculos de sociabilidade, porventura maçônicos, formados por estudantes de idéias avançadas, que nos anos noventa do setecentos recebiam com agrado as notícias da Revolução Francesa.

As invasões francesas iriam selar um destino diferente para estes homens. José Garcez embarca até o fim na aventura napoleônica, como membro destacado da Legião Portuguesa, comprometendo a sua promissora carreira militar.

Ao invés, Luís Paulino recusa servir o ocupante francês e irá empenhar-se a fundo nos combates para o expulsar da península, junto com o filho Bento e o cunhado Antão Garcez, integrando a cavalaria portuguesa, que persegue as tropas napoleônicas até o território francês.

De assinalar, contudo, que a opção pró-francesa de José Garcez em nada irá pôr em causa a afeição que lhe devotam o cunhado Luís Paulino, bem como o sobrinho Bento e o irmão Antão, que se tinham batido com denodo no campo oposto. Pelo contrário, todos se mostram preocupados com a sorte daquele familiar, apresentando-o como vítima de uma fatalidade, alguém a quem, no dizer de Luís Paulino, "os desastres que vieram em conseqüência da Revolução Francesa" tinham arrancado do "caminho da representação e da glória" (Carta 53).

De fato, acima dos sentimentos patrióticos de Luís Paulino, que o tinham levado a repudiar enfaticamente o serviço do invasor, estava um interesse superior, o de uma casa e de uma família, cujos membros se deviam mutuamente ajudar, de modo a garantir a sua preservação e elevação no seio da sociedade.

9 A Universidade de Coimbra desempenha um papel decisivo na formação da elite brasileira. Cerca de metade dos deputados do Brasil presentes nas Cortes de 1821-22 tinham-na freqüentado. Ver Maria Beatriz Nizza da Silva, *A cultura luso-brasileira. Da reforma da universidade à independência do Brasil*, Lisboa, Editorial Estampa, 1999, p. 23-24.

Luís Paulino demonstra nas suas cartas o maior ódio contra o "infame Buonaparte", compartilhado por sua mulher, que lhe chama "monstro" (Cartas 11 a 13 e 24). Porém Antão Garcez dá mostras de sentimentos mais ambíguos, pois em uma carta para o irmão José, escrita em 1819, não esconde a sua admiração por Napoleão, a ponto de lhe chamar "o maior dos homens" (Carta 51).

As campanhas da guerra peninsular vieram abrir novas oportunidades de ascensão a alguns setores da nobreza não titulada de província,[10] à qual pertenciam quase todos os oficiais que lideraram a resistência ao ocupante, tanto mais que a aristocracia titulada de corte acompanhara a família real para o Brasil.

Pelos serviços prestados na guerra, Luís Paulino ascendeu rapidamente na carreira militar, pois tendo iniciado a campanha, em 1808, como tenente, atingiu em agosto de 1813 o posto de coronel. Também o filho Bento e o cunhado Antão Garcez serão promovidos após a campanha, o primeiro a tenente-coronel e o segundo a major.

Para essas duas famílias, cujas casas subsistiam com dificuldades, através do recurso à nomeação de juízes administradores, que iam adiando as penhoras, o Brasil representa a grande oportunidade de recuperação econômica.

Daí que, graças ao patrocínio de um tio desembargador, há muito ali fixado e à influência de Luís Paulino, que regressa ao Brasil, como comandante do batalhão que faz a guarda do rei, todos os irmãos Garcez, à exceção de José, ali se encontram radicados nos anos que precederam a revolução de 1820.

São as vicissitudes dos Garcez e dos Pinto da França, residentes na Bahia e no Rio de Janeiro, como oficiais superiores e altos magistrados, que conhecemos, através das cartas que trocam entre si, mas sobretudo das que remetem para José Garcez, o qual, reduzido à "nulidade", aguarda em Penafiel a desejada reabilitação, pelo seu envolvimento na aventura napoleônica.

Somente após a instauração do regime liberal o conseguirá, embora de modo parcial, ao ser nomeado coronel comandante das milícias de Penafiel. Um corpo

10 O caso mais notório é o de Francisco da Silveira Pinto da Fonseca, o qual, sendo tenente-coronel de cavalaria, quando do levantamento de junho de 1808, terminou a campanha como tenente-general e recebeu o título de 1º conde de Amarante.

da segunda linha do exército, que como ele lembrava, tinha à testa "um homem que pelejou até às portas da Ásia" (Carta 65).

A progressão nas respectivas carreiras, a obtenção de empregos e outras mercês ocupam uma parte considerável desta correspondência.

A presença de Luís Paulino na corte e o acesso que tem à "Real Pessoa" permitem-lhe obter sucessivas graças, com destaque para a concessão do foro de fidalgo-cavaleiro da Casa Real e uma comenda da Ordem de Cristo.

A situação dos cunhados Garcez do Brasil também é objeto das suas preocupações. O emprego de Feliciano Garcez, como secretário do arcebispo da Bahia, obriga-o a constantes "batalhas" na corte para lhe manter o cargo, ameaçado por outros pretendentes, numa ocasião de continuada vacatura, em que os prelados sucessivamente nomeados acabam por não ocupar o lugar.

A isto se somavam os pedidos de toda a espécie que choviam do Porto e de Penafiel apresentados por parentes, amigos e vizinhos, desejosos de uma palavra junto dos ministros do rei que lhe satisfizesse as pretensões.

Através destas cartas ficamos a conhecer a ampla rede social desta família em Portugal,[11] que envolvia muitos magistrados, decerto antigos condiscípulos de Coimbra. Entre eles contavam-se pessoas com destinos tão díspares, como o desembargador Francisco Gravito da Veiga Lima, um dos justiçados no Porto, em 1829, e o presidente da Alçada que o condenou à morte, o desembargador Victorino Cerveira Botelho do Amaral, que era oriundo de Penafiel.

Também os negociantes do Porto integram a rede social de Luís Paulino e dos Garcez, sempre indispensáveis para (à falta de bancos) efetuarem pagamentos e transportarem cartas e encomendas de mimos tropicais (feixes de açúcar, objetos de artesanato local e até animais exóticos).

Por sua vez, Luís Paulino assegura na corte do Rio de Janeiro o patrocínio de altas figuras, com destaque para o conde da Barca e, após a sua morte, Tomás Antônio Vila Nova Portugal.

---

11 Sobre a importância das redes sociais, ver Jeremy Boissevain, *Friends of friends – networks and coalitions*, Oxford, Basil Blackwell, 1974.

A revolta de Pernambuco em 1817 veio representar uma fonte de novas mercês para esta família, devido ao seu envolvimento na repressão dos revoltosos. Nomeado em dezembro daquele ano brigadeiro do regimento de cavalaria de Pernambuco, Luís Paulino alcança em 1819 o posto de marechal-de-campo, com o exercício do cargo de inspetor e instrutor da arma de cavalaria de linha e de milícias da Bahia. Por concessão direta do soberano, obtém no mesmo ano autorização para estabelecer uma feira semanal no seu Engenho de Aramaré.

A atitude de firme repúdio daquela revolta por parte de Luís Paulino e dos seus cunhados (veja-se a Carta 29 do desembargador Antônio Garcez) não é de estranhar. De fato, apesar de se tratar de uma família ilustrada, que se mostrará receptiva ao sistema constitucional e da qual uma parte optará por ficar no Brasil independente, a revolta de Pernambuco inseria-se num projeto independentista de cariz republicano e democrático, inaceitável para quem vivia próximo da corte e dela recebera importantes mercês.[12]

Apesar da amizade reinante entre todos, as cartas evidenciam diferenças de sensibilidade e de projetos de vida, que dão origem a críticas acerbas e até a ameaças de rompimento, nunca concretizadas, pois acima de tudo prevalece a união entre os "nossos", aquilo a que Luís Paulino chama o "amor da família".

Bem inserido na corte e com acesso ao "nosso amável soberano", Luís Paulino aspira à "representação" e à "glória", na esperança de obter um título que lhe permitisse transpor o limiar bem marcado que separava a nobreza não titulada da aristocracia cortesã dos "grandes".

Para isso, ao contrário dos irmãos Garcez, não se poupa às despesas inerentes a quem pretende "representar",[13] numa corte onde a vida era caríssima e o luxo extraordinário, como ele reconhecia numa carta para o sogro, de 1814 (Carta 25).

12 A ingratidão do "malvado" Antônio Carlos de Andrada, que depois de ter sido nomeado pelo rei para a ouvidoria de Olinda, a mais bela do Brasil, se juntara aos revoltosos de Pernambuco, representava um dos principais motivos de censura na carta de Antônio Garcez relativa àqueles acontecimentos (Carta 29).

13 Luís Paulino emprega por nove vezes a expressão "representação", que nenhum outro dos autores das cartas utiliza. A sua estratégia de ascensão passava pela exibição pública do seu *status*, mesmo à custa das maiores despesas, como forma de acrescer a sua reputação; aquilo a que Pierre Bourdieu apelidou de "capital simbólico".

Entre todos os membros da família, é também o único que, sem renegar as suas ligações a Portugal, para onde admite regressar um dia, evidencia um entusiasmo transbordante pelo Brasil e as suas riquezas. Em cartas para o cunhado desabafa: "meu José, isto é que são verdadeiros morgados" (Carta 40), ou então, "são estas as melhores propriedades do mundo e as dessa terra, na verdade, só dão dinheiro de sardinhas" (Carta 25).

O fato de ser dono de um engenho de açúcar, cujo preço estava a subir, redobra-lhe o entusiasmo, levando-o a pensar em novas plantações e em engenhos movidos a água. O seu regresso à Bahia em 1819, onde faria a "primeira figura, depois do governador" (o conde de Palma), leva ao auge o seu orgulho, ao relatar como os "grandes" do Rio de Janeiro o festejaram, à despedida, e o modo como os baianos o acolheram, com "geral aplauso e lisonjeiros versos" (Carta 58). Em um transporte de alegria, chegava a confidenciar ao desventurado cunhado: "não duvides de ver-me caminhar a grandes empregos, mesmo de alcançar um título" (Carta 46).

Pelo contrário, os irmãos Garcez, seus cunhados, olhavam-no como um megalômano, vaidoso e dissipador, que ainda havia de se arruinar. Embora tal como ele procurassem toda a sorte de mercês e promoções, não alimentavam aspirações de ascensão social tão elevadas e mostravam-se críticos a respeito da sociedade brasileira. Nesse juízo negativo, confluía Bento, filho de Luís Paulino, para quem aquele país era habitado por gente que não conhecia o "grande mundo", nem quem nele tivesse vivido. "Aqui não se vive, vegeta-se", rematava enfadado (Carta 43).

As alianças matrimoniais desempenhavam um papel crucial, bem documentado nestas cartas, que as apresentam no quadro de um calculismo sem rodeios, em que o interesse surge na sua crueza, despido de simulados afetos.

Os irmãos Henrique e Antônio Garcez, este último já um pouco maduro, tratam de se casar ("tomar estado"), procurando assegurar os maiores proventos, dentro das opções ao seu alcance.

Henrique, que cuidava do Engenho de Aramaré, casa-se com uma viúva rica, mas velha e feia e com muitos filhos. O desembargador Antônio passa por uma experiência malsucedida, pois a pretendida acabou por casar com outro, contra a vontade dos pais e dos parentes. "Venceu o coração e não a lei, porque o modernismo a tudo chega", comentava ele escandalizado em carta para o pai (Carta 22).[14] Mais cauteloso, depois dessa experiência, opta por uma menina de 16 anos, sem beleza, mas galante, filha de gente honesta, que lhe proporcionaria o melhor de 70 mil cruzados por morte do pai, que era velho. Enfim, uma aliança matrimonial com algumas vantagens econômicas, mas que Luís Paulino e sua mulher rejeitam, decerto por falta de nobreza da noiva.

Para o seu filho primogênito Bento, Luís Paulino traça objetivos matrimoniais ambiciosos, visando casá-lo num grupo social acima do seu, reunindo "algum interesse de fazenda ao maior esplendor da nobreza". Para tanto, escolhera-lhe para noiva a filha do barão de Santo Amaro, um casamento que projetaria a família para os píncaros da nobreza local. Porém Bento optou por casar com a filha de um coronel, de estatuto social idêntico ao da sua família, o que desencadeou a ira incontida do pai, que rompe com ele, chamando-lhe "homem que foi meu filho", "monstro de ingratidão" e maldizendo as almas destituídas do "amor da glória e da boa representação". Este caso ilustra bem a afirmação crescente do "individualismo afetivo", que por vezes leva a que prevalecessem os destinos individuais em relação aos interesses da casa.

Para compensar o desgosto que lhe dera o filho, que se fora casar "como um negro, às escondidas", conferiu o maior brilho ao casamento da filha com Rodrigo Falcão, futuro barão de Belém, homem muito rico, o qual, com os bens que receberia de uma herança, poderia vir a ser um dos vassalos mais ricos de todo o Reino Unido.

Todas essas preocupações familiares cedo ficariam para trás, com a eclosão no Porto do pronunciamento liberal de 1820, que conduziu à reunião das Cortes e ao regresso do rei a Portugal, com as conseqüentes movimentações que conduziriam à Independência do Brasil, sob a égide de D. Pedro.

---

14 A adequação dos envolvidos ao enlace que lhes era destinado pelas estratégias matrimoniais era garantida pelo direito, pela autoridade paternal e pelas disposições incorporadas, que faziam com que cada um aceitasse o seu destino como natural. Para escândalo do desembargador Antônio Garcez, o coração vencia a lei e a autoridade paternal e da família, que desejava o casamento.

Devido às posições de destaque que ocupavam, tanto na Bahia como no Rio, os membros desta família são obrigados a definir-se perante os acontecimentos políticos, que envolviam não só a opção por um regime político, mas também a escolha do reino a que queriam pertencer.

De fato, depois de uma primeira ação no Pará, foi na Bahia que, em 10 de fevereiro de 1821, se deu o passo decisivo no sentido da aceitação das instituições liberais estabelecidas em Portugal, gesto que foi seguido no Rio de Janeiro em 26 do mesmo mês.

À semelhança do 24 de agosto no Porto, em todos esses casos tratou-se de pronunciamentos militares, embora com conivências civis, que se traduziram na reunião de tropas em parada, seguidas de proclamações e juramentos.

O pronunciamento de 10 de fevereiro na Bahia partiu do regimento de artilharia, ao qual o capitão-general, conde de Palma, procurou resistir com o regimento de infantaria e a legião de caçadores, sob o comando do marechal Felisberto Caldeira Brant (Barbacena). Os revoltosos abriram fogo sobre as tropas de Brant, provocando mortos e feridos, o que o obrigou a retirar. Reunido um conselho militar dos comandantes e oficiais da tropa de linha, em que participou Luís Paulino e o seu filho Bento, deliberou-se aceder aos objetivos dos revoltosos, para evitar a efusão de sangue.

Seguiu-se o juramento da Constituição que as Cortes fizessem, lavrando-se um termo assinado por todos os oficiais, incluindo Brant e o conde de Palma, que acabaram por embarcar para o Rio de Janeiro.[15]

Numa carta para José Garcez, de 18 de junho de 1821 (Carta 65), Luís Paulino refere-se ao dia 10 de fevereiro como "memorável nesta cidade", dando-lhe conta dos trabalhos de regulação e comando-chefe das tropas da Bahia, que chegavam a 20 mil homens, entre linha e milícias. Pretendia voltar a Portugal, decerto para tratar da sua casa, mas a Junta Provisional não lhe dava licença, porque fazia falta. Voltaria a Portugal, pouco depois, como deputado pela Bahia às Cortes, acabando por falecer em janeiro de 1824, quando regressava da atribulada missão

15 Ver Oliveira Lima, *O movimento da Independência. 1821-1822*, 6ª ed. Rio de Janeiro, Topbooks, 1997, p. 65-66.

enviada por D. João VI ao Brasil, chefiada pelo conde de Rio Maior (ver adiante nota biográfica).

A intervenção do cunhado Antão Garcez, como major do batalhão de caçadores 3, revelou-se bastante empenhada em favor da causa liberal.

De fato, foi ele um dos principais promotores do pronunciamento do Rio de Janeiro, ao fazer sair o seu batalhão, diante da recusa do comandante, o que lhe valeu a promoção a tenente-coronel.

Porém, em 5 de junho de 1821, Antão Garcez envolveu-se no pronunciamento que provocou a queda do governo e a prisão do conde dos Arcos. Esta ação dirigida contra D. Pedro, que nomeara o governo destituído, tê-lo-á malquistado com o regente.

De qualquer modo, Antão não faria tenções de ficar no Brasil, que não apreciava, como resulta das suas cartas. Entretanto, os acontecimentos precipitaram-se e, em janeiro de 1822, Antão junta-se com o seu batalhão à Divisão Portuguesa Auxiliadora, comandada pelo tenente-general Jorge de Avilez Zuzarte de Sousa Tavares, que se concentrara na Praia Grande para evitar confrontos, embarcando todos para Portugal em fevereiro seguinte.

Acabado de chegar a Portugal, Antão Garcez apresentou-se nas Cortes com os oficiais do batalhão, para manifestar a sua adesão ao sistema constitucional, pelo qual protestaram dar "as últimas gotas de sangue".[16] Compromisso que Antão manteve, enfileirando em fevereiro de 1823 entre as tropas que enfrentaram a revolta absolutista, desencadeada em Trás-os-Montes pelo 2º conde de Amarante, futuro marquês de Chaves.

Após a Vila-Francada é desligado do exército, devido ao seu alinhamento constitucional, mas, em dezembro de 1826, é reintegrado e graduado em coronel e tenente-rei da praça de Abrantes. Em 28 de maio de 1828, é preso em Abrantes e transferido para a Torre de S. Julião da Barra, onde ficará encarcerado, em condições rigorosíssimas, durante cinco longos anos, pois só foi libertado em 24 de julho de 1833, com a entrada em Lisboa das tropas liberais. Em 1846, foi agraciado com o título de barão de Várzea do Douro.

---

16 *Diário das Cortes 20*, de 28/5/1822.

O seu sobrinho Bento da França Pinto de Oliveira, filho de Luís Paulino, seguiu a mesma opção política. Assim, após o regresso a Portugal em 1826 e sendo graduado em brigadeiro, comandante de cavalaria 3, envolveu-se na revolta liberal do Porto, de maio de 1828, o que o obrigou a exilar-se na França e Inglaterra. Em 1832, integrou a expedição que desembarcou no Mindelo, e combateu até o fim da guerra civil como comandante do célebre "batalhão sagrado", assim chamado por ser constituído unicamente por oficiais. Após a convenção de Évora-Monte, comandou várias divisões militares, tendo sido promovido sucessivamente a marechal-de-campo e a tenente-general. Foi deputado às Cortes entre 1839 e 1841 e nomeado par do Reino em 1849. Em 1835, obteve a mercê de barão da Fonte Nova, passando em 1851 a conde do mesmo título.

# Elementos genealógicos

**José Cardoso Garcez Pinto de Madureira**
*n. 1749 m. 1814*
• Capitão-mor de Penafiel
• Cavaleiro da Ordem de Cristo

**José Garcez Pinto de Madureira**
*n. 1774 m. 1844*
• Formado em matemáticas por Coimbra
• Coronel da Legião Portuguesa na campanha da Rússia
• Coronel de milícias
• Cavaleiro da Ordem de Cristo
• C.c. Joana Augusta de Mello
Sem geração (S. g.)

**António Garcez Pinto de Madureira**
*n.1776 m. 1828*
• Desembargador na Bahia
• Desembargador da Casa dos Agravos no paço, Rio de Janeiro
• C.c. Teresa Adelaide de Azevedo

> **José Garcez Pinto de Madureira**
> *n. 1820 m. 1880*
> • Visconde de Garcez
> S. g.

**Henrique Garcez Pinto de Madureira**
*n. 1777 m. 1852*
• Guarda-roupa do imperador D. Pedro II
• Brigadeiro do exército brasileiro
• Comendador da Ordem de Cristo
• C.c. Joaquina Inácia Perpétua Felicidade
S. g.

**Mª Bárbara Garcez Pinto de Madureira**
*n. 1779 m. 1852*
• C.c. Luís Paulino de Oliveira Pinto da França, marechal de campo, 2º morgado da Fonte Nova

> **Bento da França Pinto de Oliveira**
> *n. 1793 m. 1852*
> • 1º conde da Fonte Nova
> • Par do Reino
> • General de brigada
> • Cavaleiro da Torre e Espada
> • C.c. D. Mª José Tovarda Costa
> Com geração (C. g.)
>
> **Mª Sabina da França**
> *n. 1798 m. 1854*
> • C.c. Rodrigo Falcão, 1º barão de Belém, no Brasil
> S. g.
>
> **Luís Paulino da França Garcez**
> *n. 1800 m. 1863*
> • Brigadeiro do exército brasileiro
> C. g. extinta
>
> **Mª Francisca da França**
> *n. 1817 m. 1865*
> Solteira

**Joana Theodora Garcez**
*n. 1780 m. 1819*
• Solteira

**Feliciano Garcez Pinto de Madureira**
*n. 1785 m. 1863*
• Secretário do bispo da Bahia
• Fidalgo da Casa Real
• Cavaleiro da Ordem de Cristo
• C.c. Teresa Augusta de Mello
S. g.

**Mª Libória Máxima Guilhermina da Silva Carneiro**

**Antão Garcez Pinto de Madureira**
*n. 1790 m. 1863*
- Tenente-general
- Barão da Várzea do Douro
- C.c. Mª Eduarda Teixeira de Sampayo

**Manuel Garcez Pinto de Madureira**
*n. 1792 m. 1845*
- C.c. sua prima co-irmã Mª Joana da Silva Carneiro

S. g.

**Teresa Garcez**
*n. 1793*
Solteira

**José Garcez Pinto de Madureira**
*n. 1835 m. 1899*
- 2º barão da Várzea do Douro
- C.c. Mª Augusta Amélia Pimenta de Sousa

C. g. extinta

**Mª Teresa Garcez**
*n. 1838 m. 1926*
- C.c. Bernardo de Lencastre e Menezes

C. g.

**Henriqueta Garcez**
*n. 1840 m. 1925*
- C.c. Miguel de Lencastree Menezes

C. g.

**Leopoldina Garcez**
*n. 1841 m. 1911*
- C.c. Ernesto de Lencastree Menezes

C. g.

**António Feliciano Gomes da Silva Carneiro**
- Desembargador na Bahia e da Casa dos Agravos no Rio de Janeiro
- Casado com (C.c.) D. Mª Luísa Duque Estrada de Menezes

*m. 1807*

**José Manuel da Silva Carneiro**
*m. 1822*
- C.c. Mª Gertrudes ...

S. g.

**Mª Joana da Silva Carneiro**
- C.c. seu primo co-irmão Manuel Garcez Pinto de Madureira

S. g.

# Critérios de transcrição

Atualizou-se a ortografia e alterou-se a pontuação, no caso de erros que dificultavam a compreensão do texto.

As lacunas do texto reconstituem-se, sempre que possível, sendo incluídas entre colchetes [ ].

As leituras duvidosas assinalam-se fazendo-se seguir de (?).

As palavras ilegíveis para o transcritor são indicadas com a palavra ilegível, entre colchetes e grifada [*ilegível*].

As partes que faltam nos documentos transcritos são assinaladas com a palavra truncado, entre colchetes e grifada [*truncado*].

## *Datação*

Em relação às cartas que não se encontram datadas, indica-se entre colchetes a data, que se determinou em função do seu conteúdo e contexto.

# Índice das cartas

# As cartas

# Carta 1

Desembargador Antônio Feliciano Gomes da Silva Carneiro a seu cunhado José Cardoso Garcez Pinto de Madureira,[1] capitão-mor de Penafiel — endereçada a Penafiel

Bahia, 8 de novembro de 1807

Meu Cardoso, irmão muito do meu coração

Pelo teu vizinho e patrocinado tive a consolação das tuas notícias que nunca podem fazer-me outro efeito que não seja uma grande consolação, e derramar quatro lágrimas sobre elas, porque o meu amor e amizade renova sempre e nunca diminui. O céu é o fiador destas verdades.

Que passo bem; é verdade que ainda existo, e sem efeitos alguns do tempo. É a mesma verdade, como dirá o teu infeliz tabaréu,[2] a quem não pude fazer outro bem senão mostrar-lhe que faria tudo por ele depois de ser teu recomendado e da mana.[3] É o que ele dirá. Volta a sua pátria feliz com o desengano, e com menos o que dispendeu, e com os incômodos por lucro. A sua vinda prova a inocência das nossas terras e a idéia que fazem do Brasil. O tio [dele] é um tratante, um velhacão e pouco ou nada tem, porque até não tem juízo. Bastaria ver as cartas. Trouxe o triunfo de entrar na terra como o "Pantaleão",[4] rodeado de moleques trombeteiros, em quatro murmuradelas do vizinho barbeiro e das tardes de soalheiro no adro da igreja. Eu me compadeci muito dele, mas sou eu mesmo que

1 Natural do Porto, onde nasceu em 1754, filho do sargento-mor de Penafiel José Pereira Pinto Garcez e de D. Teresa Luísa Cardoso.

2 Termo de língua tupi que era usado no sentido de "bronco", "tolo".

3 D. Maria Libória Máxima Guilhermina da Silva Carneiro, mulher de José Garcez.

4 S. Pantaleão, patrono do Porto, cujas relíquias foram trazidas para a cidade por marinheiros armênios.

lhe digo [que] se vá embora, visto ser casado. Aliás, com a enxada, ganharia alguma coisa.

A tua recomendação a respeito do falecido Braz Pinto da Rocha e senhora, a favor de sua filha, cujo nome tu não declaras, e que alcancei do prior ser Quitéria Maria, solteira, e porque ela mostrava todo o empenho em ar de praticar(?) e de quem vai em jejum, é verdade quanto disse esse bom barão de Manuel Joaquim, a respeito de quem só digo ser infame e não homem de bem, ingrato e injúria do céu e da terra, como algum dia verás e conhecerás, porque deves guardar silêncio. Porque eu tenho outra alma, e às vezes até vaidades de ser melhor do que todos os que não obram ações melhores do que as minhas. Sim, morreu nesta cidade, não em casa de Manuel José Viana, mariola amigo de Manuel Joaquim, mas [sim] no terreiro perto de S. Francisco onde morou teu tio, o senhor João Luís Cardoso.[5] Fez testamento e instituiu a filha por herdeira. Porém o ladrão do Viana, homem rico por caminhos brasileiros, não registrou o testamento enquanto vivo. Foi seguro na sua [*ilegível*], deixando 6 ou 7 testamentos abafados, como se pode sacar de um pobre menino, seu sobrinho e herdeiro, a quem trata pessimamente. O seu testamenteiro é caixeiro, Antônio José Dantas; tal como ele mesmo, pois fazendo-lhe instar por uma cópia do testamento para tramitar, a fim de se habilitar lá a mulher, para poder receber, andou mangando e dizendo que era bagatela a herança e que isso se não fazia com essas pressas. De sorte que fiz petição em nome da mulher para o escrivão passar, por certidão do livro de registros dos testamentos, o teor dele ou, se não achasse registrado, para o que conto o caso, a fim de que logo vão sobre ele os ausentes e eu posso haver o testamento para logo, logo, to mandar, a fim de ver a habilitação feita, que não pode ser sem certidão do dito testamento, autêntica. Mandarei o nome das pessoas de quem há de vir procuração, enquanto eu cá tenho mão nos ladrõezinhos dos ausentes, que agora servem con-

5 João Luís Cardoso Pinheiro, desembargador da Relação e da Casa do Porto, era irmão de D. Teresa Luísa Cardoso, mulher do sargento-mor de Penafiel, José Pereira Pinto Garcez, pais do capitão-mor José Cardoso Garcez. Estes Cardosos eram uma família de origem judaica. A sua herança deu origem a longo e custoso pleito entre José Garcez Pinto de Madureira e uma sua irmã, acabando o primeiro por ser condenado a pagar choruda indenização por apropriação indevida de bens do seu tio.

tra um maior ladrão. Estimarei muito, e com toda a boa-fé, fazer-te este serviço, mas segura-te lá com a mulher do testamento, que são velhacos e te não logrem, caminhando para outra parte, logo que tiverem o testamento nas unhas. É o que, por ora, te posso dizer e agora vamos dar desabafo aos nossos corações.

Eu passo já melhor e o tempo tem feito o que costuma em grandes mágoas, que é costumar o coração a elas. Julguei morrer, ou perder o juízo, e tinha razão, mas os filhos exigem que vivesse para eles e eu neles vejo sua mãe, digna mais do céu do que de mim, tendo tu razão no que me dizes.[6]

Podes considerar quais serão as minhas vistas e qual será o gosto de estar no Brasil, mas eu já me contento por largar com um juiz administrador.[7] Tenho pedido para Lisboa, mas parece que até a raça da eficácia se acabou. Com ele removia os embaraços e ia seguro de conseqüências, porque não posso vender, nem sub-rogar durante a vida de minha sogra. Nem no Brasil se vende, sem haver escolha, porque não há numerário. É um engano da Europa. O certo é o que se recebe atualmente mais lá, em pagamentos que fazem com os mesmos bens. Que importa ter engenhos em valores imensos, logo que se vendam sem muitas seguranças? Eu de lá arranjo melhor a minha vida do que aqui mesmo, mas um juiz administrador, para o presente e para o futuro, é o que eu careço. Estou à espera do desengano do meu amigo procurador, para buscar outro, com promessa de dinheiro. Há 3 anos, com a guerra[8] e a falta de extração, todos os senhores de engenho andam às almas porque eles consomem o que dão. Nem tu podes fazer idéia disso e os que te disserem o contrário são bazófias. Sim, meu Cardoso, que importa que os meus filhos tenham aqui 300$000? Metade, lá, trocaria eu! Vivemos fartos, mas nada mais, sem o passar a moeda, atualmente, disto. Que impiedade e que injustiça não é a que me fazem, dizendo [que] não quero ir. Que desamparo

6 O desembargador enviuvara de uma senhora baiana, Maria Luisa Cavalcanti de Albuquerque, filha de Brites Maria Ana Rita Francisca de Almeida e Menezes e do desembargador Manuel Pereira da Silva Caldeira. Um seu sobrinho, barão de Belém, virá a casar com Maria Sabina, filha de Luís Paulino.

7 Provavelmente refere-se à nomeação de um juiz que administrasse a fortuna, sendo os filhos ainda menores.

8 Alude à guerra entre a França e a Grã-Bretanha, subseqüente à ruptura da paz de Amiens, em maio de 1803.

há aí, meu querido irmão. Peçam-me perdão, porque o meu interesse maior é ir. Espero em Deus que assim suceda. Aliás, tinha ao menos mandado teu sobrinho,[9] que está a carecer do que aqui não há. Ele tem muita capacidade e é pena não aproveitar das esperanças que dá. Agora discorre tu o mais e que filhas no Brasil aos 12 anos, são mulheres feitas. Tudo isto me aflige, mas que remédio. A minha vida é célebre pois não sei ao que acuda, porque também lá da casa de meu sogro não falta que ver e que tratar. Enfim, há-de ser o que Deus quiser, mas espero na sua misericórdia que hei de acabar com os meus, porque conservo vigor e julgo que não têm passado por mim tantos anos de América. Que longas horas da noite ao fogão não levarei a contar-te a minha vida desde que te deixei, com várias histórias deste novo mundo. Entrar no céu e ter esta consolação será o mesmo e mais, se isto suceder com os filhos arrumados, cada um cuidando de si e nós de contas [*ilegível*] saudáveis.

Aqui meto uma reflexão sobre a mulher do testamento. Acautela-te e põe a pobre de acordo, que pode suceder que o velhaco, com este rebate, que é o partido deles, não mande, por alguma via, acenar-lhe com alguma pataca para se acomodar, dizendo-lhe que é bagatela. Que não caia e que, sem o testamento e ele fizer inventário, e sem informação minha, se não componha. Ele está ardendo com Manuel Joaquim revelar o sigilo da velhacada e diz [que] manda citar por 16$000, o que não entendo, pois afirmam que tanto deve aqui.

Agora passo a falar nos teus filhos e meus amados sobrinhos, principiando pela ordem deles, o nosso José.

Tenho muito e muito boas informações dele, dos seus talentos e capacidade, por pessoas que o têm tratado em Lisboa, porque todos, por um sucesso consolador, o conhecem. Estimarei que pela sua carreira militar chegue aonde eu desejo.[10] Como há tempos me falavas em deixar o seu caminho (?) por algum governo ul-

---

9 Seu filho José Manuel, que seria padrinho de casamento de Maria Sabina em 1820 e que morreria novo em 1822. Existia pelo menos outra filha, Joana, que casaria com seu primo co-irmão, Manuel Garcez Pinto de Madureira.

10 Seu sobrinho, José Garcez Pinto de Madureira, era de fato uma personalidade rica e prometedora. O tio não poderia prever que a sua carreira seria tragicamente interrompida pela decisão que José tomou de se alistar na Legião Portuguesa, que acompanharia as tropas de Napoleão. Após o regresso, nunca conseguirá reabilitar-se, nem alcançar cargos a que tinha direito a aspirar.

tramarino, devo dizer que, a não ser de ordem, quero dizer governador e capitão-general, nada de governinhos ridículos, que não valem o acantonamento da ridícula plana, sem exercício, como sucede, por exemplo, aos de Piauí, sujeitos ao governador do Maranhão, Paraíba, Ceará, Sergipe d'El-Rei, Espírito Santo, Benguela, Cabo Verde, São Tomé e outros que tais. É para tolos ajudantes e, se não furtam muito, vão pobres e sempre intrigados com os capatazes dos capitães-generais a quem são sujeitos. Nesse caso vale muito e muito mais uma companhia na província e os postos a que pode chegar. Olha Florêncio, que figura que fez e que faz, sem a cabeça de José e apenas oficial de regulamento e prática. José está nesta ordem, com melhor razão. E mesmo de governos, porque D. Diogo,[11] Caetano Pinto[12] e outros de província não são melhores em pessoa e talentos, nem Manuel de Almeida e José de Almeida, hoje visconde. Então, nada que não fossem homens de bem de província que, sim, pasmo, vêm aos governos de S. Paulo, Goiás, Mato Grosso e Minas Gerais, Pernambuco, Pará e Maranhão e, agora, a belíssima e nova capitania de São Pedro do Rio Grande do Sul e aos pingues, ainda que doentios, governos de Moçambique e Angola, onde só perigam os que se entregam a desordens.

O meu amor lhe está ditando venturas mas o céu disporá melhor e ele o escolherá e lhe porá os meios, mas nunca se arrependerá do que lhe diz um tio amante!

Entremos com o meu querido afilhado,[13] o Senhor Desembargador Asiático! Foi grandemente despachado e a circunstância do amor de Sua Alteza vale tudo! Chorei de satisfação, mas como ingênuo, não vai a minha satisfação, porque nesta vida, de que tenho experiência, e no estado presente dela, não está em andar muito, está em fazer por ela patrimônio que ordinariamente não fará em Goa, a não ser pelo extraordinário da Secretaria do Governo; ou por alguma sindicância [*ilegível*]; ou se passasse dali, como Lázaro disse, a Macau; ou, se chegando a Lisboa,

---

11 D. Diogo de Sousa, governador de Moçambique e do Maranhão.

12 Caetano Pinto de Miranda Montenegro, governador de Mato Grosso e Pernambuco. Dele diziam que era "Caetano" no nome, "Pinto" na falta de coragem, "Monte" na altura e "Negro" nas ações.

13 Refere-se a Antônio Garcez Pinto de Madureira. Era de fato homem de leis, mas desconhecemos se realmente chegou a ocupar este cargo em Goa. Certo é que em 1815 estava colocado na Bahia, sendo posteriormente transferido para o Rio. Talvez não tivesse seguido para Goa em conseqüência da invasão de Junot.

vivendo S.A., pilhasse uma chancelaria do Rio ou Bahia, ou se dela se armasse a ficar na de Goa mesmo, como José [*ilegível*] e outro de Mafra que lá morreu chamado Antônio Batista. Então, sim. Porém o caminho ordinário de dinheiro, que se não ganha na Suplicação, é ouvidoria boa no Brasil, que lhe seria fácil com tal proteção, depois Relação da Bahia ou Rio. Saltava menos, mas era filho segundo rico. Eu te pus deste acordo. Escolherão, assim Deus sabe melhor.

Não desaprovo a ida do Henriquinho[14] com ele. Pode voltar sargento-mor, se souberem levar D. Bernardo de Lorena.[15] É este o primeiro ponto de vista para ambos. Porém recomenda-lhe que estude nas aulas militares de Goa, que tem muito boas de artilharia, em cuja tropa, estudando, não seria pior que declarasse a patente. Isto tendo ele cabeça, senão infantaria com ele, onde se encobrem melhor os homens de menos talento. Porém, que volte com o irmão enquanto dura o padrinho, se é que Goa se conserva.[16]

Maria Bárbara,[17] a quem escrevo, bem está. Hoje escrevi a seu marido, por via de Gualter Moniz da Costa, de cuja carta não sei se gostará. Porém ele não me conhece, julgou mal do meu silêncio [*ilegível*]. Ah, meu Cardoso, só tu nunca te enganaste comigo e com os meus ares de simplicidade, de vez em quando. Sim, a menina está feliz. Ele é moço de talento e viveza, mas não conhece os seus interesses do Brasil e diz que quer vir cá. Ora pelo amor de Deus! Eu sou "preto velho" e não falo sem me encomendarem o sermão. Os seus amigos são judas, querem o engenho e querem calote. Falo-lhe por figuras. Os primeiros judas são os seus parentes brasileiros. Não têm lei. Andam-lhes dando papinha... Ele não parava cá, segundo o seu estado atual, nem um mês, porque cá correm ventos com que só eu tenho navegado,

---

14 Outro sobrinho, Henrique Garcez Pinto de Madureira, que foi oficial de cavalaria.

15 D. Bernardo José Maria e Silveira Lorena, 5º conde de Sarzedas (1756-1818). Foi vice-rei da Índia entre 1807 e 1816.

16 Com o pretexto de defender Goa dos franceses, encontravam-se ali cerca de trinta mil soldados ingleses, que governavam na prática o território. Daí o receio do autor da carta quanto ao domínio português em Goa. Só a partir de novembro de 1810, os ingleses começaram a sair, retirando totalmente em abril de 1813.

17 Sua sobrinha Maria Bárbara Garcez Pinto Madureira, casada com Luís Paulino de Oliveira Pinto da França, 2º morgado da Fonte Nova e futuro marechal-de-campo. Era senhor do Engenho de Aramaré na Bahia, onde nascera. Herdara o engenho de seu pai, o capitão Bento José de Oliveira, o qual, após enviuvar em 1779, voltou para Portugal com os seus filhos.

arreganhando-lhes o dente, em homem público e em particular. Eu casei com muito bom do Brasil e bom de Portugal. Luís está hoje nessa ordem. E minha sobrinha, ela, sim, acharia o lado do seu brio e benzer-se-ia do bom e muito decente do seu marido.[18] É verdade, mas, meu Cardoso, ela não havia de gostar, nem ele, ao que julgo. Tu, que nem o teu Antônio antepões a teu genro, não te alargues em nada, porque não aprendeu cá certa falta de "mecanismo" da terra. O meu voto seria conservar o engenho com o administrador que tem, até que dele tirasse a torna que há-de dar às sobrinhas.[19] E logo, a moeda, que andam esganados por ela que é uma boa peça de mato.[20] E à moeda, a cachorro, judeu ou mouro, que desse mais por ele, que a segurasse, pelo resto, em casa segura em Lisboa ou Porto, como abonadora, sem dependência de receber cá deles [compradores], se não o logro é certo. E que me importa a mim a vida alheia? Mas eu trato de Maria Bárbara!

O meu Felicianinho,[21] meu lindo menino que deixei aos peitos da ama, está bem arrumado em uma congregação muito decente que sempre na ordem delas me mereceu afeto. Não só porque tem casa, mas porque pode sair dela, que é o melhor, por não me acomodar a clausura perpétua. Pode ter um excelente benefício, que é o que se deve ter em vista, estudando e habilitando-se à custa da Santa Igreja. E muito melhor [será] se ele tiver gosto e passar ao Colégio de Coimbra, o que se regulará pelos seus talentos, e então fará uma carreira mais brilhante graduando-se em Teologia. Este o meu desejo e plano.

Antãozinho,[22] cruzio, está belo e grande partido e os mesmos passos arrisca de ser cônego evangelista, Santa Cruz e Colégio das Artes, onde cheira a dinheiro e a ciência e podes na tua vida ter consolação dos reverendos padres. E eu o que espero é de lhe dar para pensionista o primeiro, que é só, e não deve ser padre, mas bom amigo e companheiro. Mas Deus e a cabeça é que hão de

---

18 Quereria dizer que se benzia porque, sendo Luís Paulino baiano, não tinha os defeitos dos seus conterrâneos.

19 Refere-se às filhas do falecido irmão de Luís Paulino, Manuel Lúcio, que deveriam receber tornas, porque o Engenho de Aramaré não fora incluído no morgadio de Fonte Nova. Mais adiante há referência a essas sobrinhas e aos seus maridos.

20 O Engenho de Aramaré.

21 5º filho dos Garcez, que viria a ser secretário do arcebispo da Bahia.

22 6º filho dos Garcez, futuro oficial de caçadores e barão da Várzea do Douro.

influir. Senão, sempre vivem fartos, com decência e sempre são padres de quinta ou convento de bom vinho e presunto na aldeia. Tu, meu Cardoso, és homem e bom pai de família. És segundo Beltrão de Carapito e Horta Machado do Algarve, mesmo e mesmo.

Tens Manoelinho.[23] Lembra-te de frade de Aviz ou Palmela. Olha que é uma grande coisa, que nem todos conhecem a fundo e, sobretudo, os seus lugares no Colégio das Ordens Militares em Coimbra, em que há lugares para cada uma das ordens. Hoje, fazem nos tribunais e nas cadeiras(?) um grande vulto e uma grande influência. Os que seguem o colégio à custa da ordem têm grandes benefícios e, se se doutoram, têm casa e côdea perpétua na universidade. E se é "decepado", que não serve para importantes cadeiras(?) ou lugares, tal é o partido que lá vai a bispo, à moda dos da tua terra, "que não servindo para albardeiro há-de ser frade bento". Com que deita as tuas linhas e acaba de ser herói, e a mana, no estado de pais de família.

Ficam as nossas duas meninas,[24] a quem hei de escrever. Se fosse amigo de freiras – tu sabes que falo no sentido moral – porque esse bicho deve ser entregue à retórica do teu primo Luís, diria que Vila do Conde ou Arouca é bom e custa pouco, mas elas poderão achar marido, e tendo ele juízo, ainda que menos abastadas, não choram nunca, ainda não perdem e Deus há-de dar homem de bem e decente. Ao menos, quando tenha dinheiro, tudo está coberto sendo, como dizem os de cá, "gente branca".[25]

Tu ainda dirás que não escrevo, que não tenho já amor. Ora estás perdoado, de boa vontade. E perdoarias se me visses sepultado em melancolia por mais de dois anos.[26] Tu não sabes, nem o céu permita que saibas, quanto custa semelhante desgraça, quando se perde a satisfação, a companheira e o prazer do coração dum homem

23 7º filho dos Garcez. Viria a ser oficial de cavalaria e a casar-se no Rio de Janeiro com uma prima direta, justamente filha deste seu tio, que aqui o deseja encaminhar para a vida religiosa.

24 As duas últimas filhas de José Garcez, Joana e Teresa, que morreriam solteiras.

25 A moral é que não importava muito que não fossem fidalgos, desde que tivessem dinheiro.

26 Como se viu do princípio da carta, enviuvara. Sua mulher era da família Duque Estrada de Menezes. Vinha de grandes famílias baianas, como se vê de cartas de Luís Paulino, e era tia materna do genro deste, Rodrigo Brandão Falcão, 1º barão de Belém.

sensível! Tu não verás o pior. As nossas queridas irmãs nem me dão quartel, nem admitem razão e as suas cartas, que deviam ser, como são, a minha consolação, às vezes me serviam de tormento, porque nem posso fazer mais do que faço, nem dar-lhes razão da sua sem-razão e, finalmente, maiores provas do meu amor.

Ora, não posso mais. Recomenda-me a todos os que forem amigos, os mais, vende-os todos na feira ou ao calvário, ou cá mais para a porta do corregedor. Depois de amanhã era bom dia mas a carta não chega a tempo.[27]

Aceita saudades de teus sobrinhos e o meu coração que eternamente te mostrará que sou irmão amigo e verdadeiro,

Antônio

27 Alusão à feira de gado de Penafiel, que se realizava em 11 de novembro, dia de S. Martinho.

# Carta 2

Luís Paulino[28] a seu sogro, José Cardoso Garcez Pinto de Madureira, capitão-mor de Penafiel – endereçada a Penafiel

Chaves, 2 de maio de 1811

Ilustríssimo senhor José Cardoso,

Recebi a carta de vossa senhoria de 29 de abril, que misturou na minha alma o prazer com o dissabor, pois a [carta] do Antão assaz me aflige, e muito mais por não estar na minha mão o dar-lhe o pronto remédio que eu desejava. Passo já a escrever ao Wilson[29] para que este faça uma carta de recomendação do rapaz ao tal Biffi e pelo correio escrevo para Elvas a um amigo, e dentro remeterei uma minha para o Antão, rogando ao dito amigo procure modo de a fazer remeter para onde ele estiver.

Apenas estas coisas tomaram por este lado uma face mais tranqüila, pedi logo para ir ao exército, que começava a fazer operações pelo lado do Alentejo, e então no quartel-general poderia falar sobre o meu negócio e dos outros. Sendo o meu o de me deixarem ir para a minha terra,[30] ainda que seja dando-me a minha

---

28 Luís Paulino de Oliveira Pinto da França, 2º morgado da Fonte Nova, futuro marechal-de-campo, era casado com Maria Bárbara, filha de José Cardoso Garcez Pinto de Madureira, capitão-mor de Penafiel. Luís Paulino estava colocado em Chaves como comandante do regimento de cavalaria 12.

29 Robert Wilson (1777-1840), brigadeiro do exército inglês, comandante da Leal Legião Portuguesa durante a campanha Peninsular, amigo íntimo de Luís Paulino, que integrara aquele corpo como major de brigada. Antes da sua vinda à península, combatera Napoleão no Egito, distinguindo-se mais tarde na campanha da Rússia, junto das tropas do czar. Sobre a sua vida aventurosa, ver Ian Samuel, *An astonishing fellow: the life of general sir Robert Wilson, KMT, MP*, Londres, Kensal Press, 1985.

30 Refere-se ao Brasil. Luís Paulino era natural da Bahia, onde nascera em 1771.

demissão. Porém, apesar de se me ter prometido isto, vai-se-me demorando ou dificultando de dia em dia, de maneira que não sei se me deixarão ir ou quando. Porém esteja V. S.ª [Vossa Senhoria] certo que eu hei-de forcejar.

É natural que já Antônio Joaquim[31] tenha mandado dizer a V. S.ª o que eu lhe escrevi, depois que soube da marcha repentina do Trant[32] e agora só lhe digo que nada houve ainda na ordem da guerra que mais extraordinário tenha parecido, nem mais incompreensível. Não digo mais nada. Valha-me Deus. Não se assustem por ora nem se encham de cuidados, pois os movimentos do inimigo são filhos do medo e da sua perícia militar, o que é inegável; e muito menos, no que lembrou extravagantemente, de que o inimigo podia passar o Douro, acima de freixo [freixo de espada à cinta], repassá-lo no Pocinho e rodear o nosso exército que está em Cima-Côa. Valha-me Deus, torno a dizer, uma tal operação só podia ser feita por um exército três vezes maior que o nosso. Esteja V. S.ª certo que Massena reunindo todas as suas forças atualmente não iguala às que tem o senhor lord,[33] nem em quantidade nem em qualidade. Se [Massena] fez baixar algumas divisões para as vizinhanças de Cidade Rodrigo, Serra de França, Bejar, etc., etc., é para ver se protege aquela cidade ameaçada pelos nossos e para poder operar de combinação com os seus exércitos que se acham na estremadura e que, continuando a ser batidos pelo senhor marechal[34] e pelos espanhóis, poderão repassar o Tejo para se reencontrarem, e para isto precisam de apoio. Oxalá que de uma vez levasse o diabo semelhante canalha francesa para termos uma hora de sossego!

Quanto ao Antão,[35] outra vez torno a dizer muito me aflijo, mas não posso assim determinar como haja de ser a passagem. Eu lhe escreverei e largamente e

---

31 Antônio Joaquim da Mota era procurador dos Pinto da França no Porto e vivia na Quinta da Fonte Nova.

32 Nicholas Trant (1769-1839) comandou tropas portuguesas como brigadeiro. Justamente em abril de 1811 foi encarregado, com Robert Wilson, de cortar as comunicações da praça de Almeida com Ciudad Rodrigo e o exército de Massena, que retirava para Espanha. Foi depois governador das armas do Porto até 1814.

33 Refere-se ao duque de Wellington.

34 William Carr Beresford (1768-1854), marechal, comandante-em-chefe do Exército português, que em maio de 1811 inicia o primeiro cerco de Badajoz. Em 13 de maio, foi agraciado com o título de conde de Trancoso. As alusões nas cartas seguintes ao marechal, sem indicação do nome, referem-se também a Beresford.

35 Antão Garcez Pinto de Madureira, seu cunhado, então apenas com 21 anos pois nascera em 1790.

se me deixarem ir àquele exército, então sim poderei arranjar as coisas.

Ontem escrevi ao Bento[36] por via do brigadeiro Agostinho Luís[37] e estou com cuidado, pois a cavalaria tem entrado continuamente em combate.

Recomende-me à mãe e manas e ao nosso Macedo[38] a quem remeto esta, pela mesma posta que a de V. S.ª.

Filho muito obrigado

Luís Paulino

---

36 Bento, seu filho, futuro 1º conde da Fonte Nova, que tinha então 17 anos e se distinguiu na guerra peninsular.

37 Agostinho Luis da Fonseca (1751-1831), então brigadeiro de infantaria, atingirá o elevado posto de tenente-general em 1815.

38 Pelas cartas seguintes, deduz-se que era um magistrado, que veio a ser promovido a desembargador, com o auxílio de Luís Paulino, que obterá a sua nomeação para juiz administrador e do tombo do seu morgado de Fonte Nova. Parece-nos tratar-se do desembargador Manuel de Macedo Forjaz, que, em março de 1821, foi encarregado de conduzir o cardeal patriarca para o convento do Bussaco, em virtude daquele se ter recusado a jurar as bases da Constituição (*Diário das Cortes,* nº 47, de 21/3/21, p. 415).

# Carta 3

Luís Paulino a seu sogro, José Cardoso Garcez Pinto de Madureira, capitão-mor de Penafiel – endereçada a Penafiel

Chaves, 31 de agosto de 1811

Ilustríssimo senhor José Cardoso,

Depois que recebi a carta de V. S.ª, remetida pelo meu cabo da guarda, nunca mais tive notícia de V. S.ª, nem mesmo Antônio Joaquim mas tem dado.

Estou bastante aflito por não saber nada de Bento há muito mais de dois meses, nem do Antão proximamente, o qual ao menos devia dizer onde se achava agora e se recebeu as encomendas que iam para ele e para o Bento.

Igualmente estou zangado por não termos cartas do Brasil[39] e estou persuadido que se perdeu o navio em que Maria Bárbara dizia que todos nos escreviam largamente.

O cabo me disse que o Alexandre lhe prometera estar aqui até 3ª feira sem falta com alguns cavalos, mas já estou na noite de sábado e nada de novo. Rogo a V. S.ª queira dizer a esse mentiroso que, ou sim ou não, dê alguma conta de si, pois assim é necessário para eu saber determinar-me e que portanto ou venha ou man-

---

39 Certamente para escapar à ameaça francesa e seguir a corte, sua mulher Maria Bárbara fora para a Bahia (onde possuíam o Engenho de Aramaré e um sobrado em Salvador), com a filha Maria Sabina e o filho Luís, que haviam nascido, respectivamente, em 1798 e 1800. Só em 1812, Luís Paulino se lhes reuniria na Bahia, mas logo em princípios de 1813 viria juntar-se à corte no Rio de Janeiro, acompanhado de Maria Bárbara e dos outros dois filhos. Ali permaneceriam até julho ou agosto de 1819, altura em que se iriam instalar na Bahia. Mas logo em outubro de 1821 se daria nova separação: Luís Paulino, eleito para o Congresso Constituinte, seguiria para Lisboa. O filho mais velho, Bento, que igualmente se distinguira na guerra peninsular, só se juntaria à família em 1814, na idade de 21 anos.

de imediatamente. Que, se já tivesse vindo, eu teria feito contas com ele e que lhe teria dado mais 500 ou 600 mil réis para me continuar a compra de cavalos e que até lhe daria uma guia para isso. Enfim, que venha ou mande já resolução. Pode ajustar todos os cavalos que tiverem medidas e segurar a seus donos que podem mandar com eles pessoa segura que leve o preço por que os ajustar e o importe e paga da condução.

O senhor marechal teimou e quis-me habilitar para o que tem dito, mas eu cada vez mais constante, só quero o meu chapéu redondo e ir para onde está minha mulher e o meu príncipe. Entretanto estou no serviço, e espero em Deus há-de permitir que eu me porte nele como é do meu dever.

O meu trabalho atual é como eu não posso explicar. O regimento vai a pôr-se magnífico. Já tenho 486 cavalos e espero em breve que estará completo.

O inimigo se tem adiantado em força sobre Astorga e planícies de Benavente, mas por ora não se assustem que ele não está em circunstâncias de nos invadir. Antes espero que lhe saiam bem errados os seus planos e que levem bem nos narizes. Contudo, o teatro da guerra agora vai ser para este lado da Espanha.

Recomendo-me muito à mãe e manas e veja V. S.ª em que lhe pode ser útil o seu filho obrigado,

Luís Paulino

# Carta 4

Luís Paulino a seu sogro, José Cardoso Garcez Pinto de Madureira, capitão-mor de Penafiel – endereçada a Penafiel

Chaves, 2 de setembro de 1811

Ilustríssimo senhor José Cardoso,

Pelo grande Alexandre recebi uma [carta] de V. S.ª que assaz estimei. Ele aqui se me apresentou com uma "faquinha" que nem tem idade nem medidas, e fazendo para isto despesas enormes. Diz-me que pagara um cavalo em Recezinhos,[40] e que o não pudera trazer, porque se lhe tinha embrulhado uma corda numa perna e que o ferira, mas que já agora havia de estar são. Disse-me mais, que tinha justo o cavalo do Gandra e que lhe tinha deixado 12.800 de sinal. Eu, apesar de já não dever acreditar no que diz tal diabo, dou-lhe o resto que é preciso para acabar de pagar o cavalo do tal Gandra e lhe ordeno que logo, logo, os ponha em casa de V. S.ª. Rogo a V. S.ª os queira mandar tratar até que eu mande buscá-los. Bem entendido que V. S.ª não deve ter incômodo algum pois que os cavalos não são meus mas sim da Fazenda e vencerão 400 réis por dia cada um. Assim satisfará a V. S.ª a pessoa que eu mandar para os conduzir, a qual há de partir daqui por estes dois ou três dias.

Aqui tenho comprado excelentes cavalos, e tudo o que daí tem vindo é burricada à vista do que eu cá tenho. Na verdade, não há coisa mais soberba que o meu regimento em Portugal. Estimaria eu muito que V. S.ª e a família toda o quisessem ver e fazer-me companhia alguns dias, que não seriam mais que até ao fim deste,

40 Localidade nos arredores de Penafiel, hoje S. Martinho de Recezinhos.

pois decerto de outubro em diante vamos para a festa.

Eu vivo melancólico e só rodeado sempre de estranhos e sem esperança de ver tão cedo os meus. Se quiserem vir, daqui vão todas as semanas liteiras para Guimarães e Braga. Podem vir de retorno por essa terra,[41] se eu lho disser. E creia V. S.ª que nisto longe de me darem incômodo me dão consolação.

Recebi uma carta da mãe,[42] por um tal governador do forte de S. Francisco, sou muito sensível à sua bondade e rogo a V. S.ª queira dizer-lhe que pelo homem condutor dos cavalos lhe escreverei e mais às manas[43] a quem muito e muito me recomendo e já que padecem dos seus estômagos remeto esse chocolate espanhol que é para isso o mais aprovado remédio.

Veja V. S.ª em que lhe posso ser útil e achará pronta a vontade do seu filho obrigadíssimo,

Luís Paulino

P.S.: Tenho só três estandartes, falta-me um; é preciso que as manas mo bordem e que o Manuel[44] dê juramento a ele.

---

41 Penafiel, onde viviam os Garcez.

42 Sua sogra, Maria Libória Máxima da Silva Carneiro.

43 Suas cunhadas solteiras, Joana e Teresa Garcez.

44 Talvez aluda ao cunhado mais novo, Manuel Garcez, que devia ser ainda garoto. Esteve destinado a padre, mas veio afinal a ser oficial de cavalaria.

# Carta 5

Luís Paulino a seu sogro, José Cardoso Garcez Pinto de Madureira, capitão-mor de Penafiel – endereçada a Penafiel

Chaves, 7 de setembro de 1811

Ilustríssimo senhor José Cardoso,

Estou doido com trabalho. Todos os que me têm aturado na escrituração e trabalho estão doentes e só eu ando a pé.

Vai este portador para trazer os dois cavalos que o grande Alexandre comprou e que me disse que, apenas aí chegasse, os punha em casa de V. S.ª. É forte traste, depois que daqui partiu me constou que perdera em uma casa de jogo 16 moedas, por isso foram tão altas as compras dos cavalos. Nada mais com tal peteiro.[45]

Na [carta] que pelo dito escrevi a V. S.ª lhe dizia que muito estimaria que viessem estar comigo aqui este mês, que bem hão de passar. Tenho ao pé da porta banhos de rio, caldas e águas férreas. Nenhum incômodo me davam, antes proveito, pois aqui me roubam. Tenho sempre gentes à mesa e, enfim, até por minha economia deviam vir.

Além disto bem pode ser que a mãe encomende a dragona[46] e que as manas vejam os 3 estandartes para bordar o quarto.

Corre aqui de pleno que eu já estou despachado tenente-coronel. Já da Tesouraria do Porto me mandaram os parabéns, mas eu não aceito nem quero que

45 Deve vir de peta e significar, pois, "mentiroso".

46 Será talvez a dragona que Maria Libória da Silva Carneiro enverga no quadro a óleo que se encontra na Quinta da Mouta.

isto se publique sem o ver na ordem do dia.[47]

O portador deve partir logo com os cavalos, estejam como estiverem e satisfazer a cruzado, por dia, por cada um, desde o dia que o Alexandre os entregou a V. S.ª, pois são da Fazenda.

Sejam todos felizes como eu lhes desejo e nada mais tem que apetecer. Deus guarde V. S.ª.

Filho obrigado,

Luís Paulino

P.S.: Queira V. S.ª mandar esta carta a Antônio Joaquim logo, e por pessoa segura pois é de importância.

47 O decreto de promoção, datado de 21/8/1811, saiu na ordem do dia de 30/8/1811.

# Carta 6

Luís Paulino a seu sogro, José Cardoso Garcez Pinto de Madureira, capitão-mor de Penafiel e cavaleiro professo na Ordem de Cristo – endereçada a Penafiel

Chaves, 17 de setembro de 1811

Ilustríssimo senhor José Cardoso,

Pode V. S.ª bem julgar com que prazer eu receberia a carta que V. S.ª me dirigiu pelo portador que mandei a buscar os cavalos, em razão do que nela me referia.

Cada vez me persuado mais que se perdeu o navio em que vinham as muitas cartas de todos os nossos do Brasil, e estou assaz [em] cuidado por esta falta.

Recebo também agora uma carta do Antão[48] que me diz me tinha escrito outra que nunca recebi. Ele ainda não me fala em se ter aproximado para ali a brigada do sobrinho,[49] mas é natural que agora já o saiba e mesmo que se tenham visto.

Não posso dizer a V. S.ª o quanto me tem afinado o ladrão do Alexandre. Espero que V. S.ª o mande chamar e que, até como amigo, lhe diga que já, já, busque o modo de pôr em casa de V. S.ª os dois cavalos que são deste regimento, pois quando ele me deu contas os deu já por comprados e pagos, pelo que, se os não apresenta, há-de ser preso como um ladrão, por força, pois são coisas da Fazenda. Eu, apesar dele o merecer por esta maroteira, e pelo bem que tem desfrutado, não o queria botar a perder, contudo não haverá remédio se ele lho não der. Os cavalos hão de estar aqui até o fim do mês, portanto V. S.ª me dirá enfim neste mesmo correio o caminho que isto toma para eu saber o que hei de deliberar, pois não me devo comprometer.

---

48 Seu cunhado mais novo, Antão Garcez Pinto Madureira, futuro barão da Várzea do Douro.

49 Seu filho, Bento da França Pinto de Oliveira.

Bem quisera escrever ao nosso juiz de fora mas é tão tarde que receio que esta já não vá a tempo deste correio e para o seguinte serei mais extenso.

Recomendo-me à mãe e manas significando-lhes o muito que agradeço os parabéns que me dão e, se ainda aí estiver o amigo Victorino,[50] queira V. S.ª dar-lhe os meus agradecidos recados.

Deus guarde e felicite a V. S.ª.

Filho muito obrigado,

Luís Paulino

50 Trata-se do magistrado Victorino José Cerveira Botelho do Amaral, nomeado em 1816 desembargador da Casa da Suplicação. Nas eleições de 1822, foi eleito deputado substituto por Penafiel, mas não teve assento. Ficará tristemente célebre por ter sido nomeado por D. Miguel, em 22/7/1828, presidente da alçada enviada ao Porto para punir os implicados na revolta liberal, iniciada em 16/5/1828. A sua ligação à família Garcez e a Luís Paulino adviria do fato de ser natural de Penafiel, de onde eram os seus familiares do lado materno.

# Carta 7

Luís Paulino a seu sogro, José Cardoso Garcez Pinto de Madureira, capitão-mor e cavaleiro professo na Ordem de Cristo – endereçada a Penafiel

Chaves, 20 de setembro de 1811

Ilustríssimo senhor José Cardoso,

É natural que já agora V. S.ª tenha recebido da Bahia cartas pelos navios que chegaram ao Porto. Esta que V. S.ª me remeteu é bem fresca, pois está datada de 18 de junho. Porém deixou-me bem triste por me dizer que apenas recebera uma minha, muito resumida. Portanto infiro que não chegaram lá os grandes maços de cartas que remetemos pelo navio do Passage. Veremos agora se as outras nos tiram deste cuidado.

Vejo a carta do Alexandre e estimarei muito que tudo se componha sem ser necessária força.

Por aqui não há novidade alguma. Esperam-se, porém, brevemente grandes novidades e eu participarei o que for importante.

Deus guarde e felicite a V. S.ª.

Filho obrigado,

Luís Paulino

# Carta 8

Luís Paulino a seu sogro, José Cardoso Garcez Pinto de Madureira, capitão-mor de Penafiel – endereçada a Penafiel

Chaves, 5 de outubro de 1811

Ilustríssimo senhor José Cardoso,

Depois de ter escrito a V. S.ª no correio passado me lembrou lhe não falara a respeito do seu empenho a favor de um senhor alferes de milícias desejar servir no regimento do meu comando. Suplica-me V. S.ª que visse se poderia fazer o dito porta-estandarte, visto não poder ser ou passar em oficial. Sinto [ao] infinito não poder comprazer com V. S.ª mas bem vê que tudo isso era um impossível. Sim, o assentar praça poder-se-ia arranjar e neste regimento veio assentar praça um capitão de milícias o qual é cadete, porque é um fidalgo; aliás seria um soldado raso e o mesmo sucederia a um coronel das tais milícias se viesse assentar praça na tropa de linha, salvo se S. A. Real lhe quisesse fazer uma graça particular, que de direito, não.

Enquanto a ser porta-estandarte, não posso eu igualmente prometer-lhe porque estes devem ser feitos da classe dos cadetes e é tudo o que a tal respeito posso dizer a V. S.ª. Para tudo o mais em que eu possa obsequiar o dito afilhado de V. S.ª, será essa ocasião para mim de sumo prazer.

Agora que chego da espera que fomos fazer ao senhor conde de Amarante,[51] recebo a carta de V. S.ª em que me diz ter recebido carta do Brasil e estimo muito as boas notícias dos nossos.

---

51 Francisco da Silveira Pinto da Fonseca, 1º conde de Amarante (1762-1821).

Igualmente agora recebo uma carta do Antão. O pobre rapaz está desesperado, e eu desesperadíssimo, porque me diz que jamais recebe cartas minhas. Eu até para Almeida lhe escrevi em direitura como ele me dizia. O seu batalhão está em S. Felizes pequeno [San Felices de los Gallegos], perto de Cidade Rodrigo 3 léguas. Ele está aflito, coitado, e tem razão, mas que lhe hei de eu fazer já, já? Se o senhor marechal viesse acima, como se dizia, contava eu de falar a respeito dele, mas agora se diz que o dito senhor está doente e não se sabe se virá.

Do Bento não tenho notícia. Na verdade, passa de preguiçoso de escrever, pelo que muito me desgosta e arrisca-se a levar uma repreensão de que não há-de gostar. Se não me escrever no seguinte correio, mando lá um próprio e verei se esta chega também ao Antão.

É natural que eu mande um oficial ao São Martinho,[52] o qual se dirigirá a V. S.ª para que o guie e por ele escreverei, pois que eu não posso deixar o regimento um só instante.

Pelas notícias de D. Carlos da Espanha,[53] meu amigo, e por outras de Zamora e Salamanca, se diz que os malditos franceses, que por ali estão, estavam muito aflitos e que se afirmava terem eles recebido notícia de que Blake[54] batera completamente o seu general Suchet,[55] em virtude do que muitas tropas francesas faziam movimentos para se reconcentrarem em Madrid.

---

52 Feira de São Martinho, que se realiza em Penafiel em 11 de novembro. É a feira de gado cavalar ainda hoje a mais importante do Norte.

53 Carlos d'Espagnac de Couserans de Cominges (1775-1839), emigrado francês, que se juntou ao exército espanhol após a Revolução Francesa, comandou uma divisão entre 1810 e 1814. Agraciado por Fernando VII com o título de conde de Espanha, reprimiu com a maior violência os liberais, como capitão-general da Catalunha, assumindo ali o comandou das forças carlistas, após a morte do rei. Destituído do cargo, foi assassinado pelos próprios carlistas, quando regressava à França.

54 Joachin Blake (1759-1827), general espanhol de origem irlandesa, comandava em 1811 os exércitos de Aragão e Valencia. Cercado por Suchet em Valencia foi obrigado a render-se em 1812.

55 Luís Gabriel Suchet (1772-1826), depois marechal de França e duque de Albufera. Em julho de 1811, foi ele quem bateu o general Blake em Sagunto.

Deus queira que pouco a pouco leve o diabo tal canalha, já que não pode ser de uma vez.

Agradeço as lembranças da mãe e manas, a quem afetuoso me recomendo.

Deus guarde V. S.ª.

Filho muito obrigado,

Luís Paulino

# Carta 9

Luís Paulino a seu sogro, José Cardoso Garcez Pinto de Madureira,[56] capitão-mor de Penafiel – endereçada a Penafiel

Chaves, 7 de outubro de 1811

Ilustríssimo senhor José Cardoso,

Aproveito esta ocasião, em que por aí passa esta partida, para lhe dar notícias minhas e dizer-lhe que recebi as cartas do Brasil, que me foram duma saudosa consolação. Cada vez me lisonjeio mais, quando me lembro que a senhora D. Maria e os nossos estão naquele país, saudosos mas sossegados. Feliz de quem lá pudera estar e basta-me explicar assim.

V. S.ª deseja que eu lhe mande novidades, as grandes que eu lhe disse que cedo teríamos já principiaram e nada mais lhe posso dizer e V. S.ª aí as saberá tão bem como eu.

Tive carta do Bento, do dia 22, antes da primeira ação, que foi em 25.[57] Ele me escrevia de Pinhel e me dizia que ainda se não pudera encontrar com o tio, o qual estava mais para diante na Espanha. É natural que tenham entrado nas "danças" e eu espero saber por estes dois dias, pois há mais de oito que mandei lá um próprio.

Se amanhã já souber alguma coisa, eu lho participarei.

56 Esta carta, como a de 24 de dezembro mais adiante, vem lacrada com um sinete com as armas de Luís Paulino, diferente das que figuram em lacres das cartas que lhe serão endereçadas da Bahia entre 1821 e 1824. As armas tomam ali a forma das que depois sempre foram usadas na família e que aliás parecem erradas. Nesse lacre, a distribuição por quartéis é a seguinte: quartel superior esquerdo: Françes; quartel superior direito: Oliveiras; quartel inferior esquerdo: Pintos; quartel inferior direito: Eças.

57 Trata-se do combate de El Bodón, a sul de Ciudad Rodrigo, travado em 25/9/1811 (ver carta seguinte).

A minha demora aqui julgo que não será grande, porque todas as tropas de linha vão a mover-se.

Nada preciso dizer-lhe do grande Alexandre. Se ele não quer, que o leve o diabo. Tinha o negócio arranjado até o dia 11 ou 12.

Não escrevo a V. S.ª por minha letra em razão de estar mal dos olhos, por causa da minha escrita.

Recomende-me à mãe e manas e seja feliz como lhe deseja o seu filho muito obrigado,

Luís Paulino

# Carta 10

Luís Paulino a seu sogro, José Cardoso Garcez Pinto de Madureira, capitão-mor de Penafiel – endereçada a Penafiel

Chaves, 11 de outubro de 1811

Ilustríssimo senhor José Cardoso,

Por um cabo que marchou a conduzir do Porto gêneros, que ali mandei aprontar, escrevi a V. S.ª. Agora o faço a dizer-lhe que chegou o próprio que eu mandei ao Bento. Achou-o outra vez em Pinhel e muito doente porque, depois que partiu do Alentejo, tem tido sempre sezões diárias. Contudo tem acompanhado sempre o regimento. Ainda não teve ocasião de se encontrar com o tio e agora nem sabia mesmo onde ele estava.

Diz-me que todo o exército esteve em Espanha e em frente de Cidade Rodrigo, onde ele também esteve até que o inimigo avançou em força e o nosso exército se retirou, por ocasião do que tiveram lugar algumas pequenas ações[58]. Depois disto o inimigo se retirou também às suas antigas posições. Depois disto nada mais sei. Diz-se que o nosso exército tornava a adiantar-se, mas nada sei com certeza e porque agora terei notícias mais amiudadas por um destacamento do meu regimento, que marchou para a Beira, participarei alguma coisa que haja, mais particular.

Na dita minha carta dizia eu o que me restava dizer-lhe a respeito do Alexandre e já estou desesperadamente esperando a decisão, pois contando sobre a pala-

58 Refere-se também ao combate de El Bodón, em que uma força de cavalaria francesa, comandada por Montbrun, atacou uma força anglo-lusa, comandada pelo major-general Thomas Picton, que foi obrigada a retirar em boa ordem.

vra do tal traste, dei os dois cavalos mais, comprados e pagos e, por conseqüência, pertencentes já ao regimento que com eles contou e isto não é coisa de brinco, pois bole com a minha honra. V. S.ª me fará o favor de me mandar dizer se este negócio se desembrulha ou não, para eu saber já o que hei de fazer.

Devo dizer a V. S.ª que, quando o Alexandre apronte já os dois cavalos, que não venha cá com dois burros sem medidas, pois os dois, que ele me disse, estavam comprados. Era um por 9 moedas, que dizia ele tinha altura demais, e o outro era o do Gandra, por 16 moedas, que eu sei como é.

Agora, novamente, começo a escrever para o Brasil e creio que V. S.ª fará o mesmo. Muito me desgostou o que me diz o Feliciano[59] a respeito do tio,[60] mas são gênios, um por um modo, o outro por outro.

É natural que o meu regimento se ponha em movimento mas, segundo os dados que tenho, não será ainda este mês, salvo se os "diabos" bulirem.

Se V. S.ª quiser aqui vir passar alguns dias estou certo que gostará. Verá trabalhar a cavalaria com 3 brigadas de artilharia montada e falaremos devagar sobre algumas coisas e neste caso pode vir nos tais cavalos. Se a família tivesse vindo podia ter tomado os seus banhos e divertido-se muito.

Recomendo-me muito a todos e aos senhores magistrados.

Deus guarde a V. S.ª.

Filho muito obrigado,

Luís Paulino

59 Seu cunhado Feliciano Garcez Pinto de Madureira, que se encontrava no Brasil e viria anos depois a ser secretário do arcebispo da Bahia. As suas relações com Maria Bárbara e Luís Paulino não foram boas.

60 Desembargador Antônio da Silva Carneiro, irmão de sua sogra. Sua filha viria a casar com seu primo co-irmão Manuel Garcez Pinto de Madureira, o irmão mais novo de Maria Bárbara.

# Carta 11

Luís Paulino a seu sogro, José Cardoso Pinto de Madureira Garcez, capitão-mor reformado de Penafiel[61]

Chaves, 24 de dezembro de 1811

Ilustríssimo senhor José Cardoso,

Recebo agora uma carta de Vossa S.ª em que inclui uma do meu amigo Álvaro Xavier das Póvoas.[62] Eu já nos correios passados tive cartas do capitão do Bento a contar-me a sua nova moléstia e como tinha sido tratado, o que me obrigou infinitamente. Por isso mandei lá Antônio Joaquim a ver o pequeno, levar-lhe dinheiro e agradecer ao seu tenente-coronel e capitão o bom trato. Sinto muito o incômodo que V. S.ª tem sofrido com a tal erisipela e desejo que esteja totalmente restabelecido.

Tive também agora carta do Antão que me escreve de Vilar de la Egoa. Eu já escrevi no correio passado ao meu amigo d'Urban[63] e lhe falava na razão que o pobre Antão tinha. Que sabia tinha agora subido uma promoção do seu batalhão e que Deus permitisse que ele fosse nela. Em tudo isto falei assim indiretamente,

61 Nesta carta, tal como em algumas seguintes, Luís Paulino passa a endereçar as cartas ao sogro, qualificando-o de capitão-mor reformado, o que demonstra que aquele cessara o exercício do cargo.

62 Álvaro Xavier da Fonseca Coutinho Póvoas (1773-1852). Nesta altura, era tenente-coronel de cavalaria 7. Marechal-de-campo em 13/5/1820, foi deputado nas Cortes Constituintes eleitas em 1821. Seguiu a causa de D. Miguel, comandando o exército que entrou no Porto, após a revolta liberal de maio de 1828. Em 1846, durante a Patuleia, juntou-se aos setembristas, auxiliando a junta constituída no Porto, sob o comando do conde das Antas.

63 Benjamin D'Urban (1777-1849). Depois de ter combatido na guerra peninsular, ficou conhecido como governador da colônia do Cabo (1842-1847), estando na origem da cidade com o seu nome na África do Sul. Deixou um diário sobre a sua experiência na península: *The peninsular journal*, 1806-1817, Londres, Greenhill Books, 1988.

pois deixe V. S.ª falar, no presente tempo, com a pessoa que sabemos. Não convém empenhos desmascaradamente.

Muito estimei a notícia que V. S.ª me disse dera dona Brízida, pois na verdade estava com cuidado e aflito.

Sejam quais forem as circunstâncias ou repugnâncias, estou resoluto de ir ao Brasil, porque assim considero que vou preparar a nossa segurança e felicidade, mas estou estudando o modo de fazer saber ao senhor marechal o aviso que tenho, porque assim mesmo pode ser que ele não esteja claramente pelos autos.

Muito desejo falar a V. S.ª e ver a família, mas quando não tenho que trabalhar no campo tenho que escrever em casa. O meu regimento foi obrigado a espalhar-se todo por casas dos soldados, para não morrer de fome. Esta é a razão por que nem nós podemos fazer a guerra ofensiva ao perverso inimigo, nem ele, também, ainda que tivesse forças, poderia vir sobre nós, pois só terra acharia para comer. A Espanha está talada e pelas raias daquele reino e do nosso só há víveres que são transportados dos portos de mar. Chegam por uma carestia indizível e cada vez será pior porque os transportes se consomem e dificultam de dia em dia. Tristes efeitos duma guerra bárbara! Maldito Buonaparte e desgraçados países que sofrem os impulsos da sua perversidade.

Queira V. S.ª dizer à mana Joana que recebi a sua carta para ler ao Antônio e dentro a cartinha do seu sobrinho e afilhado, a qual me fez rir. Com efeito o tal Luís[64] há-de ser forte traste.

É véspera de Natal. Alguns estarão bem satisfeitos, enquanto eu, saudoso, só recordo na idéia. "Doces lembranças da passada glória". Camões, etc., etc.

Não preciso nomear o nome de cada um para significar que a todos os da família desejo felicíssimas festas e as maiores venturas.

De V. S.ª filho muito obrigado,

Luís Paulino

64 Por certo se refere a seu filho Luís da França Garcez, então na Bahia, com 13 anos de idade.

# Carta 12

Luís Paulino a seu sogro, José Cardoso Garcez Pinto de Madureira, capitão-mor de Penafiel – endereçada a Penafiel

Bragança, 4 de março de 1812

Ilustríssimo senhor José Cardoso,

Tenho recebido duas de V. S.ª a que não tenho respondido diretamente por não ter tempo. Porém sempre tenho dito a Antônio Joaquim que dê parte a V. S.ª do que eu lhe faço saber, mas que lhe escrevo.

Muito agradeço a V. S.ª as diligências para se cobrar o dinheiro do célebre Alexandre e porque V. S.ª me tem feito a este respeito já dois avisos para eu dizer a disposição que dou do dinheiro, pode V. S.ª remetê-lo a Antônio Joaquim que eu lhe digo a aplicação que lhe há-de dar.

Estou realmente zangado por ver que não há despacho no batalhão do pobre Antão. Na última carta que escrevi ao meu amigo, em que lhe falava no Antão, alargava-me. Porém o dito meu amigo, na resposta que me deu, não me fala a este respeito. Tomara já ter ocasião de falar ao senhor marechal, o que espero que há-de ser bem cedo.

Os nossos do Brasil têm-se esquecido de fazer as suas e as nossas fortunas, pois creia V. S.ª que só do Brasil elas podem vir e eu só nisso me fio, seja como for. As ocasiões têm-se perdido, mas eu ainda as hei de aproveitar e prouvera a Deus que não tivera estado com tantos caprichos!

Os receios que temos tido por este lado parece estarem agora mais apartados. Os inimigos não se juntam em Benavente como figuraram. Nós temos tratado de os observar e eu tenho sempre 60 cavalos avançados 6 léguas para a nossa frente, mas são muito maltratados, como V. S.ª verá da carta inclusa, do capitão que tenho avançado. Assim se vai acabando este soberbo regimento, que tem contido em respeito os inimigos. Veremos as notícias que hoje recebo de Alcaniças e Carvajales, para onde eu espero mesmo de partir amanhã para melhor reconhecer e me certificar dos pontos. Não havendo novidade volto aqui onde está o casco do regimento, para poder comer alguma coisa.

Hoje corre voz de que o bárbaro Marmont[65] se dirige sobre Astorga com forças reunidas. Veremos. Por alguns paisanos espanhóis, que têm a facilidade de passar livremente por meio das tropas francesas, foi dito ao oficial da descoberta, da dita minha avançada, que vieram cartas de França dizendo que no 1º de janeiro se romperam as hostilidades entre a Rússia e a França e que o mesmo Bernadotte, unido com aquela, declarara guerra a Napoleão. Deus o permita e que os infernos se abram para engolir um tal monstro.

Recomende-me V. S.ª, afetivo, a toda a família e disponha da minha vontade.

Deus guarde V. S.ª.

Filho muito obrigado,

Luís Paulino

65 Augusto Frederico Luís de Marmont (1774-1852), marechal do império e duque de Ragusa. Em 1811, depois da derrota de Massena, foi nomeado comandante-em-chefe do exército invasor. Porém não passou de Castelo Rodrigo e de Almeida, onde sucessivas derrotas o forçaram a reentrar na Espanha.

# Carta 13

Luís Paulino a seu sogro, José Cardoso Garcez Pinto de Madureira, capitão-mor de Penafiel – endereçada a Penafiel

Bragança, 20 de maio de 1812

Ilustríssimo senhor José Cardoso,

Há muito tempo que não tive carta de V. S.ª e só pelas cartas de Antônio Joaquim é que sei [que] não há novidade na família. Já escrevi a V. S.ª dizendo-lhe o que sabia do Antão e como, a respeito dele, escrevi ao meu amigo D'Urban como ao Warre.[66] Estou certo que há-de ser despachado e eu o hei de estimar muito, e muito, pois sou muito amigo dele e ninguém toma mais interesse pelos seus do que eu.

Escrevi ao mesmo tempo ao senhor marechal, representando-lhe a precisão que eu tenho de ir ao Brasil e dizendo-lhe que tinha um aviso de Sua Alteza, do qual não tinha querido usar sem permissão de S. Ex.ª.

O meu amigo Warre, depois de me pintar as dificuldades que tinha o meu negócio, fazendo-me elogios que eu não mereço, por fim, depois de ter já fechada a carta, a tornou a abrir para me dizer que naquele mesmo instante o senhor marechal tinha anuído às minhas súplicas e que dissera enfim que me daria a licença.

Esta carta recebi eu ainda na Beira e daqui apenas tive ocasião de remeter umas informações ao senhor marechal. Tornei a tocar no meu negócio e escrevi aos amigos, em virtude do que recebi ontem a carta de que remeto a cópia.

66 Tenente-general William Warre (1784-1853), nascido no Porto, serviu no exército de Wellington durante a guerra peninsular. Pertencia à família Warre, que em 1670 fundou uma das primeiras companhias de vinho do Porto. Ver William Warre (ed.), *Letters from the peninsula: 1808-1812*, Staplehurst, Spellmount, 1999.

O autor dela é o marechal-de-campo, secretário militar do exército, irmão da nossa amiga, a senhora dona Maria da Luz,[67] que Deus tenha em glória.

Nestes termos agora nenhuma dúvida pode haver e mesmo sem fazer uso do aviso. Espero em Deus que hei de tirar os nossos do Brasil da apatia em que têm estado, sem terem a resolução de ir falar ao príncipe e cuidarem do bem de todos. Poderá ser que ainda algum dia, breve, nos vejamos todos juntos, sossegados e satisfeitos, o que será para mim de indizível prazer, porque não há pessoa a quem o amor da família toque mais do que a mim.

Ora a minha partida, conforme eu penso, não tardará pois, segundo eu vejo, o senhor marechal, com este formulário ao governo vai só meter algum tempo de permeio até que tenha nomeado outro comandante que fique no regimento, mas tudo isto pode verificar-se em 20 dias ou um mês. Dou esta parte a V. S.ª, mas não convém que o saiba mais ninguém, por ora, do que a família.

Nós temos estado muito ameaçados por aqui e é bem natural que qualquer dia nos dêem, por aqui, alguma chicotada, porque aqui não há tropa alguma. É apenas o meu regimento que está todo a verdes... Deus se lembre de nós. Porém aí nada tem que temer pois, ainda que o inimigo penetre esta raia, não pode ser senão para fazer uma correria, e não tem forças para passar mais avante. Já há 3 dias vieram os inimigos até a nossa raia com uma vanguarda de 700 cavalos e 600 infantes, destacados de um corpo de 8 mil homens. Eu saí logo a reconhecê-los, podendo apenas ajuntar 50 cavalos. Eles, porém, depois de roubar os povos de Távora e vizinhos, se retiraram.

Tenho trabalhado quanto podia. Agora também é tempo de cuidar da minha casa e interesses. É-me necessário algum descanso pois me sinto muito cansado e muito doente.

Atentos e muito afetivos recados à família. Deus guarde V. S.ª.

Filho obrigado,

Luís Paulino

---

67 Maria da Luz Pereira de Lacerda, mulher de Antônio de Azevedo Coutinho e irmã do 1º visconde de Juromenha. A primeira mulher de seu pai era uma Garcez, parenta muito afastada dos Garcez de Penafiel.

# Cópia

Ao senhor
Luís Paulino de Oliveira Pinto da França

Fuente Guinaldo, 16 de maio de 1812

Ilustríssimo senhor,

Tenho a satisfação de segurar a V. S.ª que o senhor marechal acaba de ordenar-me de escrever ao governo para lhe conceder permissão de dar a V. S.ª licença para sair fora do Reino e poder passar ao Brasil, como V. S.ª lhe requer.

Estimo ter esta ocasião de segurar a V. S.ª a minha amizade e que sou de V. S.ª atento e obrigado,

Antônio de Lemos Pereira de Lacerda[68]

68 Antônio de Lemos Pereira de Lacerda, 1º visconde de Juromenha, tenente-general, secretário militar durante a guerra peninsular.

# Carta 14

Luís Paulino a seu sogro, José Cardoso Pinto de Madureira Garcez, cavaleiro da Ordem de Cristo e capitão-mor reformado – endereçada a Penafiel

Bragança, [junho de 1812][69]

Ilustríssimo senhor José Cardoso,

Recebo agora uma longa carta de V. S.ª e sinto o seu incômodo de saúde. Eu bem quisera, igualmente, alargar-me mas não tenho tempo. Espero, porém, que não tardará que nos vejamos.

A minha licença tem sido uma coisa de um barulho e voltas inexplicáveis. Agora mesmo me faz o senhor marechal participar, pelo ajudante general, que visto eu pretender ir para o Brasil, ele me punha, antes disso, em outro regimento,[70] porque me é indiferente ir deste ou daquele, e que me daria licença.

Eu não entendo, ou entendo bem, as vistas do senhor marechal que certamente me honra muito e faz uma distinção particular em me mandar participar primeiro aquilo que vai a fazer, isto em ar de satisfação. V. S.ª não diga, por ora, isto a ninguém.

Assim, e a nós, nada faz mais conta do que ir eu ao Brasil, e quanto mais breve melhor.

Estou totalmente curado da minha importuna sarna.

Desejo a V. S.ª e família imensas felicidades.

Filho muito obrigado,

Luís Paulino

---

69 Pelo seu conteúdo, esta carta sem data sucede-se à anterior de 20 de maio de 1812.

70 Pela ordem do dia, de 31/5/1812, o tenente coronel Luís Paulino passou do regimento de cavalaria 12 para o de cavalaria 7.

# Carta 15

Luís Paulino a seu sogro, José Cardoso Garcez Pinto de Madureira – endereçada a Penafiel

São João da Foz, sábado, 7 de agosto de 1812

Ilustríssimo senhor José Cardoso,

O Antônio Joaquim trouxe do correio a carta inclusa, e eu persuadido de que V. S.ª não estranharia de que um pai abrisse a carta de um filho[71] de que não tinha notícias, o fiz. Ele me julga já embarcado. Com efeito, não tardará.

Hoje concordei com o Mendes sobre o modo de lhe mandar dar, onde quer que ele esteja, uma mesada de 20 mil réis em metal,[72] e por outra via, tenho determinado o modo de se lhe aprontar o que for justificadamente necessário. Portanto, fica bem arranjado e pode sempre fazer uma boa figura, principalmente como eu o deixei arranjado.

Ontem vi a ordem do dia que o D'Urban dirigiu à brigada[73] e, falando de vários oficiais, diz que, já por presenciar, já porque o informaram, se comportaram bem. Diz para baixo: tive o excessivo prazer de observar o sangue frio, inteligência e intrepidez do major Sepúlveda,[74] do tenente Bento da França e

71 Seu filho Bento da França Pinto d'Oliveira, 1º conde da Fonte Nova.

72 Trata-se evidentemente da mesada que, indo ele para o Brasil, deixava a seu filho Bento.

73 A brigada de cavalaria portuguesa, na qual, de início, não se depositava grande confiança, distinguiu-se na batalha de Salamanca, o que determinou a sua escolha para perseguir as tropas francesas derrotadas, em retirada para Madrid. Porém, em 11/8/1812, sofreu um revés em Majalahonda, o que originou críticas aos oficiais portugueses, tendo Beresford chegado a propor que fossem castigados por covardia, o que não teve seguimento.

74 Bernardo Correia de Castro e Sepúlveda (1791-1833), filho do tenente-general Manuel Jorge Gomes de

D. Gastão da Câmara,[75] e levarei à presença do senhor marechal o merecimento destes oficiais.

Eu tenho passado mal e hoje estou de vomitório. Saudades à família e seja V. S.ª feliz.

Filho obrigado,

Luís Paulino

---

Sepúlveda, viria a destacar-se no movimento liberal de 24 de agosto de 1820, como coronel comandante do regimento de infantaria 18.

75 D. Gastão da Câmara Coutinho Pereira de Sande (1794-1865), 1º conde da Taipa, título conferido em 1823, após a Vila-Francada.

# Carta 16

Maria Bárbara Garcez a seu pai, José Cardoso Pinto de Madureira Garcez — endereçada a Penafiel

Bahia, 19 de outubro de 1812

Meu querido pai todo do meu coração,

A estas horas estão V. Senhorias cheios de saudades, e eu com a maior alegria esperando o meu querido Luís.[76] Desde que soube da sua partida para aqui, os dias me parecem eternos. Melhor seria não me ter sido participada esta notícia, em que tanto interessa o meu coração.

Tenho sabido por diferentes cartas que têm chegado o quanto o seu neto,[77] e meu adorado filho, se tem distinguido. O seu nome é olhado aqui já com respeito. Deus continue a protegê-lo e abençoe a fatigante, mas gloriosa, carreira que segue. Assim eu o pudesse abraçar bem como a V. Senhorias. Ó meu Deus, esse dia será o maior da minha vida.

Nestes últimos navios que têm chegado não tivemos cartas de V. Senhorias, pois, meu pai, nós por Lisboa e Porto, sempre, sempre participamos a nossa constante lembrança. Como passam V. S.$^{as}$ aí, eu muito incomodada. Não são grandes moléstias, mas, contudo, assemelham-se bem à chuva miúda. Vou lentamente vendo fugir os meus dias sem prazer, mas eu não quero mortificar e portanto mude-se de conversa.

---

76 Luís Paulino de Oliveira Pinto da França, que finalmente tinha obtido licença para seguir para a Bahia a reunir-se à família.

77 Bento da França Pinto de Oliveira, futuro conde da Fonte Nova. Tinha então 19 anos, mas desde os 14 que militava no Exército português, distinguindo-se nas campanhas contra as invasões francesas.

Luís e Sabina[78] estão muito crescidos. O primeiro conserva-se no colégio e se vai distinguindo pela sua bondade e viveza. Ao menos não me roube o tempo estas venturas.

Os manos passam bem. Escrevem todos e por isso a seu respeito nada digo. Ora, meu querido pai, dê V. S.ª a todos os meus conhecidos ternas memórias, mas com particularidade a Macedo, e outros como ele dignos.

Deite-me a sua benção pois sou com a maior amizade, de V. S.ª, filha muito obrigada e muito afetiva,

Maria Bárbara

---

78 Luís Paulino da França Garcez, futuro marechal do Exército brasileiro, nascido no Porto em 1800; Maria Sabina de Oliveira Pinto da França, futura baronesa de Belém.

# Carta 17

Antônio Garcez[79] a seu pai, José Cardoso Garcez Pinto de Madureira, capitão-mor de Penafiel e a sua Mãe, D. Maria Libória Máxima Guilhermina Gomes da Silva Carneiro – endereçada a Penafiel

Bahia, 20 de outubro de 1812

Meu pai e senhor do coração, e minha mãe,

Pela galera Amor da Pátria e pelo correio escrevi a V. S.ª, mãe e manos e remeto o que consta do conhecimento junto, determinando que um feixe [de açúcar] era para as duas pequenas Teresinha e Joaninha,[80] e dos três [*ilegível*] daria uma farda a Antão[81] e uma parte da mesma para o que V. Senhorias quisessem fazer dele.

Também escreveu Mariquinhas, Sabina e Feliciano[82] e eu ao tio José[83] e a todos de novo me recomendo e ofereço minha particular estimação.

Vou havendo saúde porém sempre saudoso e desejoso de que chegue o marcado dia da minha felicidade, dia em que beije a V. Sas. as mãos e que os banhe com as minhas lágrimas de prazer. Pouco viveremos, se tal não conseguirmos; assim, passaremos felizes e nos abraçaremos reciprocamente e V. Sas. o farão aos manos e manas e me dirão se souberem alguma cousa do nosso José,[84] a quem amo terníssimamente.

---

79 Antônio Garcez Pinto de Madureira, desembargador na Bahia e, depois de promovido, transferido para junto da Corte no Rio de Janeiro

80 Suas irmãs Teresa e Joana, ambas solteiras.

81 Seu irmão mais novo, Antão Garcez Pinto de Madureira, futuro barão da Várzea.

82 Sua irmã Maria Bárbara Garcez, casada com Luís Paulino, a filha de ambos, Maria Sabina, futura baronesa de Belém e seu irmão Feliciano Garcez Pinto de Madureira, secretário do arcebispo da Bahia.

83 Padre José, irmão de Antônio e Maria Libória da Silva Carneiro.

84 Seu irmão mais velho José Garcez Pinto de Madureira, que estava na Legião Portuguesa que acompanhava os exércitos napoleônicos na invasão da Rússia.

Feliciano, na que escreve para o Porto, dá mais alguma notícia política e por isso nem a ela nem à minha, que foi pela galera condutora do açúcar, tenho a acrescentar cousa alguma. Só notificar-lhe os fiéis votos daquele que é, com a maior veneração, de V. S.$^{as}$ filho amante e obrigado,

Antônio

P.S.: Queira recomendar-me a Macedo e mais amigos e conhecidos e participar o que for ocorrendo de novo. O preguiçoso Henrique[85] não sei se escreve.

85 Seu irmão Henrique Garcez, oficial de cavalaria que com ele e Antônio se encontrava na Bahia. Além das suas funções militares, administrava o Engenho de Aramaré, propriedade de seu cunhado Luís Paulino Pinto da França.

# Carta 18

Luís Paulino a seu sogro José Cardoso Garcez Pinto de Madureira – endereçada a Penafiel

Rio de Janeiro, 21 de fevereiro de 1813

Ilustríssimo senhor José Cardoso,

Antes da minha partida da Bahia escrevi a V. S.ª e porque me consta que daqui parte para essa um navio, faço esta, ainda que à pressa e muito ocupado.

Aqui cheguei no dia 14 do corrente[86] depois duma viagem, a mais tormentosa. Nada lhe posso dizer dos meus negócios por ora. Porém não me hei de esquecer, apesar de ter vindo na época mais desgraçada. Esta Corte está tristíssima presentemente. Os tempos de venturas e despachos acabaram.

Eu faço ver a V. S.ª e a todos os nossos que, apesar de precisar de descanso para restabelecimento da minha saúde estragada e perdida, não descansei no meio dos atrativos da Bahia, daquele país divino e encantador e no seio da minha família. Deus queira ajudar-me para gosto e felicidade de todos, pois a todos os nossos desejo fazer felizes. Oxalá que isso estivesse na minha mão, e conheceriam bem a nobreza da minha alma que desconhece o vil egoísmo, que por desgraça geralmente reina!

O tio Antônio Feliciano[87] fez, com a sua demora, a sua desgraça e de todos

86 Tendo deixado Portugal em setembro de 1812, quer dizer que Luís Paulino só se demorou na Bahia, quando muito, os meses de novembro e dezembro daquele ano e janeiro de 1813.

87 Refere-se ao irmão de sua sogra, o desembargador Antônio Feliciano Gomes da Silva Carneiro, autor da Carta 1. Doutras cartas se conclui ter sido convidado para desembargador da Casa de Agravos na Corte, mas que resistia a aceitar o lugar, não obstante todas as pressões da família, que via naquela nomeação uma forma de aumentar a sua influência. Não se sabe quando, mas o certo é que mais tarde Antônio Feliciano

os seus. Eu acabo agora de lhe escrever para que largue "boticas e redes" e venha já, já, aliás sentirá algum desgosto. Entretanto, eu vou prometendo que ele vem e faço por ele os ofícios que devo.

É verdade que eu passei a linha,[88] mas também é verdade que esta passagem, em mim, nenhum efeito fez. Lembro-me sempre, e sempre me lembrarei saudosamente (não do país que nenhuma comparação tem com este; e isto é que é a verdade, e não a cegueira) mas das pessoas que aí deixei.

Queira V. S.ª dar as mais vivas e saudosas lembranças à mãe, à mana Joana, à mana Teresa, ao Antão e ao Manuel[89] e V. S.ª as receba também do seu filho amante e obrigado.

Luís Paulino

---

acabou por ceder, já que foi de fato desembargador no paço no Rio de Janeiro, onde ainda vivia em 1823. Sabe-se que seu filho José morreu em 1822 e que sua filha viria a casar-se com seu primo co-irmão Manuel Garcez, que também morreu novo sem descendência.

88 Parece referir-se à linha do Equador.

89 Seus cunhados, ainda em Penafiel, Joana, Teresa, Antão e Manuel Garcez Pinto de Madureira.

# Carta 19

Antônio Garcez a seu pai, José Cardoso Garcez Pinto de Madureira, capitão-mor de Penafiel – endereçada a Penafiel

Bahia, 31 de maio de 1813

Meu pai e senhor do meu coração,

Tenho recebido as [cartas] de V. S.ª com aquele costumado prazer que se deve presumir num filho que tão fielmente o ama e que conserva por V. S.as a maior saudade. Eu vou vivendo sem novidade, adiantando-me em anos, para poder ter o gosto de os ver e abraçar.

Remeto a lista dos despachos que saíram no dia 13 pela repartição do sr. conde de Aguiar[90] e dela verá, o nosso Luís, o grande despacho que obteve,[91] que sendo aqui tão freqüentes as mercês do soberano, tem causado espanto aos inimigos (nunca àqueles que nos estimam e que reconhecem o merecimento de Luís). O foro, meu Pai, é um dos primeiros, o maior possível, porque é para filhos, netos, bisnetos e ao infinito. Muito devemos ao nosso amado príncipe e senhor. Posto isto, que abalo não fará nos invejosos da nossa pátria, que caras não verá V. S.ª, afetadíssimos cumprimentos, lisonjas baixas, etc., etc. É o Mundo.

---

90 D. Fernando José de Portugal e Castro (1752-1817), 1º conde e 2º marquês de Aguiar. Foi ministro do Reino e encarregado das pastas da Guerra e dos Estrangeiros na Corte do Rio de Janeiro.

91 Seu cunhado Luís Paulino chega à Bahia vindo de Portugal em fins de 1812 e, em princípios de 1813, segue dali para o Rio de Janeiro. É então nomeado comandante do 1º regimento de cavalaria do Brasil (futuros Dragões da Independência) e em 2 de fevereiro de 1813 o rei assina o foro que concede aos Pinto da França a categoria de fidalgos cavaleiros da Casa Real. Em 13 de maio do mesmo ano, foi-lhe concedida uma comenda da Ordem de Cristo, "por sua importante participação na restauração da cidade do Porto e por sua ação no combate de 27 de março de 1809 em defesa de Cidade Rodrigo, à frente do regimento de cavalaria 12".

Ainda não chegou a lista militar pela Secretaria de Guerra de que é secretário o senhor conde das Galveias.[92] Também temos boas esperanças e melhores à vista dos dois despachos já conferidos.

Na mesma verá V. S.ª o nosso Macedo com o hábito e 50 mil réis de tença. Também verá o bom Victorino com a torre e espada.[93] Que vista fará com os seus hábitos e fardão. Eu lhes desejo muito mais e V. S.ª da minha parte lhe dará os parabéns.

Verá da lista o despacho que é obra do eleito patriarca. Com efeito, ou é uma política refinada ou vale o homem, ou vivem na Corte enganados com ele, Monteiro, Tomás da Rocha. Enfim, nada de analisar, sim louvar porque é obra de quem o podia fazer. Eu confesso que não tenho inveja e a todos desejo bem.

Também verá que nenhum despacho houve para a América. Devo supor que foi para não bulir ainda com o tio,[94] que tanta mercê deve e que, se não for até ao São João, foi-se a sua Casa de Agravos. Assim o quer e assim será.

Eu, havendo despacho nesta casa, já avisei que é regular me chegue e eu sigo logo, logo.[95]

O portador desta é um moço negociante de nome Diniz, que vai de capitão na sua mesma galera, denominada Moréia. Sou seu amigo, porque ele o merece e ele promete ir a Penafiel dar notícias nossas. Leva as encomendas seguintes:

Um caixotinho que já lá foi e volta outra vez. E dentro vai o seguinte:

- dois lenços de pescoço, bordados, que partirá um para V. S.ª, outro para Manuel;[96]
- duas coralinas para uns sinetes que V. S.ª deverá mandar fazer;
- uma coralina para Macedo mandar fazer um alfinete de peito, e saudades e perdão da lembrança;

92 D. João de Almeida Mello e Castro, 5º conde das Galveias (1756-1814). Foi embaixador em Londres, Haia, Roma e Viena de Áustria, ministro dos Estrangeiros (1801-1803) e, no Rio de Janeiro, de 1812 até morrer, ministro da Guerra, Negócios Estrangeiros e interinamente da Marinha e Ultramar.

93 Macedo e Victorino eram desembargadores, amigos dos Garcez e de Luís Paulino; ver notas 38 e 50.

94 Tratar-se do desembargador Antônio Feliciano Gomes da Silva Carneiro, irmão de sua mãe (ver nota à carta anterior).

95 De fato, em breve seria transferido para o Rio de Janeiro como desembargador do paço.

96 Seu irmão Manuel Garcez.

- para minha mãe, um colar lapidado, com brincos, que lá prepararão a seu gosto;
- Joaninha, outro;
- Teresa, outro;
- cada um leva seu nome, por letra do Feliciano;
- Joaninha tomará conta dos embrulhos que vão para D. Luísa Casimira; um é de colares, outro de leques e um lenço bordado;
- para a mãe mais um leque de pau-santo, outro Teresa, outro Joaninha;[97]
- leva para casa, a favor de todos, dois feixes de açúcar, um quarto de pipa de melado finíssimo, sete varas de romada [*ilegível*], um saco de café, outro de arroz, dois sacos de farinha como os passados, 3 sacos mais, porém mais pequenos, que fazem 5 de farinha; com o de café e arroz, são 7 ao todo;
- um embrulho com 4 esteiras da Costa da Mina para V. S.ª (eu durmo a sesta, no verão, nela, estendida no chão), outra para a mãe, outra Joaninha, outra Teresa;
- uma resma de papel da Índia, 2 chapéus de palha da Costa da Mina feitos pelos negros, tudo para verem o seu trabalho (um para V. S.ª, outro para Manoelito); devem-nos forrar por dentro.

Desculpem tanta liberdade tomada pelo amor que lhes consagro.

Saíram dois navios que, por engano, não levaram cartas, a saber: Amor da Pátria e outro que me não recordo. Os capitães se descuidaram, e não foi a falta minha, e sim das promessas que os ditos fizeram de vir recebê-las.

Todos vivem e bons, e todos se recomendam. Não sei se os de Jacaráconga escreveram a tempo.

Quero saber das novidades do Reino e bem desejo se realizem as que nos têm chegado, que não podem ser melhores.

97 Suas irmãs Teresa e Joana Garcez.

Quanto aos seus negócios, se Deus me der vida e eu for ao Rio, tudo se tratará e eu espero da beneficência de S. A. as mercês que merecemos.

O nosso José,[98] ninguém dele sabe. Que fatalidade! Deus o ajude, e queira o céu que ele pudesse fugir para os prussos.

Neste mês, a 5, o capitão da Minerva, Manuel da Silva Monteiro, levou carta e 2 caixotes de doce. O capitão da galera General Silveira saiu a 24 de março e levou 4 sacos de arroz, 6 cobertores de cama feitos no sertão. O cirurgião do brigue Viamonte, João Antônio da Silva, recomendado pelo Frei Luís das Canhas, em 20 deste levou um saco de farinha, um caixotinho de açúcar, 6 leques, 1 lenço para o Antão, gravata para o Manuel, peça de lenços de assoar da Índia para V. S.ª, coberta da Índia para Joaninha.

O capitão do mesmo, Melitão [levou] 1 quarto de pipa de aguardente destilada, 1 ancoreta de doce de maracujá e 1 bicho a que chamam paca. Leva mais este amigo Diniz um caixote grande com quatro dúzias, dentro de caixotinhos, de doce de orassa ou tijolo, segundo a expressão do Reino.

Finalizarei a minha carta pedindo-lhe que dê recados aos parentes, amigos e para [*ilegível*] Leopoldo, a quem escrevi por um José de Sousa natural de Braga, José Urbano, Damásio, Victorino, José Tomás, Rosa e as gentes que de mim se lembrarem.

Deite-me V. S.ª as suas bênçãos que recebe com prazer o seu filho, o mais obrigado e obediente,

Antônio

Por encomenda de D. Luisa Casimira queira logo dar à Joaninha para enviar. É-me custoso receber e não satisfazer, e este caso da beca me obrigou muito, muito, e não fica aqui a minha gratidão, pois é pouco.

**Carta anexa para a mãe**

Minha querida mãe do meu coração, enquanto durar a ausência durará a minha saudade, porque quando não houvessem razões tais como a do ser, bastavam as virtudes de V. S.ª para o meu respeito e amor eterno.

---

98 Seu irmão José Garcez, que se encontrava com a Legião Portuguesa ao lado das forças napoleônicas.

A [carta] do pai mais alguma cousa diz e V. S.ª a tenha por sua e aceite aquilo que lhe pertence. Recomende-me aos amigos e família e aceite os votos mais puros do seu filho obedientíssimo e muito obrigado.

Antônio

P.S.: Muitos recados ao tio José a quem não me é possível escrever agora.

# Carta 20

Antônio Garcez a seus pais, D. Maria Máxima Guilhermina da Silva Carneiro e José Cardoso Pinto de Madureira Garcez – endereçada a Penafiel

Bahia, 31 de julho de 1813

Meus pais e senhores do coração,

Como cabe no tempo aproveito esta ocasião para segurar-lhes que passo bem e todos os nossos e desejando que a V. S.$^{as}$ lhes assista boa saúde e às manas e manos[99] e bem assim ao tio[100] e Bento.[101]

Recebi essa lista do Rio. Não houve despachos para aqui nem para o Reino, e assim mesmo Luís sairia, decerto, se quisesse servir no Rio, mas ele quer escapar à intriga pequena de corte. V. S.$^{as}$, mas isto para nós e para quem for mais fiel, o nomeou por aviso para organizador da cavalaria,[102] digo, particular, em razão da sua forma que é honrosíssima. Muito lhe devemos.

Por ora nada de despachos de magistratura e de toda a mais qualidade. Avisam-me do Rio, o que verá da carta junta, [que] Lisboa nunca esteve tão áspera, todos se queixam, mas eu sempre assim esperei à vista dos fatos extraordinários no princípio da chegada do mesmo senhor.[103]

---

99 Joana, Teresa, Antão e Manuel Garcez.

100 Poderá ser o outro irmão da mãe, padre José da Silva Carneiro.

101 Filho de sua irmã Maria Bárbara, Bento da França, que em breve se viria juntar aos pais no Rio de Janeiro.

102 Criação do regimento de cavalaria 1, responsável pela guarda pessoal do soberano e que após a Independência se transformaria no famoso regimento dos Dragões da Independência, ainda hoje responsável pela segurança dos presidentes da República do Brasil.

103 Poderá referir-se à chegada de Beresford, nomeado marechal-de-campo e comandante-chefe do Exército português, por decreto de 7/3/1809.

Remeto um barrilito de aguardente e um porco caititu, que se domestica, mas é para quintal. É lembrança, não o valor, que V. S.[as] aceitem.

Queiram recomendar-me aos amigos e conhecidos e me deitem as suas bênçãos que humildemente recebe o seu filho amante e obrigado,

Antônio

# Carta 21

Antônio Garcez a seu pai, José Cardoso Pinto de Madureira Garcez, capitão-mor de Penafiel – endereçada ao Porto[104]

Bahia, 23 de agosto de 1813

Meu pai e senhor do coração,

Não me é possível ser mais extenso, porque o brigue Bela Escolha, Capitão Domingos Peres Castelo (?), está a largar e em mão deste vai uma saca de café e outra de farinha cevada.

Todos ficam bons e todos se recomendam a V. S.ª e eu, muito, a minha querida mãe, manas e manos, tio e Bento e desejo saber de José.[105]

Por ora nada de despachos. O tio ainda no engenho. É quanto posso dizer agora, se bem que na bolsa do correio hei de fazer diligência para escrever a minha mãe.

Recados a Macedo, Telles e Victorino, amigos e conhecidos.

Deite V. S.ª as bênçãos ao seu filho obedientíssimo,

Antônio

---

104 Esta carta tem o carimbo "Porto" e está assim endereçada: "Ao ilmo. sr. capitão-mor José Cardoso Pinto de Madureira Garcez, G. D., cavaleiro da Ordem de Cristo – Porto – se ausente ao sr. Antônio Joaquim Motta, em casa do Ilmo. sr. Luís Paulino na rua Nova do Almada". Quer dizer, se José Cardoso estivesse em Penafiel, a carta seria entregue ao procurador dos Pinto da França que residia nas casas da Quinta da Fonte Nova, cabeça do vínculo de que Luís Paulino era 2º morgado.

105 Seu irmão José Garcez.

# Carta 22

Antônio Garcez a seu pai, José Cardoso Pinto de Madureira Garcez, capitão-mor de Penafiel, em mão, para o Porto[106]

Bahia, 24 de maio de 1814

Meu pai e senhor, do coração,

Muito feliz me considero se esta achar a V. S.ª e a minha cara mãe de boa saúde e bem assim as meninas, Antão, Manuel, Bento e tio, a quem me recomendo.

Estamos esperando todos os dias saber o que houve no dia 13.[107] Vou a ver se me chega alguma cousa, apesar de que até outubro não requeiro. Veremos o que sucede a meu tio;[108] se é reformado, riscado ou chanceler desta Relação. De tudo avisarei. Não me admirará que eu apareça despachado, porque o tempo finda, a graduação existe e por essa razão ando nos almanaques, como verá do de Lisboa, no número dos desembargadores da Suplicação do Brasil.

Sobre aquele negócio, de lado me deixei eu mesmo, porque conheci inclinação para outra parte e, por isso, se realizou casando-se com outro, a respeito do qual existia a vontade da noiva e amizade dos pais e parentes. Venceu o co-

106 Esta carta é assim endereçada: "ao Ilmº sr. capitão-mor José Cardoso Pinto de Madureira Garcez – Deus guarde – cavaleiro professo da Ordem de Cristo – rua do Almada – Porto. À mercê do sr. comandante da galera General Silveira, a entregar ao sr. Antônio Joaquim da Motta, em casa do senhor Luís Paulino d'Oliveira". Pelo punho do capitão-mor, logo após a data, lê-se nesta carta o seguinte: "respondi a 3 de setembro".

107 Refere-se à capitulação de Napoleão em 13/4/1814 em Fontainebleau, após o que partiu para o desterro na ilha de Elba.

108 Tio materno, o desembargador Antônio Gomes da Silva Carneiro, a cujo problema se refere em cartas anteriores.

ração e não a lei porque o modernismo a tudo chega. Basta e não falemos mais nisto.[109] De Henrique, por ora nada.[110]

Remeto essa 2ª via da que levou o Belonha e o marujo Bernardo, que foi na galera do dito Belonha, de nome o Bom Despique. Levou em mão umas bagatelas, a saber: 8 caixotes de doce, um leque, um chapéu e uma imagem. Bem estimarei que chegasse a salvo o retrato que levou José Joaquim no navio Telêmaco.

Luís passa bem, e mais família. A mana Maria ainda não pariu.[111]

Quero que me recomende a Macedo, Telles, Victorino e mais amigos e quantos de mim se lembrarem.

Ora, meu pai e mãe, aceitem os votos que lhe envia o seu filho e amante e obrigado,

Antônio

P.S.: Torno a agradecer, com muito afeto, o cachorro que come os diabos. Não recebi os sacos, ficaram na mão do Marcondes daí.

Lembro-lhe a patente para o frade, filho da Águeda, que foi segura por Lisboa, a carta do provincial daqui.

[*Anexo o contrato com o capitão da galera Bom Despique, que se obriga a transportar gratuitamente 3 feixes de açúcar com 15 arrobas.*]

---

109 Trata-se por certo de esponsais rompidos. Antônio Garcez só casaria em 1819.

110 Depreende-se que seu irmão Henrique Garcez, oficial na Bahia, também não estava noivo.

111 Sua irmã Maria Bárbara e seu cunhado Luís Paulino, que se encontravam no Rio de Janeiro. Maria Bárbara estava grávida de um filho, mas abortaria a um mês do final da gravidez (ver carta seguinte).

# Carta 23

Maria Bárbara Garcez a seus pais, [maio/junho de 1814][112]

Meu adorado pai e mãe querida,[113]

Não me foi possível escrever a V. S.as nos últimos navios que deste porto saíram, por me achar incomodada com um mau sucesso, que infelizmente tive e de cujo ainda sinto incômodos. Na realidade, foi fatalidade e eu terei uma mágoa eterna por esta causa. Perder um filho, uma perfeição, na realidade, ao qual faltaria um mês somente,[114] mas eu não quero falar nisto pois a minha dor dobra com a repetição. Sim, estou seriamente doente e mesmo não sei como não morri de mágoa e saudade. Tanto que me custa a escrever da vista e eis a razão por que escrevo junto a velas.

Muito tinha que contar-lhes. Bem que em outras [cartas] o tenha feito, mas sempre há novos motivos. As notícias foram as melhores. Caiu o monstro,[115] mas ainda lhe podemos aplicar o provérbio de que: "vara ruim não quebra". Digo isto por ver que ele vai habitar a fortaleza de Elba, muito vizinha da Córsega e com 6 milhões de francos de renda. Mas, enfim, estamos livres dele e tanto basta.

112 Esta carta, por se referir à chegada ao Rio de Janeiro da notícia da primeira destituição de Napoleão, considerando o tempo necessário às comunicações entre Portugal e o Brasil, deve datar-se entre a segunda quinzena de maio e a primeira de junho.

113 José Cardoso Pinto de Madureira Garcez e Maria Libória Máxima da Silva Carneiro.

114 Maria Bárbara tem agora 33 anos. Trata-se da perda de um filho que viria após Bento, Maria Sabina e Luís Paulino. Em 1817, nasceria ainda Maria Francisca, a última filha.

115 Assim designa Napoleão. Dentro do espírito liberal da família, até a invasão de Portugal, Bonaparte teria sido uma figura reverenciada.

Estes dias tem havido aqui luminárias e *Te Deum*. Coisa brilhante, na verdade. A Capela Real estava belíssima pois a Corte e particulares, em grande tom, a tornavam belíssima e a música foi superior. Hoje é o festejo e Luís neste momento vai para o beija-mão.

V.S.as, a esta hora, segundo cartas, tudo em sossego.

Já contariam a Sua Alteza pelo mar e mesmo, até segundo as notícias que daí vieram, o não fariam já nesta terra, pois por ora, até sobre esse assunto, nada se sabe. Cada um agoira uma coisa. Eis como estamos, mas o nosso amável soberano,[116] que ama os seus vassalos, não há-de perder de vista o interesse de todos.[117] Ele passa muito bem. Só a nossa princesa[118] não goza saúde. Tem moléstia antiga. Essa muito deseja voltar a Lisboa.

Ora vamos falar sobre uma coisa em que V. S.as me [têm] tocado. Luís não trouxe para aqui nenhuns papéis de V. S.a para requerer com eles. Estão sem dúvida na mão do mano Antônio[119] ou do tio.[120] Este último fez a sua desgraça e a de todos os seus, como eu já tenho muitas vezes dito a V. S.as[121] Se tivesse vindo, não me increpem de exagerativa, pelo menos teria já um título de barão, tinha arrumado a todos como muito e muito eles quisessem – pois assim vai o Mundo! Quem tudo pode e faz tinha uma cegueira pelo tio que ainda mesmo, apesar da mangação dele há seis anos, apesar dos gritos que chegam ao céu dos companheiros, o não tem riscado.[122] Não, meu pai, estou certa seria V. S.a felicíssimo e todos.

---

116 D. João VI, então ainda príncipe regente.

117 Parecem ser veladas referências à delicada questão do regresso de D. João VI e da Corte a Lisboa, desaparecida que era a ameaça napoleônica.

118 Dona Carlota Joaquina.

119 Antônio Garcez Pinto de Madureira, desembargador no Rio de Janeiro.

120 Refere-se ao irmão de sua mãe, Antônio Feliciano Gomes da Silva Carneiro, que, após se formar em Coimbra, foi nomeado desembargador para a Bahia.

121 Esta passagem contém curiosas referências ao jogo de influências que grassava na Corte. O tio Antônio Feliciano recusava-se a deixar a Bahia, a sua família e as suas terras, para vir ocupar no Rio de Janeiro o importante cargo de desembargador da Casa dos Agravos, para que fora convidado pelo marquês de Aguiar, o que desesperava os sobrinhos, que viam na nomeação mais uma fonte de benefícios e garantia de maior influência, propiciatória da eventual satisfação das suas variadas ambições. Faziam como todos...

122 Ou seja, excluído da magistratura.

De mais a mais, com a sua indolência infernal, até a Luís fez mal, pois como o dito assegurou uma e muitas vezes de que vinha, o senhor marquês se agoniou a ponto que Luís até foge de falar-lhe, por lhe não querer ouvir os gritos. Forte, forte tontura, pois nada gastava,[123] tinha a minha casa, tinha pousagem de graça comigo. Era só apresentar-se e mesmo supondo que gastava, perdia dez para ganhar mil...

Mas eu não posso ser mais extensa. De debilidade, estou coberta de suor. Queiram V. S.as dar mil recados aos amigos.

Sinto, minha adorada mãe, que V. S.a passe incomodada. Oxalá que na minha mão estivesse a sua ventura e a de todos, que eu e Luís bem o desejamos. Enquanto a este, ele para si nada pede nem para os filhos. Diz que não sabe e para si tem vergonha. E mesmo já não há que dar, tudo se esgotou e agora se mesquinha isto para nós. Quem pilhou, pilhou, e basta, pois tremo de falar. O nosso amável e digno soberano bem deseja felicitar a todos, mas como ele só não pode prevenir tudo; eis a razão.

Ora, meus pais, acabou-se o papel, em outra falarei mais.

Sou deveras amante filha,

Maria

P.S.: Quem me dera notícias d'Antão e Bento.[124]

123 Para não se mudar para o Rio de Janeiro, o tio invocava os gastos que tal mudança iria implicar.

124 Refere-se a seu irmão mais novo, Antão Garcez, e ao filho Bento da França, ambos da mesma idade, que se achavam integrados nas tropas da coligação que haviam perseguido Napoleão até a sua queda.

# Carta 24

Luís Paulino a seu cunhado Feliciano Garcez – endereçada à Bahia

Rio de Janeiro, 12 de junho de 1814

Meu Feliciano,

Saúde! Esta só é para consolar-te e segurar-te do nosso triunfo, que foi da maior batalha de corte em que tenho entrado, e em nada tive assim um capricho. Foi preciso lutar com tudo o que há de mais representante e poderoso deste Reino. Os contrários trabalharam por príncipes e princesas, por Luís José de Carvalho,[125] ministro de Estado, etc., etc. Só à vista e por largas horas te poderia eu contar isto. Porém tu, agora mesmo, por [*ilegível*], como porque assim foi ajustado entre mim e o arcebispo, cala-te e faz-te de novas em tudo. E quando te apertarem muito a este respeito deves dizer só isto: "eu a esse respeito nada sei senão que o senhor arcebispo é um homem verdadeiramente de bem, e eu que também o sou, nunca hei de faltar aos meus deveres". E daqui não saias, que assim mesmo concordei com o arcebispo, que tomou a mais judiciosa resposta, debaixo deste mesmo fundamento, para se desembaraçar do empenho do senhor príncipe da Beira,[126] dizendo: "eu, meu senhor, não devo remover quem se porta bem e o que lá está é um cunhado de Luís Paulino, um

125 Desembargador Luis José de Carvalho e Melo, mais tarde visconde de Cachoeira. Foi ele quem, em novembro de 1823, como ministro dos Negócios Estrangeiros de D. Pedro, transmitiu a Luís Paulino a sua expulsão do Rio de Janeiro, aonde se dirigira, para se reunir à missão chefiada pelo conde de Rio Maior.

126 D. João VI, ainda príncipe regente.

moço da melhor conduta e dignidade", ao que Sua Alteza respondeu logo, com o seu costumado juízo: "está bom, faz bem faz, já não tenho empenho por outro".[127]

Cala-te, porém, a respeito de tudo e nem fales nisto senão com os nossos, que agora, se eu me explicasse, teriam mais razão para conhecer o mundo. Agora, os que mais amigos alguns julgavam, eram os que nos faziam mais fogo. O que é preciso, meu Feliciano, a um homem de bem, seguro, é ter o meu caráter, nunca atraiçoar ninguém, nunca fazer especulações de intriga, mas também nunca fiar francamente naqueles que, por parentesco ou aliança, não têm um interesse verdadeiro nos nossos interesses. A este respeito, o nosso Antônio, que é um pobre homem, tem tido as mais frívolas credulidades. Eu ando esperando uma ocasião boa para poder também falar bem ao príncipe a respeito dele e não hei de deixar de ter esta ocasião, que hei de saber aproveitar, pois como eu para mim nada peço, e tomara que me deixem ir viver sossegado em minha casa, posso falar francamente a favor dos outros. E muito teria feito, mas o teu tio[128] me calou a boca e porque se quis perder para sempre, deu um golpe fatal no adiantamento do Antônio e na fortuna de todos os seus.

O teu arcebispo aqui vem passar as tardes e as noites sempre que sai fora.

Eu escrevo esta muito atrapalhadamente e com um olho só porque tenho ainda o outro tapado em conseqüência duma grande inflamação que tenho tido neles e, portanto, lerás como puderes.

Já agora aí saberão como está acabada a guerra e restituída a paz ao mundo. O infame Buonaparte acabou como infame e o mais abjeto dos mortais. Graças aos céus chegou a doce paz, chegou o sossego do universo e a felicidade, que agora será perpétua para os proprietários do Brasil.

127 Tratava-se da nomeação de Feliciano Garcez para secretário do novo arcebispo da Bahia.

128 Refere-se à atitude do tio materno dos Garcez, Antônio da Silva Carneiro, que recusara a nomeação para desembargador do paço, cargo que mais tarde aceitaria.

Dá recados meus, ao Antônio e Henrique,[129] e os mandarás também em geral para Jacaracanga. Deus te felicite.

Irmão amante,

Luís

P.S.: Eu encomendei umas figuras de pedra a um mulato que as faz e mora ou morava no Tabuão. São para uma encomenda que me fizeram do paço e até agora o tal sujeito nem procurou o Henrique para lhas entregar nem me deu parte de nada. Espero que o mandes chamar e lhe perguntes por isso porque já não sei o que hei de dizer a quem as encomendou. Faz entregar essas cartas. Está a partir uma [*ilegível*]. Por ela te escreverei largamente e a outras pessoas a quem tenho coisas importantes a remeter e que explicar. Isso se os meus olhos me permitirem pois já estou há dias encerrado e desesperado.

129 Seus cunhados Antônio e Henrique Garcez.

# Carta 25

Luís Paulino a seu sogro, José Cardoso Garcez Pinto de Madureira – endereçada a Penafiel

Rio de Janeiro, 27 de junho de 1814

Ilustríssimo senhor José Cardoso,

Tenho recebido várias cartas de V. S.ª, entre as quais algumas atrasadas. Quisera a todas responder particularmente, mas o tempo não sobeja e, como Maria Bárbara escreveu, dirá algumas coisas e eu outras.

V. S.ª e ninguém forma uma justa idéia do que é este país e esta Corte principalmente. Cuidam que os negócios aqui têm menos dificuldades do que tinham em Lisboa, para serem tratados. Pois estejam persuadidos que têm mais.

Eu é verdade que nunca falei em negócio de V. S.ª, porque ninguém me entregou requerimento ou papéis alguns. Aliás, o teria feito apesar de todos os pesares, e nunca me nego nem negarei a diligenciar e a pedir para felicidade dos meus parentes. Bem diferentemente do que faço para mim, pois à excepção do requerimento para juiz privativo e do tombo,[130] nunca fiz um requerimento a Sua Alteza Real nem lhe pedi coisa alguma para mim. Quanto me tem dado foi por efeito da sua real munificência. Não posso vencer-me e para mim não sei pedir. Para os outros, porém, não me nego e muitos têm provado os efeitos da minha bondade.

130 Os juízes privativos tinham jurisdição em primeira instância nas matérias relativas à administração da casa, que assim ficava subtraída às vias judiciais ordinárias, dificultando as execuções dos credores. A elaboração de tombos, como descrição de bens e direitos de uma casa, evitava a desatualização das rendas, permitindo uma cobrança mais rigorosa. Em 24/5/1815, Luís Paulino alcançou uma provisão para o seu juiz privativo ser também administrador dos seus bens em Portugal (livro 18 da chancelaria, fls. 284 v.º).

Além disto, devo dizer a V. S.ª que o senhor Antônio Feliciano[131] não só se quis perder mas empatou as vazas a todos os seus. Eu, para o defender e salvar, fiquei comprometido com o primeiro-ministro, o qual me estimava muito e me fazia sempre as maiores distinções. Hoje, porém, eu até fujo de encontrar-me com ele, porque o enganei muitas e muitas vezes, segurando-lhe que o senhor Antônio Feliciano vinha. E era ele tão seu amigo e tinha pelo dito senhor tal cegueira que, se ele vem, decerto estaria onde quisesse. E para V. S.ª podíamos ter armado, ou ser deputado extraordinário da companhia[132] ou outra qualquer coisa que lhe firmasse a sua subsistência e felicidade. Todos os mais estariam arranjados, com admiração geral, mas que quer V. S.ª? Podia eu pegar nele às costas? Não, mas ah!, quem sabe se é ele verdadeiramente o culpado em não ter vindo! Aqui me calo e só digo que há muita gente egoísta.

Eu bem tenho lutado para me fazer "grande" e desejava assim ver todos os meus, e já não queria que me ajudassem, bastava que não me estorvassem, mas não tem sido assim. Por todos os lados me vêm embaraços ou desgostos. Contudo, não importa. Eu não sou homem de esmorecer.

Tudo o que acabo de dizer a V. S.ª é filho do desejo que tenho do aumento geral da família. Sim, sou vítima de altos desejos e empresas e não deixo de ter jeito para aquilo a que me proponho, menos para ajuntar dinheiros. Não posso dobrar a minha alma. Tenho merecido universal estimação e respeito, tenho entrado em toda a parte, e em toda a parte com dignidade, sem dar a orelha a ninguém. Para que V. S.ª veja, basta dizer que ainda em um baile que se deu a toda a corte, em obséquio do despacho do senhor Araújo,[133] eu fui escolhido para fazer a "partida"[134]

131 Irmão de sua sogra, Antônio Feliciano da Silva Carneiro, que vivia na Bahia onde casara. Mais uma vez se queixa da sua recusa a vir para o Rio de Janeiro, como desembargador do paço.

132 Refere-se à Companhia Geral da Agricultura das Vinhas do Alto Douro, instituída pelo marquês de Pombal, em 1756. A companhia era dirigida por uma junta de administração, presidida por um provedor, um vice-provedor e quatro deputados. Tratava-se de lugares altamente rendosos e que conferiam enorme influência.

133 Antônio de Araújo e Azevedo (1754-1817) foi nesse período nomeado ministro da Marinha, sucesso que o baile da corte assinalou. Natural de Ponte de Lima, era considerado um homem culto e ilustrado. Em 1815, foi feito conde da Barca e morreria no Rio de Janeiro em 1817, sobraçando todas as pastas do governo.

134 Deveria ser uma partida de voltarete.

ao senhor marquês de Aguiar,[135] e eram os da mesa eu, o dito senhor, o marquês de Alegrete[136] e o marquês de Valada.[137]

Agora cumpre-me dizer que estou cheio de satisfação por ter podido segurar a felicidade do nosso Feliciano.[138] Para vencer isto é que eu aqui me pus verdadeiramente em campo, pois os contrários revolveram a Corte toda, ofereciam-se aos trinta e quarenta mil cruzados. Enfim, até empenharam com o senhor infante e com o senhor príncipe da Beira,[139] o qual mandou chamar o arcebispo para lhe dizer quem queria que ele nomeasse. Apenas o arcebispo lhe disse que faria o que Sua Alteza mandasse, mas que já tinha dado a sua palavra e nomeado um cunhado de Luís Paulino, no mesmo instante aquele adorável príncipe lhe respondeu: "Está bom, está bom, já não tenho empenho por outro". Eu fui beijar a mão a Sua Alteza Real, admirável senhor. É uma jóia que há-de fazer as delícias dos seus vassalos. Ninguém nasceu com melhor disposição para coisas grandes.

Agora posso dizer a V. S.ª que o Feliciano está bem e que dentro em 6 ou 8 anos pode ter junto o seu par de mil cruzados, pois o emprego em que se acha é, pela porta direita, para cima de 8 mil cruzados por ano. Ele é bom rapaz e não se há de esquecer dos seus pais.

O Antônio[140] é o homem mais feliz do mundo e parece que a fortuna o sustenta, ainda que ele mesmo quisesse ou o quisessem fazer desgraçado. Portanto, esse é deixá-lo à sua fortuna. Deus continue a ajudá-lo. Eu o considero já muito rico, apesar de que ele sempre se chora, mas não pode deixar de o estar e é constante, porque ele tem feito bons interesses do lugar. É muito econômico, com muito modo para viver e arranjar e é capaz de fazer de pedras dinheiro. Eu muito e muito

135 2º marquês de Aguiar, D. Fernando José de Portugal e Castro, ministro da Guerra e Negócios Estrangeiros.

136 D. Luís Teles da Silva Caminha e Meneses (1775-1828), 5º marquês de Alegrete, governador de São Paulo e do Rio Grande do Sul.

137 D. Francisco Xavier de Menezes da Silveira e Castro (1754-1834), 1º marquês de Valada, estribeiro e mordomo-mor da rainha D. Carlota Joaquina.

138 Feliciano Garcez Pinto de Madureira, seu cunhado. Os esforços descritos visavam a nomeação deste para secretário do arcebispo da Bahia, cargo que veio a desempenhar durante vários anos.

139 D. Pedro e D. João VI.

140 Seu cunhado Antônio Garcez Pinto de Madureira, desembargador do paço.

o estimo que ele se ponha em termos de felicitar seus pais e a sua casa, ou de cá mesmo ou indo para essa terra, o que, a não virem todos para cá, ele ou eles deverão fazer, porque creia V. S.ª que lhe falo sempre com franqueza. Este país é belo, grande e rico, mas por isso mesmo, quem aqui tem 200 mil cruzados não tem para fazer figura nenhuma e se pode dizer mesmo que é pobre, para viver entre gente.

Nessa terra, quem leva 80 mil cruzados vai fazer uma boa figura e isso, em se tendo emprego de "ministrice" ou outro qualquer da dependência ou negócios, depressa se arma e pode-se ir lá brilhar. V. S.ª e quase toda a gente daí não fazem idéia do que é isto cá para quem não é homem de ganhar ou de poder fazer "chupancinhas". É uma terra caríssima e de um luxo extraordinário pela sua natural grandeza e riqueza. Eu já lhe tenho dito coisa alguma a respeito dos gastos e luxo deste país, que lhe parecerá extraordinário, mas persuada-se que lhe não tenho figurado nem uma ligeira sombra do que isto é.

Hoje, não há no mundo uma corte de mais carestia que esta. Parece que se não faz caso de dinheiro. Não aparece traste rico que se não venda logo; as coisas de gosto mais esquisito aqui vêm, porque, em outra parte, ninguém as pagaria. Há poucos dias chegaram aqui louças e porcelanas da maior raridade. Venderam-se xícaras e pires por 30 mil reis cada uma. Já é coisa grande. Pois saiba, ainda houve senhoras que desdenharam e que disseram que xícaras de 30 mil réis não podiam ser boas para um chá de aparato. Maria Bárbara tem testemunhado isto com admiração e zanga dum tal luxo. Sim, é verdade que algumas vezes se têm retardado os pagamentos aos ministros, porém isso é pela má administração da finança e não tenha V. S.ª pena deles. Olhe que os que aqui estão fazem mais em uma hora do que os daí podem fazer em um ano.

Lá, dá-se por coisa grande um presente de valor de doze moedas. Aqui, por um insignificante favor se dá a um ministro 3 e 4 mil cruzados. A "chupancinha" aqui é da tarifa. Pobres povos que há tantos anos são esfolados e que, a não ser a riqueza natural do seu país, já não existiriam.

Assim, bem vê V. S.ª que esta terra é boa. Porém é para quem tem emprego lucrativo, porque os que vivem dos seus bens têm grandes gastos e o que vale é serem também aqui grandes os rendimentos dos proprietários.

Esta carta é toda atrapalhada e sem método em razão de ser feita à pressa e aos pedaços e respondendo eu a mil coisas que me perguntam gentes que estão comigo. Não quero porém, apesar disso, deixar de lhe falar em tudo. Agora me lembra que ainda não toquei no Henrique.[141] Ele passa bem e tem sido o diretor dos meus bens desta terra, a que ele chama encantadora propriedade.[142] E tem razão porque, na frase do mesmo, aquilo não tem dado açúcar, tem dado e vai dando muito ouro! Com efeito, são estas as melhores propriedades do mundo e as dessa terra, na verdade, só dão dinheiro de sardinhas.

O Henrique, pois, por gosto e por me beneficiar, passa quase sempre em Aramaré. É bom rapaz e grande lavrador. Vive muito bem e não só com asseio, mas até com ostentação, segundo a sua figura. Apesar disso, conto que tem seus vintenzinhos. Sou-lhe muito obrigado pelos serviços que tem feito e faz aos meus bens. O governador, em atenção a nós, o deixa estar fora, além de que lhe mandei um aviso com 6 meses de licença. Ele tem tido constantemente vontade de casar-se, bem entendido para armar dinheiro e agora me escreve que, por aquele mês, mudava de estado. Julgo que é com uma viúva vizinha de Aramaré, realmente muito rica. Porém tem muitos filhos. Eu, nesta parte, não tenho reprovado nem mostrado grande gosto, para que depois não haja que se me dizer, pois sou muito delicado. Ela é feia e velha. É natural que não tenha filhos[143] e eis aqui tudo o que posso dizer.

Muito desejo ver a todos felizes sem que, porém, façam coisa que lhes fique mal.

Aqui tem V. S.ª uma longa narração, mas estou certo que ainda havia de querer que eu mais dissesse. Deixemos isso para mais vagar e algum tempo falaremos muito, se eu tiver o gosto de lhe dar um abraço, como sempre projeto. Da família, olhe que o que mais provavelmente lá volta sou eu, porque sou constante e note que estas minhas esperanças não nascem de que eu esteja persuadido de que o príncipe vai já para Portugal, como alguns aí julgarão, mas sim do propósito que sempre fiz e para o que eu nada peço ao príncipe nosso senhor.

141 Outro seu cunhado, Henrique Garcez Pinto de Madureira, que foi brigadeiro.

142 Engenho de Aramaré, que o seu pai, o capitão Bento José de Oliveira, adquirira nos meados do século XVIII.

143 Henrique Garcez casou com D. Joaquina Inácia Perpétua Felicidade, mas não teve geração.

Eu, quanto à sua volta para esse Reino, nada digo, nem se deve politicamente falar a este respeito, nem o príncipe gosta. Lembra-me unicamente que Sua Alteza, aqui, é um poderoso senhor, que ninguém lhe há de dar as regras, nem pode ter medo das nações todas do mundo juntas. Enfim, Deus ilumine o nosso amável soberano, para que ele viva seguro, como desejam os seus fiéis vassalos e estes, felizes, como ele deseja.

Vivam e revivam as boas notícias: levou o diabo a Napoleão, mas ainda não foi de todo, como eu queria. Festas e mais festas, paz geral, engrandecimento indizível do Brasil, a cujos os ricos portos concorrem, com ânsia, navios de todo o mundo. Já ontem aqui chegaram navios da França e, entre estes, um de Bordeaux e eu conto de ir logo a bordo dele para saber notícias da nossa gente, que entrou naquela cidade.[144]

Torno a falar no Antônio, porque V. S.as hão-de estar com cuidado, pelo trabalho que o dito há de ter tido com o processo dos negros.[145] Eu estou contente: ele vai trabalhando e portando-se muito bem. Teve, com razão, medo dalguma intriga e as diárias queixas contra os ministros da Relação da Bahia são vergonhosas e temíveis. Eu repetidamente lhe tenho escrito e ele deve estar descansado, que aqui está Luís Paulino. Já falei ao príncipe para ele vir para esta Casa da Suplicação e estou persuadido que virá no primeiro despacho.[146]

Queira V. S.ª dizer ao nosso Macedo que recebi a sua carta e requerimento, sobre o qual só poderei falar depois do dia 4 de julho, porque até então tenho justos embaraços.

Agora, neste momento, recebo um maço por 2ª via e ainda não recebi a primeira, o qual contém um requerimento da câmara dessa cidade, a que darei competentemente resposta.

---

144 Em 12 de março de 1814, uma divisão conjunta britânica, portuguesa e espanhola entrou na cidade, sob o comando de Beresford, acompanhando o duque de Angoulême, que proclamou o seu tio Luís XVIII rei de França.

145 Poderá referir-se provavelmente a seqüelas da Conjuração Baiana de 1798, também chamada Revolta dos Alfaiates, que se caracterizou pelo envolvimento de artesãos, soldados e outros elementos da plebe, muitos deles negros e pardos, que pretendiam abolir a escravatura e instaurar uma república.

146 Deste parágrafo se depreende que Antônio Garcez Pinto de Madureira esteve colocado na Bahia antes de ser transferido para o Rio de Janeiro, onde em fins de 1823 vivia no Campo de Santana, em casa onde se abrigou Luís Paulino, antes do governo brasileiro decretar a sua expulsão.

Inclusa no dito maço recebo uma carta de V. S.ª e outra da mãe para Maria Bárbara. Estimo o despacho do Antão e sinto que V. S.ª não tenha tido notícias do Bento. Agora pode ser que já ambos estejam nesse Reino[147] e V. S.ª tenha tido a satisfação de o ver. Muito e muito lhe recomendo o Bento, pois um pai honrado e amante sempre tem cuidado por um filho que está tão distante. Esta noite conto de ir ao paço e hei de pedir licença ao nosso soberano para ele lhe vir beijar a mão. Portanto, no primeiro navio, aí lhe vai o aviso. Tem-me lembrado também pedir o mesmo para o Antão,[148] que nada havia de perder se viesse, mas como não sei a vontade de V. S.ª, não sei ainda o que farei.

Devo, por último de tudo, dizer-lhe que ainda não sei o meu destino qual será e, por isso, sobre muitas coisas me não posso determinar e isto não só privativamente a meu respeito, mas também de outras pessoas que tenho tomado e prometo tomar a meu cargo.

O meu Antônio Joaquim é um destes. Ele está todo na minha lembrança, mas tenha paciência de dar algum tempo para as coisas se não fazerem no ar. Eu sei o que lhe convém e há-de convir. Ele é considerado como coisa minha e tanto basta.

Se o tempo mo permitir ainda hei de escrever ao nosso amante e amável Victorino, de quem recebi uma carta, e em cujos bons ofícios tenho posto as minhas esperanças. Estimarei ter ocasiões de prestar-lhe aqui os maiores serviços. Aproveito todas as que tenho de falar do seu merecimento. Ele é muito conhecido, principalmente do príncipe nosso senhor.

O nosso Araújo[149] goza o maior amor do soberano e dos povos, mas está, coitado, muito abatido e adoentado com o peso dos trabalhos e cuidados. Deus lhe dê vida, que bem preciso nos é. Ele trata a nossa casa com a maior amizade.

---

147 Quer dizer, de regresso da perseguição movida às tropas francesas. Bento tinha agora 21 anos.

148 De fato, Antão Garcez Pinto de Madureira, o penúltimo filho de José Garcez e futuro barão da Várzea, viria também para o Rio de Janeiro onde ficaria até a Independência e com ele viria ainda o irmão mais novo, Manuel, que no Rio de Janeiro morreria sem descendência. Dos nove filhos apenas permaneceriam em Penafiel José, o filho mais velho que pouco depois regressaria a Portugal com a legião que acompanhou Napoleão à Rússia e as duas filhas solteiras, Joana e Teresa. Era a "demanda" do Eldorado brasileiro e a busca da proteção da Corte.

149 Refere-se de novo a Antônio de Araújo e Azevedo, ministro da Marinha, futuro conde da Barca.

Chama sempre a Maria Bárbara a sua patrícia e, sempre que pode, nos nossos dias de companhia, vem para aqui passar as noites. V. S.ª pode dar ao amigo Antônio Fernando os parabéns, não do despacho do senhor Araújo, mas do aplauso universal que teve e da estimação que goza.

Mil amantes saudades à mãe e manos, a quem desejo felicidades sem limites. Deus guarde V. S.ª.

Filho muito obrigado,

Luís Paulino[150]

P.S.: Agora venho do paço e o príncipe cheio de gosto me diz que manda vir o Bento. Agora em breve o verei, prouvera a Deus que visse todos.

---

150 Esta é a última carta de Luís Paulino a seu sogro. O capitão-mor, que nascera no Porto em 1754, morreria em dezembro de 1814, na sua casa de Penafiel, devorado, por certo, de saudades dos filhos. No Brasil estavam Maria Bárbara – os netos Luís e Maria Sabina –, Antônio, Henrique e Feliciano. O primogênito, o seu amado José, estava precisamente de regresso da trágica aventura com a Legião Portuguesa e, ironia do destino, sabemos pelo seu diário que se encontrava num navio em frente ao Porto, quando seu pai morria a poucos quilômetros, após 7 anos, esperando-o ansiosamente. Em Penafiel, na hora da morte, estariam apenas sua mulher, os filhos Antão, Manuel, Joana e Teresa e o neto Bento.

# Carta 26

Antônio Garcez a seu pai, José Cardoso Pinto de Madureira Garcez, capitão-mor de Penafiel, e sua mãe, D. Maria Máxima Guilhermina Gomes da Silva Carneiro

Bahia, 16 de julho de 1814

Meus queridos pai, mãe e senhores,

Tenho tido todo o prazer em saber de V. S.as e da nossa família e felizmente não recebi aquela em que, me consta, se comunicava a moléstia do pai, a quem apeteço tanta saúde quanto a mim próprio. Eu acabo de ter uma constipação da qual fiquei bastante prostrado maiormente porque não passei à vara.[151] Vou bem, mas não posso escrever a todos como quisera porque esta ainda é feita na cama.

Como não posso escrever a cada um, na sua explico para quem são as encomendas. A favor da casa vai 1 feixe de açúcar, 2 caixotes dele refinado e 1 caixote de chá. Mais 2 caixotes. O mais pequeno leva doces chinos para cima da sua mesa. Eles são abastados. Veremos se na Europa produzem. Por baixo deles, servindo de lastro, vão 4 peças de ganga da compra para V. S.a, 2 que lhe fazem 3 pares de calça e as outras 2 dão 2 pares para Antão e para Manuel. O outro caixote leva 2 dúzias de guarda-roupas a favor da casa. Leva 2 chapéus para as manas. A Joaninha tem a primazia da escolha. São americanos ingleses. Também leva um de palhinha de Havana. Molha-lo para endireitar as abas, que foi preciso dobrá-lo. Este é para V. S.a Leva mais 3 xailes da Índia. Minha mãe escolherá o seu e nos 2 terá Teresinha primazia. Assim ficam guardadas as circunstâncias. Também leva um lenço preto de pescoço para Antão. Vão mais umas pérolas para a mãe e manas. Das flores da cabeça,

151 Vara do tribunal; Antônio Garcez era desembargador na Bahia.

a mesma mãe disporá a favor das manas. E desta forma se terminam as ridículas remessas, só grandes pela boa alma que as envia.

A mudança dos negócios do mundo[152] me anima a que ainda poderei ver o meu José.[153] Se for vivo e se dele souberem, devem sustê-lo em qualquer parte até ver se deve vir ao Reino ou não, porque será triste vir padecer e ser alferes de 40 anos.[154]

Penso que Feliciano dá parte de se efetuar o casamento de Henrique[155] com a velha. Deus o disporá bem. Dizem não é mau. Ele dará razão de si porque eu só por mim ainda mal é que respondo: todos são bons ou piores e todos têm o seu gênio. Porém seguram-me que o rapaz "chupita" alguns mil cruzados. Deus o ajude!

O meu tempo finda a 20 de outubro. Veremos como se desata o nó.

Recados ao tio, às pequenas, aos manos, aos amigos e criados. Já remeti há tempos a procuração para José Thomaz, parece-me que para Lisboa e espero resposta da confirmação da patente do filho da Águeda que está um Cícero em latim. É um burrinho manso e caiu-lhe o saber latim. Não se perca um tão digno fradinho, assim o rogo.

Os sacos nunca cá chegaram! Ficaram em casa do Marcontes do navio em que deviam vir. O cão vai bem, vai-se curando da sarna. Passa pelo que eu passei.

Adeus meu pai e mãe. Deitem-me as suas bênçãos. Sou, fielmente, de V. S.as filho, o mais obrigado, Macedo, Rodrigo, Victorino, José Pereira Vaz. Recados.

Antônio

---

152 A queda de Napoleão.

153 Seu irmão José Garcez, que fazia parte, como chefe de esquadrão, da Legião Portuguesa que acompanhava as tropas napoleônicas.

154 Significa que José Garcez nasceu em 1774. A ele se seguia Antônio Garcez. Maria Bárbara nasce em 1779. O pai, capitão-mor, nasceu em 1754.

155 Henrique Garcez, que casou com D. Joaquina Inácia Perpétua Felicidade. Ver referências mais detalhadas em cartas de Luís Paulino.

# Carta 27

Antônio Garcez a seu pai, José Cardoso Pinto de Madureira Garcez, sargento-mor de Penafiel

Bahia, 15 de agosto de 1814

[*truncado*] pode dar por ano, livre de pensão e ordenados de ofícios e despesas de secretaria. Ele, se tivesse gênio para eclesiástico e não fosse um asno, salvo tal lugar com o tal arcebispo, podia segurar até com uma conezia. Porém nada de tocar-lhe.[156]

Nosso Henrique, seguram-me agora que em poucos anos pode, morrendo a senhora, que não é menina,[157] levar para o Reino cem mil cruzados. Que tal o rapazinho!

Eu coloquei 500 porque não tenho jeito para casado e apenas hei-de levar daqui aquilo que mais me honra e vem a ser crédito, louvor, dinheiro para a viagem e arranjo de casa onde quer que chegue, e disse! Desta verdade sabe o mundo inteiro. Eu folgo até de ser pobre, ganhando os créditos que adquiridos tenho.

Enfim quero saúde e abraços em Joaninha, Teresa, Antão, Manuel, Bento e tio. Quero saber do meu amado irmão José a quem desejo mais que a mim e que Deus o felicite e conserve para todos acabarmos a vida juntos. Saudades a Vitorino e Rodrigo e aos mais que de mim se lembram. V. S.$^{as}$, deitem-me as suas bênçãos a seu filho amante e obrigado,

Antônio

---

156 Poderá referir-se a seu irmão Feliciano Garcez, secretário do arcebispo da Bahia.

157 Refere-se à "viúva feia, velha e rica" que acabava de casar com seu irmão Henrique Garcez.

# Carta 28

Luís Paulino a seu cunhado José Garcez[158] – endereçada a Penafiel

Rio de Janeiro, 15 de fevereiro de 1816

Meu querido José,

Recebi hoje uma carta tua, de 26 de novembro do ano passado. Depois de a ler cheio de satisfação, já porque era tua, já porque me certificava da tua saúde, remeti-a para tua irmã (a quem ela em parte pertencia) a qual se acha em um bairro desta cidade, distante donde moramos uma légua, a fim de tomar banhos de mar. Ela se alegrará, igualmente como eu. Já sei que leu a carta e as notícias nela contidas, recordando-se muito de tudo e rindo-se muito com a viscondessa de Vila Nova[159] e outras senhoras de amizade, que estavam com ela quando chegou a carta. A pintura da feira, dos socos e capotes e da rústica fidalguia, por força move o riso, até a qualquer escravo mulato desta terra, que é mais polido e açucarado do que o *"Noli me tangere"* e mais retórico do que era o sábio frei Bártolo nos seus sermões. Quem chega agora e me conta isto é o coronel Augusto Pinto, irmão do desgraçado David Pinto, pois que estava também com tua irmã quando lhe chegou a carta.

---

158 José Garcez Pinto de Madureira fora chefe de esquadrão na Legião Portuguesa que acompanhou Napoleão. Após a queda do império, regressou a Portugal em dezembro de 1814, ficando fora do serviço, no posto de alferes que tinha em 1807. Deixou um interessante diário que serviu de base a uma obra de Bento da França Pinto d'Oliveira Salema, seu sobrinho bisneto, intitulada *A Legião Portuguesa ao serviço do império francês*, publicada em 1889 pela Livraria Antônio Maria Pereira. Infelizmente, desconhece-se o paradeiro daquele diário.

159 D. Maria Joana da Câmara e Menezes, irmã do 9º conde da Feira, 3ª viscondessa viúva de Vila Nova do Souto d'El-Rei.

Há poucos dias te escrevi uma carta tão extensa que me dispensa de dizer-te mais coisa alguma. Eu a remeti dentro duma que escrevi a Antônio Joaquim[160] e está dentro de outra que escrevi a meu primo Antônio de Lima,[161] fazendo tudo assim um maço, o qual a este último deve ser entregue por mão própria do capelão do navio Boa Fé Nova, que julgo ser o mesmo que leva esta.

Faço-te este aviso para que te possas guiar no caso de qualquer demora na entrega ou extravio do dito maço. Igualmente te advirto que por este mesmo navio tua irmã escreveu a todos e as fechou num maço com sobrescrito a Antônio Joaquim. Porém mandando-me o dito maço pelo seu cocheiro, para eu o remeter também em mão pelo dito capelão, que é muito nosso conhecido, aquela besta [do cocheiro], como me não achou em casa e queria voltar depressa, o botou no correio. Portanto, o Antônio Joaquim que o procure no correio geral, onde também achará mais uma cartinha, na qual eu já o prevenia de que a sra. mandava também este maço pelo sobredito capelão, o que se transtornou, como acabo de dizer. Repito a todos os meus sentimentos de saúde e amor, e sou teu leal,

Luís Paulino

---

160 Antônio Joaquim da Mota, procurador dos Pinto da França no Porto.

161 Deve tratar-se de um filho da irmã de seu pai, Bernarda da França, que casara com o desembargador Lima Gramaxo.

# Carta 29

Antônio Garcez a seu irmão José Garcez – endereçada ao Porto

Rio de Janeiro, 7 de dezembro de 1817

Meu querido irmão do coração,

Tenho presentes as suas cartas de 28 de maio e de 28 de julho, que me deram o costumado prazer. Na grande separação em que nos achamos, de tantos anos, eu renovei com prazer as idéias que vossa mercê[162] me apresenta da nossa infância. Quando, pelo seu gênio mais atrevido, quis morrer afogado nas pedras da nossa quinta da rua [Várzea], quando nós éramos obrigados a coser os pontos nas meias que faziam a mais violenta dor nas nossas pernas e que por medo da nossa respeitável mestra as cosíamos com fioco.

Tudo isto, misturado pelo que um e outro temos passado, me obrigou a derramar algumas lágrimas; e muito mais por ver que nos vamos fazendo velhos, e caminhando para o último quartel da vida, que me poderá ser grato se puder ainda vê-lo, do que não desanimo, porque se El-Rei voltar a esse Reino, como espero, eu o acompanharei porque dele me não separo mais.

E quando assim não aconteça, como o mundo dá muita volta, eu lhe direi quando vossa mercê deve partir para aqui. Por ora não convém porque não é justo desamparar a nossa amada mãe e manas,[163] que se pudessem casar-se em boas condições seria um bem para elas.

---

162 Note-se o tratamento deferente para com o irmão mais velho.

163 Teresa e Joana Garcez, irmãs que eram solteiras e solteiras morreram.

Vamos agora a dar uma conta de mim. Eu vivo não com boa saúde, e nem por isso muito derrotado, porque vejo que as forças ainda me ajudam. E talvez que uma Therezinha de 15 anos, filha de pais desses lugares, roube a minha pudicícia, e eu faça a asneira por me ver mais acompanhado e não andar sempre arriscado. Ela é de boa família, não fidalga, única e, por morte dos pais, terá 5 mil cruzados de renda. É pouco, bem vejo, mas outra não quer um homem de 40 anos. Veremos. Gosto mas não tenho paixão porque esse mal já acabou. Enfim, depois da Aclamação,[164] segundo o meu estado de adiantamento na vida e nas finanças, é que decidirei.

Ela quer e os seus querem e deste modo nada resta mais do que o meu sim decisivo. E basta desta matéria sobre que vossa mercê dirá o que tem feito.

Vamos à sua pessoa. Entreguei o seu requerimento para o ofício, e me parece muito bom acordo o que toma. Todos os dias espero a sua decisão e como esta tarda não quero retardar mais a minha resposta. Eu espero obter a mercê, e logo que obtenha darei conta de mim. Tudo sofre demoras pelos [*ilegível*] das coisas; porque depois da morte do conde da Barca, que servia todas as pastas do marquês, entrou o virtuoso Thomaz Antônio[165] para os Negócios do Reino, que tomou conta nessa e na da Marinha, na ausência do conde dos Arcos[166], que ainda não chegou da Bahia. Bezerra[167] tomou conta na da Guerra, na falta do conde de Palmela[168] com quem, se aí de algum modo tocar, vossa mercê se deverá entender. Bezerra vivia por milagre, acaba de morrer e eis o sr. Thomaz Antônio com tudo e conseqüentemente numa impossibilidade para satisfazer a tanta coisa, bem como tiveram aqueles mortos e novos movimentos do mundo.

---

164 Alude à coroação de D. João VI como rei do Reino Unido, em 6/1/1818.

165 Thomaz Antônio Vila Nova Portugal nasceu em Tomar em 1755 e morreu em Lisboa em 1839. Formado em leis pela Universidade de Coimbra, depois de exercer diversos lugares na magistratura, ascendeu ao cargo de desembargador do paço, no Rio de Janeiro, sendo nomeado secretário de Estado dos Negócios do Reino em 1817. Antes da partida para o Brasil, apresentou diversas memórias à Academia Real das Ciências.

166 D. Marcos de Noronha e Brito, 8º conde dos Arcos (1771-1828).

167 João Paulo Bezerra de Seixas nasceu em 1756 e morreu em novembro de 1817. Representara Portugal em Washington, Haia e Moscou.

168 D. Pedro de Sousa Holstein, 1º conde e depois 1º duque de Palmela (1781-1850). Embora nomeado ministro dos Negócios Estrangeiros em 1817, continuava em Londres, por ocasião desses sucessos.

Por isso novos embaraços a resolver, de maneira que nada posso dizer sobre a sua sorte, senão que tenha resignação, que se não enfade e que espere pois que Sua Majestade um dia o empregará. Continue, meu irmão, a ser honrado e a amar, como ama ao mesmo senhor a quem tanto devemos, que ele o despachará segundo o seu merecimento que todos reconhecem. Eu não posso dar um só passo por ora, e vossa mercê bem o conhece sem que eu mais me explique. Trate de conservar-se e trate da sua casa, enquanto está nulo, viva só e não queira amigos, mais do que os que tem e, esses mesmos, é necessário cautela com eles. Eu tenho visto tanta coisa que já me não fio senão dos meus.

Já saberá do resultado de Pernambuco[169] e que os nossos avultaram[170] e da gazeta junta verá os seus despachos. Manuel[171] ficou com o amável Rego.[172] Ele, Manuel, escapou de ver balas e a sua resolução foi feliz. Deus me livre que ele tivesse sido padre. Está muito bem, muito amado do meu bom amigo general, que lhe não faltou, nem faltará. Ele é bom rapaz, ainda que muito moço. Ali nada lhe falta, pois que seu irmão Henrique[173] lhe mandará duas letras abertas e eu uma, segundo as minhas forças. Ele me diz que tem escrito e eu sempre lhe menciono que faça outro tanto com o pai e a mãe.

Tudo acabou e daqui partiu a Alçada para castigar tais aleivosos, dos quais muitos já receberam o "prêmio" e existem muitos presos em Pernambuco e na Bahia, aonde está o doido, o malvado Antônio Carlos,[174] irmão de José Boni-

169 Refere-se à revolta de Pernambuco, iniciada em 6 de março de 1817 e que terminou em 19 de maio daquele ano.

170 Quereria referir-se aos filhos de sua irmã Maria Bárbara, Bento e Luís da França, que haviam integrado a expedição enviada para reprimir a rebelião de Pernambuco.

171 Manuel Garcez Pinto de Madureira, irmão mais novo e oficial de cavalaria.

172 General Luís do Rego Barreto (1777-1840), então capitão-general de Pernambuco, agraciado com o título de visconde de Geraz de Lima em 1835.

173 Henrique Garcez Pinto de Madureira, que morreu brigadeiro.

174 Antônio Carlos Ribeiro de Andrada Machado e Silva (1773-1845). Diplomado em filosofia e direito pela Universidade de Coimbra, foi nomeado em 1817 ouvidor de Olinda. Aderiu à rebelião de Pernambuco, integrando um conselho, que auxiliou o governo provisório formado pelos revoltosos. Encarcerado na Bahia, durante três anos, foi eleito deputado às Cortes Constituintes em 1821, com Luís Paulino. Ao contrário deste, defendeu a Independência do Brasil, tendo integrado em 1823 a Assembléia Constituinte do Brasil. Por se

fácio e de Martim,[175] os quais deverão viver inconsoláveis, se as suas almas não tiverem os mesmos sentimentos, o que não considero. Aquele infame, que mil vidas devia perder, nem sequer se lembrou de que tinha um rei, que de algum modo o perdoou da morte que mandou fazer sendo ouvidor, e que o premiou dando-lhe a mais bela ouvidoria do Brasil. Não se lembrou que tinha parentes e que a sua imaginada fortuna atacava a todos os mais que eram vassalos do melhor dos soberanos. Não se lembrou o patife que havia de acabar num cadafalso, infamando uma família que não tem culpa em suas atrocidades. Forte maroto e detestável para sempre. Está cheio de piolhos numa enxovia, esperando o cordel inevitável.

Eu lastimo sua pobre família e odeio tal facinoroso, que me dizem ainda foi do nosso tempo em Coimbra, e que mal me lembra. Aqui, apenas o vi uma vez e por isso mal posso dizer do seu gênio leve, que imita bem alguns dos seus. Enfim, tudo acabou e acabará, porque os portugueses em geral amam o seu rei e não são para fantasias de comédia. Eis o que acaba de suceder aí com esses ridículos, o que acabo de ler numa sentença.[176]

Passemos a outra coisa. Muito me mortifica a tardança de Antão, porque as promoções se vão a fazer no batalhão a que ele pertence e ele deve ser major, porque é o capitão mais antigo. Se Deus permitir que ele chegue, em poucos dias vencerá, porque El-Rei está informado de que ele chegou na véspera da partida. Ele será feliz e eu assim o espero.

Thomaz Valente passa a tenente-coronel comandante do corpo e Luís Maria Sequeira passa, dizem, para coronel do batalhão 15. Enfim a fortuna do rapaz será chegar, ele que já perdeu o hábito,[177] pois que o capitão mais antigo que assistiu ao desembarque da princesa real e todos os mais oficiais, Sua Majestade lhes fez essa

---

opor à dissolução da assembléia foi preso e deportado por D. Pedro. Durante a Regência, exerceu o cargo de deputado e integrou o ministério imperial em 1840.

175 Refere-se aos irmãos Andrada.

176 Alude à conspiração de Gomes Freire de Andrade, preso em 24 de maio de 1817 e executado em 17 de outubro do mesmo ano.

177 Hábito da Ordem de Cristo.

graça, bem como em tal estado ao nosso sobrinho Luís.[178] Eu olho para a barra com assiduidade, tanto a esperar os barcos de Lisboa, como os que vêm da Bahia, porque se julga ele virá por ali com o resto da tropa.

Vamos a Gravito.[179] Eu não me esqueço dele e até de lembrá-lo a Sua Majestade. Veremos o que faz o sr. Thomaz Antônio, com quem deve contar, e com os meus pobres ofícios. A ele me recomende e a Macedo. Se não tiver dúvida, lhe dirá que estas mudanças tudo atrasam, porém que se não desanime que terá boa administração de justiça no seu requerimento.

Recomende-me finalmente à ilustríssima D. Maria Inocência e signifique-lhe que sou muito sensível ao cuidado que lhe devo e que toda a minha vida serei grato pela beneficência com que me trata. A sua tia e Escolástica, ao meu Francisco e Manelinho, hoje primeiro taful e adorador das damas de que é querido, segundo me diz Thomaz, me recomendo com expressões as mais significantes e vossa mercê, depois de barbeado e penteado com toda a sua elegância, fará uma oração *"pro Milone"*.[180] Recomende-me enfim a quem o merecer e aceite lembranças dos do costume. Não esqueça o Carneiro do Rocio, o meu Francisco Pereira e gente de Vila Nova.

Não sei se caberá no tempo escrever à mãe e manas. Vossa mercê lhes dirá e dará mil saudades e que o farei no próximo barco. Luís,[181] penso, escreve. Joaquim da Bandeirinha aqui tem estado sacramentado e ungido com uma hidropisia. Bom moço. Muito tenho sentido sua moléstia de que ainda se não julga escapo. Em uma palavra, em toda a parte se morre, mas o Rio de Janeiro é uma catacumba geral.

---

178 Luís Paulino da França Garcez, filho de sua irmã Maria Bárbara.

179 Trata-se de Francisco Manuel Gravito da Veiga Lima e Carvalho, mais tarde desembargador da Casa da Suplicação, enforcado no Porto em 7 de maio de 1829, por implicação na revolta liberal do Porto. A sentença condenatória foi lavrada pela alçada presidida pelo desembargador Victorino, amigo da família Garcez e como tal também referido nas cartas. Antônio e José Garcez terão sido condiscípulo do Gravito em Coimbra, onde este se formara em leis em 1794, tendo freqüentado Filosofia (1788) e Matemática (1790).

180 Alude ao discurso de Cícero contra Catilina, em defesa de Milo, evocado decerto como reminiscência dos estudos de latim de José.

181 Seu sobrinho Luís Paulino da França Garcez.

Conde de Rio Maior[182] se recomenda, e muito diz em seu abono. Visconde d'Asseca[183] [diz] que tem escrito e que vossa mercê não escreve, mas eu julgo que ele mente. Se quiser escreva-lhe.

Basta por esta vez. O céu lhe dê saúde e os bens que lhe apetece. O seu irmão amante

Antônio

P.S.: Tio, mana, sobrinhos[184] passam bem e se recomendam. A Aclamação dirá da sorte do tio, sempre frouxo em pretensões. Recados ao tio José.

P.S.: Acabo de receber carta do nosso Antão,[185] chegado à Bahia no dia 20 de novembro e [chega] por dias, talvez aqui até ao fim de semana, e ninguém já lhe tira o posto de major, feliz rapaz e que gosto têm os irmãos todos e particularmente o camarada Henrique que lhe fará todo o bem. Entreguei logo a carta a João de Campos Navarro[186] e saudades do Vicente.

---

182 Antônio de Saldanha Oliveira Jusarte e Sousa, 2º conde de Rio Maior ( 1776 - 1825). Em 1823, é enviado por D. João VI ao Rio de Janeiro com cartas para D. Pedro, enquanto Luís Paulino segue para a Bahia com ordens para a evacuação das tropas portuguesas; ver nota biográfica de Luís Paulino.

183 Antônio Correia de Sá e Benevides, 6º visconde de Asseca (1786-1844). Como José Garcez, também ele incorporou a Legião Portuguesa e fez a campanha da Rússia, pelo que o prenderam na Torre de Belém. Por sentença da Relação de Lisboa, de 12/6/1813, foi declarado inocente, por ter desertado do exército francês. Viria a tomar partido por D. Miguel, exercendo o cargo de seu enviado diplomático em Londres.

184 Seu tio materno, o desembargador Antônio Gomes Carneiro da Silva, sua irmã Maria Bárbara Garcez e os filhos desta, Bento e Luís da França.

185 O irmão mais novo da família, Antão Garcez Pinto de Madureira, futuro barão da Várzea do Douro.

186 João de Campos Navarro de Andrade (1761-1846), 1º barão de Sande, título concedido por D. João VI, em 9 de agosto de 1823.

# Carta 30

Luís Paulino a seu cunhado Henrique Garcez

São Cristóvão, 13 de janeiro de 1818

Meu Henrique,

Agora que aqui estou com metade do regimento junto do Real Paço de São Cristóvão[187] e sei que vai sair a charrua, faço esta para dizer-te que em tudo me refiro à que te escrevi pela embarcação em que foi o sr. conde de Palma[188], ao qual também agora escrevo. Não sei se a Maricas agora te escreve, como me disse que ia fazer. Graças a Deus, meu Henrique, posso dizer que cada vez gozamos mais estimação e mais valimento, porém isto custa-me muito em todo o sentido e já estou avelhentado e cansado, tomara que me deixem descansar.

Dá-me sempre notícias tuas na certeza de que muito as prezo como irmão amante,

Luís

187 São Cristóvão era a residência real no Rio de Janeiro. Luís Paulino comandava o 1º regimento de cavalaria, que então guarnecia o palácio.

188 D. Francisco de Assis de Mascarenhas, 6º conde de Palma, filho segundo da Casa de Óbidos, nasceu em 1779 e morreu em 1843. Seguiria a causa da Independência brasileira, recebendo o título de marquês de São João de Palma.

# Carta 31

Antão Garcez a seu irmão mais velho, José Garcez – endereçada ao Porto ou Penafiel

Rio de Janeiro, [janeiro de 1818][189]

[*truncado*] é um senhor digno de ser amado por todos. Está na sua "chácara", nome que aqui dão às quintas, a uma légua da cidade e mandou fazer o quartel para o meu batalhão[190] logo ao pé, em um convento que fica junto ao mar. Somos quem lhe faz a sua guarda. Aqui estamos nesta aldeia, mar e montanhas, com algumas pequenas casas de campo. Também agora aqui tem, em quartel que mandou arranjar defronte de nós, dois esquadrões do regimento de Luís. Eu só estive na cidade 4 dias com o mano.[191]

Vou contar-lhe também da minha promoção, pois quando cheguei me apresentei ao marquês de Angeja,[192] comandante desta expedição. Ele logo me disse o que já o mano tinha dito, que fizeram promoção, na qual foi o valente tenente coronel e eu major do mesmo nº 3. Espera-se no dia 22, dia grande, em que sairá muita coisa, pois faz anos cá a primeira vez a princesa de Áustria.[193]

---

189 Pela referência aos anos da arquiduquesa de Áustria, dona Maria Leopoldina, que chegara ao Rio de Janeiro em 5 de novembro de 1817, concluímos que esta carta data das três primeiras semanas de janeiro de 1818. Antão Garcez chegara há pouco tempo ao Rio de Janeiro vindo da Bahia.

190 Batalhão de caçadores 3.

191 O desembargador Antônio Garcez.

192 D. João de Noronha Camões de Albuquerque Sousa Moniz, 4º marquês de Angeja, (1778-1827). Era brigadeiro e tinha uma brilhante carreira militar, havendo-se distinguido na guerra peninsular.

193 A arquiduquesa Maria Leopoldina de Áustria, mulher do então príncipe D. Pedro, irmã de Maria Luísa, mulher de Napoleão.

Aqui estou vendo da minha janela os preparos que se estão fazendo no palácio[194] e eu me toca a guarda para lá nesse dia. Lá mesmo terei o meu despacho, não havendo alguma volta. Sim, meu rico irmão, cavalguei para cima de 18 capitães em caçadores. Agora, meu mais que amado irmão, tenho que esperar [que] nos façam o que prometeram, de sermos rendidos em 2 para 3 anos, quando não Sua Majestade há-de atender às minhas razões. Depois do meu despacho, é que passo a requerer alguma coisa que aí possa ajudar a vida. Temos um bom senhor, que me há-de atender, expondo-lhe as justas razões em que se acha o resto da minha família.

Luís Paulino está brigadeiro. O seu gênio é o mesmo e com ele morre. Deixá-lo, coitado. Se tivesse[feito] a minha campanha, ninguém o aturaria.

Bento[195], graduado tenente-coronel no estado-maior, que na América é um exército. O seu serviço é ir ao beija-mão nos grandes dias.

O Luís[196] e o moço Manuel,[197] graduados tenentes no regimento do pai. Este cuida que é grande coisa e que nada lhe chega. Porém para nós nada é, pois quem tem visto cavalaria deixa falar e manter o seu gênio.

O batalhão nº 2 foi para Pernambuco e o 12 está na Bahia; 15 e 11 estão na guarnição desta cidade. O senhor marquês de Angeja me perguntou por si. Novidades aqui, nenhumas, nem se fala.[198]

Vamos agora, meu caro irmão, à nossa vida de casa. Não me escapou nada e os meus humores são sempre o mesmo.[199] Eu sou de lá e assim o digo aos moços.[200] Logo que cheguei à Bahia, com ambos expus o estado de tudo. Mostrei

---

194 Paço de São Cristóvão, nos arredores do Rio de Janeiro.

195 Filho do anterior e seu sobrinho, embora da mesma idade, Bento da França Pinto de Oliveira.

196 Irmão do anterior e também seu sobrinho, Luís Paulino Garcez da França.

197 Seu irmão mais novo, Manuel Garcez Pinto de Madureira.

198 Antão Garcez era, como o foi pela vida adiante, um apaixonado liberal. Esta frase pode ser uma alusão velada à ausência de progressos políticos nesse sentido. Também pode estar a referir-se a um eventual regresso de D. João VI a Portugal.

199 Antão Garcez nunca deu mostras de gostar do Brasil e desde já se mostrava muito avesso a quaisquer veleidades de independência.

200 Deve referir-se aos irmãos ainda solteiros.

as cartas que da nossa mãe havia recebido e o estado em que se achava a casa.[201] Enfim, que decidissem de sim ou não, para se tratar da vida. Feliciano[202] diz que a sua vontade era ajudar, o que eu creio, porém que não está em estado de poder despender. Tem alguma coisa, porém é precisa para sua decência. Henrique[203] é verdade que tem uma boa casa. Ele passa grandemente e é liberalíssimo e bom irmão, mas viu no conhecimento que em Portugal, ao presente, não querem o que já se lhe propôs. Mano Antônio[204] padece fama de que tem, porém nada se abre comigo nesse ponto. Só me diz ou dá entenderes de que não tem e que lhe devem um ano de soldo. Trata-se muito bem, porém é natural que queira ter família.

Eles escreverão e o nosso Henrique me pediu muito [que] não vendessem a Várzea.[205] Isto por ora não se pode decidir coisa alguma. Eles são bons irmãos, eu o conheço. E como são bons irmãos, muito e muito lhe querem, bem o presenciei. O nosso Henrique, chorando, me falava do "nosso José". Ele está muito bem e Luís Paulino, como conto à mãe, a ele deve o ter que comer pois gasta muito[206] e o seu soldo nada é para o que gasta e o seu gênio é o mesmo em tudo. Cuida que é só, porém chegou o tempo de depender dos Garcezes. Eu sou seu amigo, porém tenho o mesmo gênio que daí trouxe e não mudo para brasileiro.[207]

---

201 Tratar-se-ão de referências à grave situação econômica em que se achavam o morgadio e todos os bens dos Garcez. Após a recente morte do capitão-mor, tornara-se José Garcez o chefe de casa e era a ele que se devia acudir para salvar a herança familiar.

202 Seu irmão, Feliciano Garcez Pinto de Madureira, que estava há alguns anos na Bahia, onde era secretário do bispo naquela cidade.

203 Outro seu irmão, Henrique Garcez Pinto de Madureira, que também viera para a Bahia alguns anos antes e a quem o cunhado Luís Paulino entregara a administração do seu Engenho de Aramaré.

204 Mais outro irmão, Antônio Garcez Pinto de Madureira, que também viera para o Brasil e era desembargador no Rio de Janeiro.

205 Era uma das quintas da família em Penafiel e que afinal viria a servir de base ao título de barão da Várzea do Douro, anos mais tarde concedido ao próprio Antão Garcez, que viria mais tarde a suceder no morgadio.

206 Luís Paulino parece que era de fato esbanjador, com uma certa mania das grandezas, mas estava na corte, onde muito se despendia para fazer aquela vida que ele considerava melhor servir as suas ambições. Por tudo isso, deviam ser realmente importantes para ele os rendimentos do Engenho de Aramaré, cuja gerência entregara a seu cunhado Henrique Garcez.

207 Insinuação velada ao "brasileirismo" de Luís Paulino, que nascera na Bahia.

O Henrique é quem lhe cuida do seu engenho e que lhe dá as suas mesadas. Enfim, é muito bom rapaz.

Pois, querido irmão, parece que todos, quando chegam a este país, logo se fazem da mesma raça. Isto, sinceramente, nada é, nada vale e os céus me levem quando nos prometeram, aliás, irei de algum modo.

O mano Antônio escreve. Ele talvez lhe conte. Luís está "patacuado", como de antes, dizendo que nada vale Portugal, [que] nada é à vista disto,[208] que eu acho ainda não principiou para ser alguma coisa.

Enquanto a mulheres, meu caro, tudo é a mesma coisa [*truncado*].

---

208 Apesar disso, poucos anos mais tarde, Luís Paulino bater-se-ia no Congresso Constituinte para que Portugal e o Brasil se mantivessem unidos e em pé de igualdade, acabando por optar dolorosamente por Portugal.

# Carta 32

Antônio Garcez a seu irmão José Garcez Pinto de Madureira – endereçada ao Porto

Rio de Janeiro, 20 de janeiro de 1818

Meu querido irmão do coração,

Em 7 de dezembro escrevi, por Lisboa, no navio Fenix, cuja [carta] segurei porque levava a lista dos despachos dos nossos, a quem Sua Majestade contemplou pelo serviço de Pernambuco, a saber Luís, brigadeiro efetivo com o comando do seu regimento, Bento, tenente-coronel graduado e Manuel e Luís sobrinho, ambos tenentes graduados.[209] E a este último se lhe deu o hábito [de Cristo], bem como a todos os mais que montaram guarda na chegada da princesa real.[210] Talvez que no dia 22, em que se festejarão os seus anos, Antão[211] obtenha igual graça. Ele por cá está, no seu quartel, e por isso talvez não escreva; porém vivam certos que tem saúde. Está vivendo de camaradagem com Thomaz Vicente, que se não tem dado muito bem na terra. A seu irmão, vossa mercê agradecerá suas memórias e quanto desejo um momento de fazer conhecer a S. S.ª a minha gratidão e respeito. Ao meu amigo Francisco Joaquim da Silva, sr. D. Mariana, Escolástica, Manoelinho ou Manoelão e ao tio, lembranças.

---

209 Refere-se à expedição militar que esmagou a revolta de Pernambuco, de 1817. Nela tomaram parte o cunhado Luís Paulino Pinto da França, o seu irmão mais novo Manuel Garcez e seus sobrinhos Bento e Luís da França. Este último optaria anos depois pela nacionalidade brasileira e seria brigadeiro no Exército do Brasil.

210 Maria Leopoldina, arquiduquesa de Áustria, que viera desposar o príncipe D. Pedro e chegara ao Rio de Janeiro a 5 de novembro de 1817.

211 Seu irmão Antão Garcez, que acabara de chegar da Bahia.

Estou persuadido de que terá bom deferimento o papel em que peça a renúncia do ofício, mas por ora não aparece despacho e eu não me atrevo a falar ao ministro, senão depois do dia 6 de fevereiro, em que é a Aclamação.[212] Logo depois o farei e remeterei a mercê com que conto. Acho muito boa deliberação, pois que é melhor conservar os bens.[213]

Dei os seus recados aos do costume, que retribuem.

Eu me não descuido de v. mercê, porém, não acho a propósito, por ora e estou persuadido de que El-Rei, quando menos se pensar, fará a seu respeito o que é de esperar e, quando assim não suceda, eu vou tentar e verei o que Luís faz. Bom seria que v. mercê prevenisse o ministro da Guerra, o senhor Palmela, ou que arranjasse alguma recomendação do imperador para a princesa real[214] ou da rainha de Espanha[215] para seu pai, só para que tomasse conhecimento do seu merecimento. Isto não fazia mal e ajudava, sem embargo de que farei o que possa e, se o não posso, já a razão é clara.

O nosso amigo general Rego[216] tem saúde e posto em sossego a bela capitania de Pernambuco onde ainda está a alçada para punir os traidores, que sofrerão os golpes que já sofreram seus sócios. Porém, desgraçadamente, não foram só estes ridículos que deitaram o borrão, pois nessa capital também meia dúzia de farroupilhas o fizeram ou quiseram fazer,[217] mas pagarão seu crime justamente e, se pudessem tornar a viver para serem punidos pelas desgraças, aflições e vexames por que passam os parentes de tais malvados, seria útil. É força de perversidade grande, pois não só se esqueceram do seu rei, mas até dos seus pobres parentes, que nenhuma culpa têm dos seus delitos e

---

212 Aclamação e coroação de D. João VI.

213 Numa carta de Luís Paulino se vê que José Garcez queria vender o ofício hereditário de tabelião público judicial e de notas da cidade de Penafiel, para dar tornas aos irmãos dos bens não vinculados.

214 Sempre o problema de resolver a situação de José Garcez, que, desde o seu regresso de França, em dezembro de 1814, se achava sem emprego e de volta ao posto de alferes. A princesa real era sobrinha da imperatriz Maria Luísa de Áustria.

215 A filha de D. João VI, a infanta Maria Isabel, que casara em 1816 com o rei Fernando VII de Espanha.

216 Luís do Rego Barreto, capitão-general de Pernambuco.

217 Refere-se à conspiração de Gomes Freire de 1817.

desaforos, mas que se vêm na necessidade de sofrer e perpetuar nas famílias tal nódoa, nunca reparada, ainda que Sua Majestade tem bom coração e muito juízo. Contudo, gente pertencente a todos estes acabou. Enfim, Deus nos ajude a todos e guarde de trabalhos, coitado de quem tem tais parentes, às vezes, digo, é melhor ser filho da puta para não ter o coração sempre em cuidados de todas as classes.

Bendita a criação, que nos deram os nossos, e que os nossos tiveram dos passados, e por isso se irá reproduzindo sempre em bem e com amor pelo nosso adorado rei, pai e senhor.

Não dou novidades desta Corte, porque as gazetas as publicam e estou no seu sistema de não ser noveleiro. Muitos têm sentido por ser gazeteiros, depois que se principiaram a abrir as cartas de Lisboa e do Reino em geral[218] e cá talvez façam o mesmo às de Pernambuco, Bahia, etc. Elas aparecem tão mal fechadas que achava melhor que os ministros encarregados desta diligência mesmo as não fechassem mais.

Morreu Caetano Diogo de uma febre, as quais aqui começam por constipação ou indigestão, e ficou a família em total desamparo, porque ele a amparava com o seu soldo de coronel do estado-maior e com a tal prebenda de ajudante de ordens do governador de armas da Corte. Ficou o Antônio Diogo, que ainda é alferes e que pouco lhe aproveita. A velha está acabada de todo e os sobrinhos estão lindos, saiu tenente.

Os nossos daqui e da Bahia têm saúde.[219]

Adeus meu caro irmão, sou, pelo coração, o seu irmão obrigado,

Antônio

---

218 Alude à intercepção da correspondência.

219 No Rio de Janeiro: Luís Paulino, Maria Bárbara e os sobrinhos Bento, Maria Sabina, Luís e Maria Francisca; na Bahia: os irmãos Feliciano e Henrique Garcez.

P.S.: Quando vir a prima Vieira persuada[-a] de que me não esqueço de S. S.ª e que há poucos dias chegou dessa cidade um homem que me deu notícias agradáveis da mesma sra., segurando-me o muito bem conservada que está e que a acharia como quando daí saí; folguei saber.

# Carta 33

Luís Paulino a seu cunhado Henrique Garcez

Rio de Janeiro, 2 de fevereiro de 1818

Meu Henrique,

Ainda há três dias escrevi ao Feliciano[220] e com tanta pressa que lhe dizia mesmo que a houvesses por tua. Como porém o correio se demorou, tive tempo para fazer-te esta. Estou persuadido que já terás recebido as que anteriormente te tenho escrito porque não recebi mais do que uma tua depois que daí vim; tenho contudo tido amiudadas notícias tuas. Da dita carta ao Feliciano e gazeta que lhe remeti verás a alta graça e distinção que Sua Majestade me fez, a qual é mais honrosa por ser particular lembrança de El-Rei e boa vontade do seu primeiro-ministro, pois nesta época em que todos fizeram requerimentos, eu nem uma palavra dei a pedir para mim e, segundo o meu sistema, não apareceu um requerimento meu na presença do nosso soberano: e, se Sua Majestade me honra tanto por sua própria munificência, para que hei de eu pedir? Só aos céus me cumpre rogar, todas as horas, que conserve a vida de tão amável senhor.

Os nossos todos estão bons. Maria Bárbara está a tomar banhos e ares no meu hospício de S. Cristóvão e por isso não te escreve. O nosso Antônio ainda não teve nada mas julgo que agora terá dentro em pouco tempo uma pendenga boa e rendosa, que é a conservatória inglesa,[221] porque isso não é despacho de Sua Majestade

220 Feliciano Garcez Pinto de Madureira, irmão de Maria Bárbara.

221 Conservador da nação inglesa, juiz privativo concedido pelo tratado de comércio de 1810; refere-se ao cunhado, Antônio Garcez.

diretamente, mas sim é nomeação dos mesmos ingleses e, segundo o mesmo Antônio me disse, ele tem diligenciado, por si e pelos amigos, os votos e conta com a promessa da maior parte; portanto, teremos este gosto e eu muito hei de estimar e a todos desejo muito e muito bem. Finalmente aí te remeto teu brasão, que me foi preciso ontem ir eu mesmo fazer uma bulha dos diabos para mo acabarem de aprontar de forma que ontem mesmo o fiz passar pela chancelaria e encadarçar de forma que ainda vai fresco. Daqui verás como tudo aqui vai devagar e olha para a data do brasão, que já em outubro foi feito e assim mesmo, por causa da pintura, só agora o pudemos haver à mão, apesar de depender de mim a principal pessoa que nela figura. Ele vai, quanto aos dizeres, o mais honroso possível; eu não o quis simples, como estava no princípio e já te disse, e quis que fosse assim, com toda essa relação. Não te mando dizer já a sua importância porque a Maricas tem esses recibos e ela está agora em São Cristóvão.

Não sei se já visitaste o meu amigo exmo. conde de Palma;[222] se o não fizeste, faze-o. Eu lhe escrevi já, depois que ele foi, duas vezes. Eu, meu Henrique, à vista da vontade de El-Rei Nosso Senhor, assim irei estando onde o mesmo senhor estiver e portanto por ora não posso dispor de mim; porém Deus nos há-de ajudar e eu cada dia tenho novos motivos para lhe dar infinitas graças. Estou certo no que falamos e, agora que acaba este barulho de negócios pela Aclamação e outras circunstâncias, vou tratar disso e de outras coisas de que te darei parte. Conto de te mandar a forma de um requerimento para tu o fazeres e entregares ao exmo. conde de Palma, se assim quiseres ainda, e eu lhe dirigirei também uma carta para a informação, e depois mo mandarás.

Ainda quisera ser mais extenso, e assim era preciso, mas chega uma ordenança a chamar-me. Saudades do Bento e do sr. ajudante Luís da França, que assim mo pediram. Recomenda-me atenciosamente à sra. D. Joaquina, minha senhora, e dá-me boas notícias tuas, que sempre me serão gratas. Teu do coração,

Luís

---

222 D. Francisco de Assis Mascarenhas, conde de Palma, depois marquês de São João de Palma, era então governador da Bahia.

P.S.: O senhor conde dos Arcos[223] me tem mostrado a maior amizade e apenas [*ilegível*] mandou saber dela, lhe respondeu por escrito com a maior atenção. Estou-lhe sumamente obrigado.

223 D. Marcos de Noronha e Brito, 8º conde dos Arcos (1769-1828). Sobre a sua destituição e envio para Portugal em junho de 1821, ver adiante.

# Carta 34

Luís Paulino a seu cunhado Henrique Garcez

Real Palácio e Fazenda de St[a] Cruz, 15 de março de 1818

Meu Henrique,

No momento em que já estava no meu quartel de São Cristóvão, pela segunda vez de volta desta Real Fazenda, e a ponto de tornar para aqui, recebi a tua carta em que me falas largamente de Aramaré e me remetes a nossa conta. O tempo não me permite mais do que ler à pressa, em três ou quatro dias, mas Sua Majestade tem-se demorado e pode sair embarcação para a Bahia, faço esta para dar-te esta parte.

Tenho-te escrito várias cartas e não têm sido todas tão extensas como eu queria porque, meu Henrique, a minha vida nesta Corte é uma tormenta em que é preciso muito juízo e alguma coisa mais, e poucas vezes me sobeja um instante para descansar ou cuidar de mim: confesso-te que já estou cansado mas há-de me ser necessário todo o modo e delicadeza para me deixarem descansar e não sei se, assim mesmo, o obterei porque sou tão obrigado ao nosso amável soberano que minha completa satisfação há de estar sempre em fazer unicamente o que for de vontade do mesmo augusto senhor. Porém tenho toda a esperança de que Deus nos há-de sempre ajudar.

Antes de marchar para aqui entregarei a ressalva do real serviço ao soldado que me recomendaste por ser parente da senhora D. Joaquina, minha senhora, e confesso-te que, a não ser coisa tua, não o faria a outra pessoa pois pelo engano que houve, foi-me agora preciso falar e pedir positivamente o aviso para ele. Enfim, fiz o que prometi e está acabado.

Vi o que dizes a respeito de levantar engenho novo e que, apenas acabasse a safra, metias os machados no mato. Estou persuadido que há-de ser necessária esta obra, porém eu quisera que, ao menos, aí tratássemos disso ambos e que, portanto, por este ano, remediemos só o que for indispensável para ter mão, por uma safra, no engenho velho, e para o ano então meteremos mão à nova obra. Tu dizes que eu devo ir assistir à dita obra, isso bom seria mas depende da vontade de El-Rei Nosso Senhor à qual, pelas mais sagradas razões, me conformo do melhor grado pois o muito que devo a tão augusto senhor leva ainda a mais a minha obrigação e a minha vontade.

Contudo, eu sempre espero que lá para agosto poderei ter uma licença maior para ir a essa terra. Os açúcares aqui estão a 2.900 rs. E esperam que subam segundo as notícias de Lisboa e segundo o estado geral da Europa. Em quanto ao que me dizes sobre a carestia dos escravos, que nessa terra estão a 170, a 180 mil réis, e ao dizeres-me se aqui estivessem por bom preço honrarias a resolução de mandar comprar alguns, devo dizer-te que há muito tempo não entrou nesta cidade tanta escravatura como agora. E eu, aqui mesmo em Stª Cruz, tenho perguntado por isso e me disseram que, escolhidos, se achavam escravos a 130 mil réis e, à vista disso, atendendo à tua resolução, se eu estivesse na cidade talvez tomasse a deliberação de comprar-te uma dúzia deles e remeter-tos, sacando sobre ti o seu importe. Mas daqui nada posso fazer agora. Veremos como se acham quando eu for e ainda não sei quando será. A este respeito devo dizer-te mais, que a despesa com cada escravo, desta para essa cidade, anda por oito mil réis.

Eu tenho sempre em vista as coisas em que falamos; espero que Deus nos há de ir ajudando, nos negócios, nas Cortes em geral, e nesta em particular, ainda quando representação e outros valimentos, só se fazem com muita paciência, muita despesa e muito tempo.

Parece-me que já basta de seca, principalmente para quem tem que fazer. Põe-me aos pés da senhora D. Joaquina, minha senhora. Adeus. Teu do coração,

Luís

P.S.: Quer-me parecer que será conveniente estender a moagem enquanto o tempo o permitir.

# Carta 35

Luís Paulino a seu cunhado José Garcez – endereçada ao Porto

Rio de Janeiro, 16 de maio de 1818

Meu José do coração,

Muitos meses têm decorrido sem que tenhamos notícias algumas tuas nem da família. É verdade que não têm chegado navios do Porto, porém de Lisboa muitos e é bom escrever por uma ou outra parte. Eu o tenho feito sempre apesar da minha ocupadíssima vida de que ninguém faz idéia e ultimamente o fiz bem largamente. Te seguro que não se passa um dia sem que me lembre de ti, mãe e manas, a cada uma das quais, particular e extremosamente, darás os meus saudosos recados.

Quando estive ultimamente na Bahia repeti a Henrique e Feliciano os meus sentimentos e planos a respeito da família e concordaram, como bons filhos e bons irmãos, de modo que do acordo à execução não haverá dúvida jamais.[224]

Sobre arranjo de emprego[225] para ti, meu José, acredita-me, ainda não chegou o tempo e a ocasião de se dever falar a tal respeito, ocasião que eu saberia aproveitar, mas o tempo, e às vezes novas circunstâncias, são a cura de longos males. Deixa, pois, que a ocasião se proporcione e entretanto vive guiado pela

224 Deve referir-se aos problemas da herança e partilhas do capitão-mor José Garcez Pinto de Madureira, que adiante são igualmente mencionados como complicados. No seu diário, José Garcez queixa-se do grande desfalcamento em que estaria a casa.

225 Era problema que se arrastava e arrastaria. José Garcez, como muitos que com ele haviam participado na legião que acompanhou Napoleão, eram tidos em suspeição e recusavam-lhes a reintegração no exército.

reta razão, tranqüilizado pela íntima convicção de que foste sempre um homem de bem e espera o prêmio do teu honrado caráter. Eu me lisonjeio de o louvar, porque ele tem muita analogia com o meu. Nós não sabemos ser velhacos, mas eu não invejo os que o são, ainda que por esse caminho (quase sempre o mais produtivo), se achem felizes. Eu vou constantemente pelo caminho direito, e assim tenho obtido uma estimação segura e tenho visto morderem-se aos meus pés as intrigas e as invejas.

Quando me escreveres fala-me da nossa gente e dos nossos amigos, pois pela primeira tenho sempre o maior interesse e destes gosto de ouvir as notícias, já que os não posso tratar.

Recomenda-me ao nosso amigo Macedo, a quem já duas vezes escrevi, e deverás segurar-lhe, para sua satisfação, que a ninguém deve o seu despacho, senão a si mesmo. Eu tive sempre todo o interesse e empenho pelo seu despacho, e é verdade que de alguma forma me agoniei, quando indiretamente ouvi que ele tinha mandado depositar ou oferecer uma certa porção de dinheiro para o seu despacho (tristes idéias a que foi levada muita gente pela corrupção de alguns indivíduos e pela impostura de muitos impostores que se fingem canais). Se desgraçadamente houve tempo em que isso poderia valer, esse tempo felizmente desapareceu, e tremam os subornantes e os subornados e acabem-se os impostores. Olha, meu José, que no *Sancta Sanctorum* não entra toda a gente.

Eu, contudo, apesar de me agoniar por saber o sobredito, falei pelo Macedo, principiando, em conversação, a dizer as suas boas qualidades, como homem e como ministro,[226] e com que satisfação não ouvi eu logo: "esse ministro tem as melhores informações, tem servido com muita honra e dignidade e está bem na lembrança, etc., etc.". Portanto, dize-lhe que ao seu bom serviço e a mais ninguém deve o seu despacho, e que eu, para mim, não quero que ele presuma que lhe fiz o menor serviço, e me contento que se persuada sempre da minha segura amizade.

---

226 Nesta época, a expressão era utilizada para designar os desembargadores, corregedores, juízes de fora e demais magistrados.

Pela mesma razão de não terem chegado navios dessa terra, não tenho notícias algumas da minha casa e de Antônio Joaquim, ao qual, bem como a ti, escrevi duas vezes largamente declarando os meus sentimentos, e quais eram os interesses de Sua Majestade nos reais decretos que mandei, em que iam nomeados o primeiro e segundo ministro. Já teria mandado a nomeação doutro, visto o impedimento de Rodrigo Bravo, se não quisesse tratar com a civilidade que costumo o desembargador Miranda Duarte, a quem escrevi uma carta dentro duma do Antônio Joaquim, cuja resposta ainda não tive, pela razão acima dita de não ter há muito tempo recebido cartas do Porto. Porém com a chegada destas me determinarei imediatamente, porque isso está feito no momento em que eu abra a boca. Então não nomeio outro senão o nosso amigo Macedo, que, ainda que tenha algum trabalho com isto, eu lho mereço, e lho saberei merecer sempre e espero que lhe não será desvantajoso.

Eu tenho levado tudo, a respeito dessa administração e fatura do Tombo, com maneiras e sem o menor espalhafato, contando que esses senhores ministros ou ministros interinos terão entrado no espírito dos decretos e vontade d'El-Rei Nosso Senhor, mas se se esquecerem disto e fizerem alguma partida, contemplações, pedidos ou empenhos, poder-lhes-ia sair o bocado amargo. Já lá vai o tempo em que havia dificuldade em dar um trambolhão em pessoas dessa classe. Agora é pelo contrário, o que não andar direito há de achar-se de repente apeado, e para tornar a montar há de vir cá purificar-se.

Eu te recomendo muito que em tudo auxilies o Antônio Joaquim e tomes pela minha casa o interesse que te merece teu sobrinho, de quem ela há de ser, já que eu entretanto, dado todo ao serviço do nosso amável soberano, não posso cuidar de outras coisas. Contudo, não te admires se me vires aí aparecer (serei provavelmente o único dos da nossa família que voltará).

Sei que há aqui uma pretensão tua sobre o ofício,[227] porém isso não tem corrido por mim, porque aliás seria concluído no mesmo instante, quando eu

---

227 Alude à intenção de seu cunhado José de vender o ofício hereditário de tabelião público judicial e de notas da cidade de Penafiel, que herdara de seu pai.

conhecesse que assim te convinha, e naturalmente cá me há de vir ter à mão, e então farei o que devo debaixo do princípio que acabo de dizer.

O papel acaba-se, apesar de ser inextinguível em mim o desejo de conversarmos.

Teu do coração,

Luís

# Carta 36

Luís Paulino a seu cunhado Henrique Garcez Pinto de Madureira – endereçada à Bahia

Rio de Janeiro, 27 de maio de 1818

Meu Henrique,

Proximamente nenhuma carta tenho recebido tua e não tenho deixado de te escrever sempre, ainda que, algumas vezes, forçado pelas minhas muitas ocupações a escrever com muita pressa.

Já te disse que tinha recebido a conta que me mandaste e agora só falta falar sobre este particular e tratarmos sobre arranjos; porém, que longa escrituração seria precisa para isto, principalmente entre nós que entramos sempre em francas civilidades, filhas da amizade e parentesco. Portanto, nada mais te digo por agora senão que, vista a minha agarração aqui por minha obediência e gratidão a El-Rei Nosso Senhor, eu espero ver se por modo me permite quatro ou cinco meses para eu poder ir a essa terra e fazer alguns arranjos; e, se isto não se complicar com outro algum serviço meu ao mesmo augusto senhor, espero que em setembro poderei aí chegar e então tratamos do muito que convém tratar. Julgo que esta resolução te parecerá acertada e ao menos é a que posso descobrir no estado em que me acho; e na certeza de quem em todos os maus empregos e destinos hei de seguir absolutamente a vontade de Sua Majestade.

Como nas minhas antecedentes e em resposta à tua te disse todos os meus sentimentos sobre levantamento de novo engenho, ou reparos no velho, refiro-me ao que tenho dito e será este um objeto para tratarmos na sobredita minha projetada ida. Eu sei perfeitamente o fim para que se faz por todas as partes, isto é tudo o que te posso dizer, e que nós nada temos que recear do resultado disto, porém alguns haverá que tenham algum incômodo. Não me tenho esquecido do que em Aramaré falamos e Deus há-de ajudar-nos. Muita falta me tem feito o não ter sido remetido o açúcar refinado de que ficou encarregado o Francisco Coelho, como eu te disse, e agora, pela carta de Feliciano, que me diz tinham principiado as chuvas fortemente, é que atribuo o não ter vindo nesta embarcação.

Não sei se o padre Manuel, vigário do [*ilegível*], será o portador desta. Se o for, te dirá vocalmente todas as notícias nossas e, se for depois, levará outras. Recomenda-me muito à senhora D. Joaquina, minha senhora, e a toda a família. Os açúcares aqui têm valido um grande dinheiro e espera-se que subam ainda muito porque a safra que aqui costuma fazer-se de inverno promete ser muito pequena.

Adeus, meu Henrique, goza as felicidades que desejas e te apetece. O teu irmão amante,

Luís

# Carta 37

Maria Bárbara a seu irmão José Garcez – endereçada ao Porto (para o mano José)

Rio de Janeiro, 11 de junho de 1818

Meu querido irmão,

Há quanto tempo não tenho a satisfação de escrever-lhe, quando ambiciono tanto estes momentos. Estive a banhos uns poucos de meses, mas mesmo de lá enviei uma ou duas cartas para aí. As suas letras também me têm faltado. Nestes últimos navios chegou e a última que recebi sua, vinda inclusa na do mano Antônio. Era retardadíssima.

Por ora, meu mano, nada tenho que lhe dizer relativo ao que tanto eu e Luís desejamos, pois ninguém lhe quer mais do que nós, certamente.

Os manos estão bons e creio escrevem. Os sobrinhos[228] se recomendam, com particularidade Bento, preguiçoso de escrever. Sabina está boa e lembra-se muito do tio. Luís Paulino escreveu, por mão do abade, carta que vai nesta mesma embarcação em que escrevo. Ele dirá mil coisas pois muito fala comigo.

Diga-me vossa mercê como vive, conte-me mil coisas, pois nada me interessa tanto. Tenho presente tudo que tenho passado em tempos felizes. Conti-

228 Os filhos de Maria Bárbara e de Luís Paulino de Oliveira Pinto da França – Bento, Maria Sabina, Luís e Maria Francisca – eram nesta época os únicos sobrinhos dos seis irmãos e das duas irmãs de Maria Bárbara. Isso justifica o permanente interesse que despertava nos tios e tias a sua vida e evolução, pois eram nesta altura os futuros representantes dos Garcez. Mais tarde, José teria um filho que morrerá menor e Antônio um outro que será visconde Garcez e morrerá sem geração. Só do irmão mais novo, Antão, viriam a nascer muito depois três filhas, que assegurariam a representação da casa e deixariam sucessão.

nuamente passo revista daqueles dias que voaram e depois dela os meus olhos pagam tributo em lágrimas, isto sem alteração.

Como os males se demoram e as ditas desaparecem! Não sou vaidosa mas a velhice vem tão rápida que não dá lugar a envelhecerem os sentimentos. Parece-me que a época da minha mocidade ainda não passou. Quando as rugas aparecem na minha cara custa acomodar-me a ela apesar de, por estudo, em risonhos dias eu me queria julgar o que sou agora.

Bem que me lembra que os anos não correm só para mim e que o inverno não traz só tristezas.[229]

Hoje, meu José, irmão da minha alma, estou um pouco triste. As saudades tornam-nos pesados, mas falemos de outra coisa.

Remeto este folheto, que lerá e dará às manas, em cujo vai uma ode pindárica feita por Luís Paulino, de improviso, quando chegou a princesa última. Dando-a a um seu amigo, este, sem nada lhe dizer, a fez imprimir com outras que outros fizeram pela Aclamação, o que ele não queria, pois para este [*ilegível*] tinha ele feito outras obras que conserva.[230]

Eu não sei se entenderá esta confusão de coisas. Estou a escrever com muita pressa. Leia como puder e creia-me inalteravelmente sua muito amante irmã,

Maria

229 Envelhecia-se bem mais depressa. Maria Bárbara tinha então apenas 39 anos e só morreria 35 anos mais tarde, apesar dos achaques de que se queixava.

230 Luís Paulino, como se refere no Prefácio, era muito bom poeta e dele se conservam dois sonetos de grande qualidade, aquele que improvisou junto ao túmulo de D. Afonso Henriques e o que escreveu em pleno Atlântico, poucas horas antes de morrer, a despedir-se da família e dos amigos. Pena é que se tenha perdido esta coleção a que se refere Maria Bárbara.

# Carta 38

Luís Paulino a seu cunhado Feliciano Garcez Pinto de Madureira

Rio de Janeiro, 2 de julho de 1818

Meu querido Feliciano,

Tenho-te escrito sempre e não deixarei jamais de o fazer pois te estimo cordialmente. Já de ti falei ao teu arcebispo quanto bastava para o teu sossego, sem estar com palavreados impostores, referindo ou atos nulos ou supérfluos de serviços ou não feitos ou feitos sem nada valerem nem serem precisos, senão para o fingimento e impostura.

O dito arcebispo eleito insta ainda em não aceitar e assim mo disse anteontem com aquela modéstia que é própria do seu caráter. Porém é também certo que ainda se não sabe que fosse por Sua Majestade aceite a sua escusa, nem há a menor suspeita de quem será o novo eleito, no caso de ser aceite. Mas não te dê isso o menor cuidado porque as medidas de prevenção estão tomadas solidamente e sem barulho.[231] Por espírito de verdade, que sempre me anima, devo dizer-te que a originária promessa e segurança do eleito arcebispo a teu respeito não se deve a mim e, por conseqüência também a mais ninguém, mas sim a teu tio, pois este, imediatamente que o soube, em silêncio e zelosamente, foi falar à sra. Marquesa de Aguiar e mais família do defunto marquês, de quem é criatura particular e total o

231 O anterior arcebispo da Bahia, D. Francisco São Dâmaso Abreu Vieira, falecera em 1816. Indicado em 1818, D. João Mazzoni, confessor do rei, recusou o cargo. O beneditino D. Vicente da Soledade, designado em 1820, depois de confirmado pelo papa permaneceu em Portugal, onde tomou assento como deputado às Cortes Constituintes. A sede arquiepiscopal só foi preenchida em 1827 por D. Romualdo de Seixas.

mesmo arcebispo eleito. E nisto houve logo tanto empenho e interesse que, quando eu fui falar ao dito da minha parte, ainda antes de ir com uma insinuação, o que foi de tarde, já ele tinha prometido tudo a teu respeito e portanto nada havia que fazer, nem houve. Assim, praza ao céu que ele vá a esse arcebispado. Será feliz pois é um homem verdadeiramente virtuoso.

Recebi também uma carta tua que acompanhava outra e um requerimento de José Joaquim Leite. Vejo o quanto te interessas e eu tenho igualmente interesse em o servir porém (isto é falar-te a verdade) tenho tido até agora medo de falar a S. Ex.ª em tal coisa, receoso de o irritar, talvez. Contudo conversei com monsenhor Miranda,[232] que foi sempre aqui um protetor decidido do Leite e que também é muito favorecido de S. Ex.ª porque, por isso mesmo que, como eu, conhece o seu caráter, está no mesmo receio. Porém ainda espero de tratarmos isto, procurando alguns rodeios antes da apresentação do requerimento. E já teria cuidado disto, mas proximamente tem sido tal a tormenta de negócios que S. Ex.ª não tem tido um instante de seu; enfim, é preciso esperar ocasiões.

Pela mesma razão não se publicaram algumas coisas já feitas e não se tratou de muitas outras. Nunca te falei de uma longa carta que me escreveste, em que exigias que eu dissesse certas coisas ao [*ilegível*]. Não te pareça que foi em mim esquecimento ou pouca atenção no que me dizias mas pensei muito a tal respeito e, finalmente, combinando todas as circunstâncias de cá e de lá, julguei que não convinha por então dizer-lhe coisa alguma mas sim esperar e ver se ele adverte e toma a resolução que deve.

Eu não sei se ainda terei tempo de escrever ao Henrique, como muito desejo, mas quando se dizia que se mandasse demorar o correio, agora soube que não e que parte amanhã e já não tenho tempo para mandar esta senão em mão particular; portanto tu lhe mandarás dizer isso mesmo ou lhe remeterás esta para que a haja por sua. Sei que agora, sim, ele obteve o que desejava. Já não são demoras do marquês de Aguiar nem pelas do conde da Barca. Chegou e para melhor porque, havendo bom Deus, St° Amaro faz milagres e cobrem-se os seus altares de pernas de cera.

---

232 Monsenhor Pedro Machado de Miranda Malheiro, desembargador do paço e membro da Mesa de Consciência e Ordens.

O Antônio entregou o requerimento para isto e eu logo tive parte e o oficial-maior, antes da decisão, jantando conosco, assim que viu a coisa bem parada, bebeu à saúde destes desejos que se haviam de realizar; e, logo que teve a decisão, veio à noite de propósito participá-lo à Maricas. Com efeito, todos esperamos que isso saísse no dia de São João mas nada se publicou nesse dia, não se sabe porquê, ou não se sabe ou não se diz, mas enfim isto não deve dar cuidado ao Henrique porque decerto foi feito e o nosso Antônio assim lho há-de dizer largamente e eu muito estimo, pois é uma aparência representante para os tabaréus[233] e um escudinho contra inquietações que podem vir de justiças e inspetorias.

E de mim, meu Feliciano, que te hei de dizer? Não posso ter esperanças por ora de ver-me em sossego em alguma de minhas casas. El-Rei Nosso Senhor cada dia me dá mais provas de sua magnânima e paternal bondade e parece querer-me aqui. Como hei de eu, pois, fazer a Sua Majestade o mais pequeno requerimento para ir para fora? Seguro-te que eu conheço que me é indispensável ir a essa terra ver os meus bens e falar com Henrique para ultimarmos certos arranjos, e estou com medo de pedir a El-Rei quatro ou cinco meses de licença.

Dou-te parte que tenho a honra de pedir a permissão para um estabelecimento em Aramaré de maior vantagem para a minha casa, e sobre o muito que tratei com o Henrique, El-Rei nosso senhor, sem mandar proceder a ouvidorias ou informações algumas, decididamente determinou fazer-me quanto eu pedia e se passou logo o real decreto para se expedirem todas as ordens. Ora esta graça, que é grande em si e que outras semelhantes têm sido vãmente pedidas, foi muito mais obrigante por este modo com que foi feita.

Meu Feliciano, eu te desejo mil venturas e a todos os nossos; bem sabes como eu sou parenteiro e conheces o meu caráter. Assim vamos tendo repetidos motivos de gosto e, se nos dermos reciprocamente as mãos, Deus há-de permitir que tenhamos outros muito maiores. É verdade que eu tenho-me cansado muito e que tenho feito e estou fazendo muita despesa, mas também é certo que, se eu não tivesse feito esforços desde o princípio da minha vida

233 Palavra de origem tupi que se usava no Brasil no sentido de "bronco, tolo".

política, as nossas coisas não estariam assim. Ainda tenho de sofrer por algum tempo, porém espero que cedo principiarão a combinar-se os interesses com as honras.

O nosso Manuel,[234] que na promoção geral do regimento, em razão de ter ficado em Pernambuco (mal fundada razão), nem na efetividade de alferes entrou por parecer do sr. inspetor e general. Fiz agora emendar a mão e, em vez de alferes agregado e só com a graduação nominal de tenente, foi feito tenente agregado por não haver companhia vaga, vindo assim a ser realmente tenente e com todo o vencimento de tenente. O seu decreto me foi mandado aberto a casa e assim o entreguei ao Manuel no qual decreto Sua Majestade expressamente diz: "que conformando-se com o meu parecer..."

Estimarei muito que sempre dês recados meus ao ex.$^{mo}$ sr. conde da Palma e ao dr. Luiz José,[235] meu caro condiscípulo. O ex.$^{mo}$ sr. conde dos Arcos se lembra muito dessa boa terra da qual ele é muito honrado, e nós lhe merecemos todas as demonstrações de distinção e estima.

Tivemos proximamente cartas da família de Portugal, que estava toda boa. Adeus, meu Feliciano. Nesta longa carta reconhecerás a franqueza de parentes, a qual não deve passar dos parentes, tanto porque convém guardar segredo como para não aumentar o número de inimigos que, para o serem, não têm outra razão senão a da inveja.

Teu do coração,

Luís

---

234 Manuel Garcez Pinto de Madureira, irmão de Maria Bárbara.

235 Desembargador Luís José de Carvalho e Melo, posteriormente visconde da Cachoeira, ministro dos Negócios Estrangeiros do Brasil, entre novembro de 1823 e outubro de 1825.

# Carta 39

Luís Paulino a seu cunhado Henrique Garcez Pinto de Madureira

Rio de Janeiro, 2 de julho de 1818

Meu Henrique,

Depois de ter já escrito ao nosso Feliciano, recomendando-lhe que te mandasse a sua carta vejo que ainda me chega o tempo para te fazer estas regras. Da dita carta verás o que eu principalmente poderia dizer-te, restando somente a ponderar-te que, com muito gosto, li na tua última carta que tencionavas vir a esta Corte. Se isso vês que se pode realizar proximamente, eu muito o desejava saber quanto antes para não me abalouçar a pedir a El-Rei Nosso Senhor uma licença, para a qual tenho tanto receio, como do ponderado na dita carta verás. Pois então aqui falaremos não só sobre nossos arranjos como sobre o muito que temos a falar e dispor de Aramaré; e, de contrário, para estes mesmos fins e para outros arranjos e estabelecimentos que temos a fazer, segundo a graça de Sua Majestade se dignou de fazer-me, do estabelecimento de um mercado público e semanal no lugar que eu escolher desse engenho. Bem vês que é indispensável que eu aí chegue logo.

Segundo as idéias que temos os projetos tratados e concordados entre nós deverão ir avante. Isto nos oferece a maior vantagem e utilidades, porém devem essas coisas passarem-se primeiro e em particular entre nós. Tu tens juízo e não preciso dizer-te mais. Quando vim dessa terra, como já daqui e lá te disse, pedi a Francisco Coelho que me refinasse com o maior primor um pouco de açúcar e nunca mais tive resposta a esse respeito, sendo certo que a falta desta remessa me tem sido muito sensível pois até o prometi a grande pessoa. Manda-me dizer se o dito Coelho teve alguma dificuldade a este respeito. Recomenda-me à sra. D. Joaquina, minha senhora, e goza das felicidades que desejas.

Teu do coração,

Luís

# Carta 40

Luís Paulino a seu cunhado José Garcez – endereçada ao Porto

Rio de Janeiro, [julho ou agosto de 1818][236]

Meu José do coração,

Muitos meses têm decorrido sem que eu tenha recebido carta tua nem da família e apenas indiretamente tenho tido notícias de todos, sendo para mim muito compungentes as da moléstia da mãe.[237]

Eu te tenho escrito amiudadamente e em alguma das minhas fui assaz extenso, bem como em todas te repetia as minhas confissões de obrigação pelo interesse que tens tomado nos negócios da minha casa. Ela, é verdade que te toca também muito de perto pois que, se é minha, é como de passagem para teu sobrinho,[238] e tanto o mais velho como os outros[239] poderão dizer que, se eu fosse mesquinho e miserável, deixar-lhes-ia mais cabedais, ainda que envoltos em sordidez e abatimento. Mas hão de confessar que os meus esforços e constante animosidade nos trabalhos para os alçar na sociedade têm sido uma luta heróica, incompatível com um corpo fraco e com uma alma medíocre. Graças aos céus nem climas, nem

236 Em 2 de julho de 1818, Luís Paulino comunica, para a Bahia, a seu cunhado Feliciano Garcez, que D. João VI acabara de anuir ao seu pedido para o estabelecimento de uma feira em Aramaré. Esta carta não é datada mas, como transmite a mesma notícia, terá que ser de julho ou agosto desse mesmo ano de 1818.

237 D. Maria Libória Máxima da Silva Carneiro, sua sogra, não sucumbiu a esta moléstia e em 1823 ainda escreve a seu genro Luís Paulino, então deputado às Constituintes, em Lisboa. Deve ter morrido com mais de 70 anos.

238 O futuro 3º morgado da Fonte Nova, seu filho Bento da França.

239 Além de Bento, Maria Sabina (1798), Luís Paulino (1800) e Maria Francisca (1817).

vigílias, nem trabalhos nem excessos me abatem, quando a minha alma audaz como a águia intenta elevar seu vôo ao astro do dia, e debalde os perigos, as invejas e a intriga, sua inseparável companheira, lhe queira cercear as asas.

Servindo o nosso amabilíssimo soberano com amor e fidelidade, e conservando sempre todo o decoro e dignidade, vou andando meu caminho direito sem necessidade de lisonjas nem abatimentos impróprios da minha alma naturalmente tão altiva como justa, e desta forma gozo o respeito dos grandes e a estima de todos.

Neste meu estado bem vês que não me é possível tratar da casa como convinha e enquanto a essa de Portugal dei os passos que devia e agora que podia, visto o despacho do Macedo, mandar novo decreto nomeando-o para meu juiz,[240] recebo uma carta do Miranda Duarte, que atualmente o está sendo, na qual me promete fazer tudo o que de justiça e dever convém. Como eu nada mais quero do que isso, observando-se em tudo o que ordenam os reais decretos que mandei, e vi das tuas últimas cartas que este se ia portando bem e que depois que lhe falaste ficou desenganado de traficâncias em que metia tudo esse ladrão do Jerônimo Pinto, assentei de não escandalizar ou ofender o dito desembargador Miranda Duarte. Antes sim responder à sua carta nesta que inclusa remeto, e que lhe entregarás, ajuntando a ela as tuas expressões, e o que vires que mais convém dizer e instruir.

Enquanto à minha casa deste país tenho feito todos os esforços por a adiantar, e até tenho para isso despendido muito. Porém posso segurar-te que já tem muito maior valor, e espero que com os auxílios que vai recebendo será uma das grandes e notáveis propriedades do Brasil. Falando a verdade, meu José, isto é que são verdadeiros morgados.

Não sei se já te disse na última que te escrevi a grande e alta mercê que El-Rei Nosso Senhor me fez por sua carta régia do estabelecimento de uma feira semanal em um sítio que eu escolhi das minhas terras do Recôncavo da Bahia.[241] Por con-

---

240 Em 9/5/1817, Luís Paulino obtivera provisão para o procurador da administração da sua casa, nomeando-lhe novo juiz comissário (livros da chancelaria, 33, fls. 216).

241 Engenho de Aramaré, no Recôncavo Baiano.

seqüência ali se vai fazer uma nova e importante povoação,[242] cujos aforamentos e mais pandangas espero que, dentro em poucos anos, me poderão render para a aproximação de 20 mil cruzados.[243] Quem sabe se também, dentro em poucos anos, depois do aumento da população que se espera tenha rapidamente, virá a ser o lugar chefe de um senhorio ou título?[244] Vamos sempre aspirando ao sublime. Esta graça foi para mim um novo testemunho da nunca assaz confessada magnanimidade e paternal bondade com que o mesmo augusto senhor me trata em honra, pois, além de ser a primeira graça desta natureza que fez no Brasil, apenas eu tive a honra de lhe falar nisto mo concedeu regiamente e com toda a amplitude, sem mandar ouvir o governador e as câmaras da Bahia e da vila de Santo Amaro [da Purificação], como eu mesmo esperava.

Agora bem vês que para eu ultimar bem estes arranjos e completar a segurança e grandeza da minha casa nada me era mais conveniente do que, empregado ou não ali, poder ir estar três ou quatro anos na Bahia. Então é que os meus planos se verificavam, e posta a casa em arranjo e estabilidade ir em sossego acabar nessa cidade do Porto os meus dias que mediarem dos 50 até a morte, pois ainda que realmente este país é excelente, eu sou naturalmente muito saudoso e me lembro a cada momento dessa terra onde fui criado. Além disso eu, com o que tenho e mais espero ter, graças a Deus, e com o que já sou, nessa terra faria representação como um príncipe, e aqui é preciso muito e muito para se fazer grande figura. Contudo, torno a repetir as minhas graças a Deus, aqui vamos vivendo com alguma estima.

Vistas estas circunstâncias eu conto, por estes dois meses, de pedir a Sua Majestade ao menos uma licença de quatro ou cinco meses para ir à Bahia, porque sempre quero que o grande estabelecimento se principie a formar debaixo das minhas vistas.

---

242 Assim é, ali nasceria Terra Nova, hoje município.

243 Não podia ainda prever as perturbações ligadas ao movimento da Independência brasileira e a futura crise do açúcar.

244 Acertou Luís Paulino na sua previsão. Só que o título de visconde de Aramaré foi concedido, sim, mas à família Sousa Dantas, que, em princípios da 2ª metade do séc. XIX, comprou o engenho aos filhos de Luís Paulino, família essa que ainda hoje é proprietária do engenho.

Escrevo agora uma cartinha ao nosso Antônio Joaquim,[245] de quem não tenho cartas há muito tempo, e tu lhe mostrarás esta para que ele veja tudo o que eu digo. Desejo muito ter resposta das que lhe escrevi pelo navio Carlota, que é de João Nogueira, e pelo navio Tentação aonde foi o capitão que trouxe a Maricas[246] para a Bahia. Eu lhe avisei que procurasse cartas nas mãos dos capitães dos ditos dois navios. Da sua resposta depende a minha resolução, e ele pode contar que há de ser acomodado, mas eu falei-lhe com clareza: o que se lhe pode aí dar, nada é para a velhice em que não puder trabalhar, e o que aqui pode ter já lhe pode dar, em cinco ou seis anos, com que depois possa viver. Mas, enfim, eu conheço o embaraço que algumas pessoas têm de deixar a terra ainda que seja por pouco tempo. Por isso, já à cautela ainda dependente da sua resolução, tomei a minha de lhe mandar aí dar uma mesada de dez mil reis, no princípio de cada mês, a qual ordem ele há-de receber pelo navio que se está aprontando para sair para o Porto, como já está determinado, e queria aprontar-se para ir com esta "em conserva" até as Ilhas,[247] em razão dos piratas.

Tenho toda a certeza do teu caráter, amizade e amor aos teus sobrinhos para esperar que ajudarás em tudo o dito Antônio Joaquim, e que tomarás sempre pelos negócios da minha casa o maior interesse.

Se eu tiver ainda tempo verei se te posso mandar cópia do decreto de perdão que El-Rei Nosso Senhor se dignou dar ao marquês de Loulé.[248] Foi um perdão absoluto, e no mesmo dia fez "parede" e tomou o seu lugar entre os camaristas. Assim está de todo restituído.

Eu tive agora, nesta última jornada de Santa Cruz,[249] muita ocasião de o tra-

---

245 Administrador dos Pinto da França, no Porto.

246 *Petit-nom* de Maria Bárbara.

247 Certamente os Açores.

248 Agostinho de Mendonça Rolim de Moura Barreto, 8º conde de Vale de Reis e 1º marquês de Loulé, que nasceu em 1780, morreria assassinado no Paço de Salvaterra, em 1824. Foi companheiro de aventuras de José Garcez na Legião Portuguesa, ao serviço de Napoleão. Porque fez parte do estado-maior do exército invasor de Massena, veio a ser condenado à morte, à revelia, em 1811. Esteve homiziado até 1818, altura em que foi inteiramente perdoado.

249 Palácio real nos arredores do Rio de Janeiro, que servia como estância de verão.

tar, e pareceu-me muito bom homem. Mostra-se sempre muito lembrado de ti, e portanto será bom que lhe escrevas a dar-lhe os parabéns.

Da mesma forma deverás dar os parabéns à senhora de Mello,[250] pois foi seu marido[251] nomeado ministro para Roma. Ele assaz nos deve, pois foi a minha casa a única que o recebeu bem, quando ele aqui chegou, e de nós lhe veio o conhecimento com o ex.mo sr. Thomaz Antônio,[252] porque com este jantou algumas vezes em nossa casa, nos primeiros dias da sua chegada, quando tua irmã estava tomando banhos na praia do Botafogo. Além disso fomos nós sempre os que nunca lhes voltamos as costas, antes pelo contrário lhes fizemos toda a qualidade de obséquios.

Agora devo falar de ti alguma coisa. Tu ouves talvez falar de coisas que se alcançam, etc., etc. É verdade, porque à sombra de Deus faz Stº Antônio[253] algum milagre, ou melhor falando, por causa de Deus se fazem festas aos santos, que estão próximos dele. Basta para o bom entendedor...

Sim, tu tens tido uma pretensão em que Antônio me falou e finalmente fez requerimento que entregou, mas nada obteve. Isto é a respeito da permissão para renunciares o teu ofício[254] [*ilegível*] vendê-lo. Pode ser que [Antônio] tenha reparado em eu não querer tocar nisto, estando tanto ele como eu persuadidos que, se eu tivesse falado nisto, estaria há muito tempo feito. Mas devo-te falar claro, como ao mesmo Antônio já disse. Eu não posso aprovar tal venda do teu ofício. Sou verdadeiramente teu amigo e não me parece de razão que assim sacrifiques o que é só teu pelo que é de todos. Se eu pudesse já, já, remediar o estado da casa que ficou de

250 Dona Ana Rufina Soares de Mello, 18ª senhora de Mello.

251 Pedro de Mello Breyner, que seria embaixador na Santa Sé de 1819 a 1821. Fizera parte da regência que o príncipe regente deixara em Portugal, tornando-se suspeito de pactuar com os franceses, o que provaria ser infundado. Em 1828, viria a ser encerrado na Torre de Belém por D. Miguel, morrendo ali em 1830.

252 Thomaz Antônio Vila Nova Portugal, desembargador do paço, chanceler-mor do Brasil e, a partir de 1817, por morte do conde da Barca, ministro do Reino.

253 Estas expressões podiam representar ironia a propósito de seu cunhado, Antônio Garcez, sugerindo ser ele, Luís Paulino, o seu Deus.

254 Tratava-se da idéia de José Garcez vender o ofício de tabelião público judicial e de notas da cidade de Penafiel, que herdara de seu pai, projeto em relação ao qual Luís Paulino exprime a sua discordância.

teu pai,[255] ninguém tem disso mais desejos, nem seria capaz de o fazer mais francamente do que eu, mas considero que, ainda que com alguns incômodos agora, de futuro tudo se poderá remediar, senão em todo ao menos em parte. Além disso entendo que não te deves desfazer daquele que é o mais antigo e mais honroso [ofício] na casa. Esta tem sido a minha maneira de pensar, que é toda filha de honra e da verdadeira amizade. Desejo-te mil venturas, desejo mil venturas à mãe e a todos os manos em geral, e por isso mesmo considero que a coisa mais estável que tens é o teu ofício, que não está sujeito a dívidas. Os outros bens, sim, suposto que por ora nada podem fazer sobre eles, porque para isso é necessário que sejamos ouvidos, todos os co-herdeiros, etc., etc. Bem entendido que da parte da tua irmã, ainda que ela tivesse muito que herdar, nós de tudo faríamos desistência, e faremos a favor da mãe e de vocês.

Aqui tens a genuína razão por que não falei no dito teu negócio, porém jamais me descuido nem me esqueço de ti, e sempre farei o que puder.

Agora, quando estávamos em Stª Cruz, o Antônio meteu um requerimento a pedir para poderes nomear serventuário e no mesmo dia que foi entregue se despachou.[256]

Eu sou amigo, na verdadeira inteligência que deve ter esta palavra, sou decidido pelos meus parentes, e tu tens um lugar muito distinto no meu afeto, e quando se proporcione ocasião não a hei de perder.

De todos os nossos de cá te tenho falado tão largamente que nada me resta mais a dizer e dos de lá conservo viva e saudosa lembrança, a qual lhes significarás com as expressões mais enérgicas. Adeus meu José. Teu do coração,

Luís

P.S.: Esta é levada até Lisboa pelo visconde de Juromenha.[257]

---

255 Devia, pois, estar em causa um problema de partilhas e tornas.

256 Por carta de 30/4/1819, José Garcez foi autorizado a nomear serventuário no seu ofício de tabelião (ver livros de chancelaria, 33, fls. 33 v.).

257 Antônio de Lemos Pereira de Lacerda Delgado, marido de Maria da Luz Willoughby da Silveira, que terá sido amante de Beresford, que habitava com os viscondes no Palácio da Ega e que ali veio a descobrir a conjura de Gomes Freire em 1817.

# Carta 41

Maria Bárbara a seu irmão José Garcez – endereçada ao Porto

Rio de Janeiro, 12 de setembro de 1818

Meu querido irmão da minha alma,

Há muito tempo que não tenho recebido carta sua, o que sempre me faz a maior falta. Vossa Mercê sabe muito bem que é esta a única ventura que a ausência nos permite. Eu também tenho deixado sair algumas embarcações sem cartas, mas a culpa tem sido da Maria Francisca, que me tem dado que fazer com os pasmos que lhe sobrevieram na subida dos queixais. Graças a Deus, suponho-a livre deles agora.

Luís Paulino escreve largamente e por isso nada acrescento.

Meu querido irmão, eu tenho vivas saudades de todos, e do lugar que me viu nascer, ou para melhor dizer, aquele onde passei o melhor dos meus anos no seio da nossa família querida. Me arranca lágrimas sempre que dela me recordo. Peço-lhe dê recados meus a Maria Inocência e diga-lhe que muitas vezes vemos seu irmão, que está excelente. Ele vive distante da cidade uma légua, mas como tem cavalos, do longe faz perto e nos faz muita companhia. Por ele soube [que] Vossa Mercê passa bem, pois a irmã sempre fala nas suas cartas. Diga mais à dita que me escreva que eu sou muito sua amiga e que, se eu não procuro mais vezes este bem, é por me não ser possível. Ora meu mano, adeus, adeus eu sou do coração

Irmã a mais amante,

Maria

# Carta 42

Antônio Garcez a seu irmão José Garcez Pinto de Madureira – endereçada ao Porto

Rio de Janeiro, 13 de setembro de 1818

Meu caro irmão do coração,

Por diversas vezes lhe tenho escrito, e à nossa amada família, o que igualmente agora pratico. V. Mercê lhes enviará logo, logo,[258] e poderá ver a da mãe como lhe digo e V. Mercê fará o mesmo porque em muitas coisas não há necessidade de repetição.

Tenho estimado saber que tem saúde e que já se vai acomodando com as circunstâncias, e tão acomodado que se resolveu a fazer matrimônio. Esta notícia chega à minha presença por carta de Manuel Pacheco, retroseiro da rua das Flores, homem capaz de quem sou amigo, e a ele me recomendará, e o faça igualmente à D. Gertrudes.

Estou persuadido de que V. Mercê me escreveu, porém não pelo correio, porque então receberia carta, bem como a do dito Pacheco, do Epifânio e de João Ferreira, negociante nessa cidade, as quais me chegaram à mão.[259]

Devo acreditar que vem em mão que é o pior modo de enviá-las. Contudo, julgo certa a notícia [do matrimônio], por ele se remeter a V. Mercê que foi quem lho disse. Demais, Bentinho,[260] da rua, me acaba de dizer que o sr. Luís Paulino ou

258 José Garcez estaria no Porto, enquanto a mãe e as irmãs estariam em Penafiel.

259 De assinalar esta sociabilidade de um magistrado com os negociantes do Porto. O cunhado de José Garcez, João Teixeira de Melo, era negociante.

260 Seu sobrinho, Bento da França.

sua senhora tiveram uma pequenita carta, dando parte que a escritura estava feita e que V. Mercê lhes rogava escrevessem, o que muito pouco gostam(?). Enfim, é necessário conhecer os homens um dia, e basta.

Se já estiver enlaçado recomende-me à cunhada, minha senhora, e à sua família e aceite da minha Teresinha[261] mil recados. Está bela menina, tem muito juízo e boa educação. Não é bela, mas é galante, e tem ou faz 16 anos em 20 de outubro deste ano. Estou de todo resolvido, e breve trato com sua família que toda é de Lisboa, pela parte materna, e paterna das Ilhas. Gente honesta, e virei a possuir melhor de 60 mil cruzados por morte do pai que é velho e a mãe, logo que ele falte, se entrega à minha discrição, e já desta quantia receberei em bens vinte. Enfim, não é grande "porção", porém não há outras, e se há são meninas daquela idade que querem meninos, o que já não sou. Daqui em diante devia acabar namoro para não ser mangado pelos rapazes, como eu fazia a Manuel de Basto. Mesmo porque só poderia dar uma fadinha(?) a peso de dinheiro ou furto, mas pelo furto, lá vem um "galiquito"(?), que faz acabar mais breve os dias da vida em cujos termos e, pelo desamparo da casa em que me vejo, não há remédio. Seguro-lhe que não estou apaixonado rigorosamente, estimo a pequena. As paixões duraram até aos 30, aliás estou fresquíssimo!

Vamos ao resto. Seja feliz, e não se descuide de enviar-me os seus trabalhos e traduções, porque nisso me lisonjeia muito. Quero que apareçam, mesmo para instruir estes cabos de guerra, e tanto charlatão velho, que V. Mercê conhece, ainda que com ódio verá, e mil defeitos notará, o que saberei desculpar por ser inculpável, pois que a natureza assim o quis.[262]

Vamos agora aos seus negócios. Não foi possível a renúncia do ofício, e agora até desnecessário seria. Bem trabalhei, e nada consegui, até que no extremo tratei do alvará de nomeação que envio, e pode segurar-se com ele. Sobre este objeto

261 Sua noiva, Teresa Adelaide Azevedo.

262 Esta passagem algo confusa deve aludir ao diário e às memórias que José Garcez estaria a preparar como testemunho da ação da Legião Portuguesa nas campanhas napoleônicas, entre 1808 e 1815. Os originais desapareceram, mas Bento da França Pinto de Oliveira Salema publicou uma obra baseada nestes textos, com a intenção de fazer a história da Legião, que esteve e continua a estar na sombra.

tive questão com o sr. Luís Paulino pois dizia que em tal se não metia de renúncia, que ao contrário o faria. Combati-o com zelo indiscreto, e que tinha ele com a vontade do Proprietário? Isto cheirava a tutela, que é a forma porque sempre o considerou, e que, se tinha meios, o socorresse de dinheiro, que V. Mercê a não faria. Enfim, ficou em nada pois que em nada tudo fica.[263] Ele, por gênio ou por fraqueza, em nada fala ao senhor Thomaz Antônio.[264] Faz-lhe a corte, janta com ele, que é o que basta para a imposição. Coisas triviais, tal o alvará, tenho suado pela mesma política de "não ser importuno a um homem ocupadíssimo e que me trata muito bem". E nisto fica.

A honra de viver ao pé d'El-Rei é grande, e o seu entusiasmo o faz querer conservar-se aqui e deixar "papel aos folhos e bens aos credores". Queira Deus que Henrique não perca 16 contos de réis e que vão crescendo todos os dias. Eu tenho entretido a igrejinha e adoçado aquele moço, que tem querido deixar-lhe os bens porque não pode sem o seu, e o alheio. Fujo de intrigas, e entre todos faço pazes, por não dar prazer aos inimigos.

Vamos ao segundo. O sr. Luís nunca me aprontou o requerimento para V. Mercê, até que me resolvi a fazê-lo pelo tio,[265] e nem uma só palavra com tal homem, sobre V. Mercê. Agora sim, agora é ocasião pois que o seu fiel amigo e amável moço, o marquês de Loulé, entrou no serviço como consta do decreto que envio. Teve aviso o mais honorífico para ir assistir à festa de S. João Degolado à real Quinta da Boa Vista.[266] Enfim, tamanho rasgo só o nosso soberano é capaz de ter. À vista dele, é claro o amor do mesmo para com o dito marquês, que não cessa de me falar da sua metade. V. Mercê, já e já, lhe escreva. Ele, de convenção comigo, quer que entregue o requerimento a Sua Majestade e então tem ocasião de falar. Ele diz de V. Mercê o que, certamente, sendo ouvido por El-Rei [*truncado*].

---

263 Como se viu na carta anterior, Luís Paulino discordava da renúncia para venda do ofício de tabelião.

264 Thomaz Antônio Vila Nova Portugal, que desde 1817 ocupava a pasta do Reino.

265 O desembargador do paço, Antônio da Silva Carneiro.

266 Estância de recreio da família real, na floresta da Tijuca, a poucos quilômetros do Rio de Janeiro.

# Carta 43

Bento da França a seu tio José Garcez – endereçada ao Porto

Rio de Janeiro, 15 de setembro [de 1818][267]

Meu querido tio,

É com justíssima razão que V. S.ª me deve argüir de eu lhe não ter escrito, mas V. S.ª sabe o quanto eu sou preguiçoso de escrever, e ao mesmo tempo estou certo que V. S.ª desculpará as faltas de um sobrinho que sempre mostrou ser seu verdadeiro amigo. Ainda que o grande oceano está entre nós e alguns queiram que a passagem da linha tenha alguma influência sobre o espírito das gentes, eu digo que não a tal pois nunca tive tantas saudades das pessoas minhas amigas como tenho presentemente.

Este país não é, porém, habitado por gente que conhecesse o grande mundo e que nele tem vivido. Aqui não se vive, vegeta-se. Isto digo eu a V. S.ª pois sei que pensaria como eu, se cá estivesse. É preciso aqui dizer bem do país, quando não, é tido por rebelde.[268]

Vou dar-lhe uma notícia que lhe há de ser muito agradável, que vem a ser o perdão do marquês de Loulé, reintegrado de tudo o que tinha antes. É merecedor de tudo, pois é um excelente homem, e seu verdadeiro amigo. Ele me fala em V. S.ª muitas vezes e sempre com mostras de amigo.

---

267 Esta carta não indica o ano, mas como José Garcez casou em 1818, só pode ser desse ano.

268 Ao contrário de seu pai, afinal natural da Bahia, e de seu irmão Luís, criado no Rio de Janeiro, verifica-se que Bento, nascido no Porto, nunca gostou do Brasil, acabando por regressar a Portugal como combatente liberal na guerra civil.

Não posso ser mais extenso pois quem leva as cartas está à espera.

V. S.ª conte com a vontade deste que o deseja abraçar com toda a vontade. Saudades às tias e à avó, que não julguem que eu sou ingrato por não escrever.

Sou de V. S.ª sobrinho amigo e muito obrigado,

Bento da França

P.S.: Agora acaba o pai de receber uma de V. S.ª em que lhe dá parte do seu casamento.[269] Eu, cheio de alegria lhe dou os parabéns, ficando V. S.ª certo que são dados pelo coração e filhos duma amizade sincera que sempre lhe conserva o seu Bento e que não merece o nome de ingrato. Estou confuso com a alegria que me causou esta notícia, e nada mais tenho a dizer senão que sou e serei sempre verdadeiro amigo

Bento

269 José Garcez Pinto de Madureira, poucos anos depois do seu regresso a Portugal após as campanhas napoleônicas, com 45 anos, casou com D. Joana Augusta de Mello, irmã de D. Teresa Augusta de Mello, casada com seu irmão Feliciano Garcez. Eram filhas de Antônio Teixeira de Mello, governador do forte de Matozinhos e de Ana Perpétua de Barros e Mello. José Garcez não teve filhos, pelo que a representação da casa veio a recair na descendência de seu irmão Antão.

# Carta 44

Luís Paulino a seu cunhado Henrique Garcez Pinto de Madureira

Rio de Janeiro, 2 de outubro de 1818

Meu Henrique,

Eu estava fora logo que por um mesmo barco recebi duas tuas de um mesmo teor e cujo objeto era sobre as desfeitas que julgavas te tinha de propósito feito o coronel das milícias, Bento Lopes e o capitão Baiana.

Tu me dizias a princípio que falasse eu para isenção de todos os teus caixeiros[270] e rematavas dizendo que, ao menos para o teu caixeiro da escrita, mandando-me o nome dele que é esse do aviso, dizendo-me que este era aquele que [*ilegível*] tendo praça nas milícias artilheiras, esses dois senhores combinados o alistaram nas milícias daí e que assim o incomodavam e a ti. Por conseqüência, assentei que devia falar por ora só deste para a rapidez do despacho e tive a honra de falar a S. Ex.ª, que logo me disse que sim e, levando-me depois o requerimento que verás, S. Ex.ª fez a coisa com aquela obrigante bizarria com que tanto nos favorece, pois o aviso vai melhorar ainda mais o que no requerimento se pedia: portanto, prega com ele nas ventas desses trastes que talvez e bem à sua custa se desenganarão, que devem ter conosco toda a consideração. Eu o quisera mandar imediatamente mas não tem havido embarcação, o que assaz me tem custado por ver que o querias com a maior brevidade.

Não posso determinar-me decididamente sobre o tempo em que poderia aí

---

270 Refere-se à isenção do recrutamento militar.

chegar, nem me sei mesmo resolver como hei de falar a El-Rei Nosso Senhor pois, ainda que estou certíssimo de que em Sua Majestade hão de fazer impressão as razões de necessidade de arranjos da casa, e que o mesmo augusto senhor, que tanto me favorece, há de querer o meu bem, contudo tenho um certo receio de falar em tudo o que é, por muito ou pouco tempo, deixar de estar aqui.

Aqui está a razão da minha hesitação mas, como é indispensável que eu aí vá para falar contigo sobre novos e antigos arranjos, e que se não pode fazer por carta perguntas e respostas aí me deves esperar, e Deus há de permitir que tudo há-de ir bem e muito bem. Nada me tem ainda zangado tanto como o negócio do nosso Almeida, cuja demora dependendo de circunstâncias forçosas e inesperadas que nem eu nem ninguém tinha na sua mão o obstar. Eu me tenho consumido não por causa do negócio, mas sim por causa da demora, que é o que eu sei que também o aflige; mas paciência, esperar não é perder; não deve ter cuidado e quem sabe se a demora da assinatura foi pior? Nós temos um rifão em português que diz "há males que vêm por bem". Enfim, nem sempre a gente se pode explicar.

Recomenda-me muito à sra. D. Joaquina e a seu sobrinho, o senhor juiz de fora, a quem eu podendo ser ainda agora lhe escrevia. O seu governador partiu para Portugal a buscar a mulher e vêm em direitura ao Maranhão; eu lhe recomendei na sua partida novamente o dito senhor juiz de fora e ele me prometeu que lhe havia dar as mais decisivas provas de que era meu antigo e verdadeiro amigo.

Já sei e por boas vias que o Folkman, examinando o rio Pojuca, conheceu que em Aramaré se podia levantar engenhos de água.[271] Disto estou eu certo há muito tempo: o que me falta é examinar, a tal respeito, mais a largura com a que se deve entrar no cálculo para segurança de estabilidade e conveniência. Bem entendido que ninguém pode duvidar de que engenhos de água são preferíveis a todos. Porém isto é regra que pode ter exceções. Esta foi começada no dia 18 do passado e agora lhe acrescento mais estas linhas para dizer-te que me guardei até agora por

271 Uma vez que no Recôncavo Baiano existiam muitos engenhos situados na margem de rios, por onde entrava a maré, pensava-se aproveitar a força do fluxo e do refluxo da água para os fazer moer. Veja-se nesse sentido um projeto publicado no jornal da Bahia *Idade d'Ouro do Brasil*, suplemento extraordinário ao nº 99, de 1818.

não haver embarcação para te remeter e, da data do aviso, podes ver que disto nasceu a demora.

Põe-me aos pés da sra. D. Joaquina, minha senhora. Os açúcares aqui conservam o preço de 2.700 a 2.750 rs. Os nossos estão bons. Adeus. Teu do coração,

Luís

P.S.: Verei se posso ainda fazer outra, além desta.

# Carta 45

Antônio Garcez a seu irmão José Garcez – endereçada ao Porto

Rio de Janeiro, 6 de junho de 1819

Meu querido irmão do coração,

Aproveito o portador porque vai em um navio francês, e por isso seguro dos insurgentes. É, pois, um criado do seu amigo marquês de Loulé,[272] que foi seu sargento em França, de onde é natural, muito seu conhecido e amigo, ele se ofereceu para remeter esta para o Porto. O marquês me disse que nesta ocasião lhe escrevia. Não sei se o faz. Ele é amável porém pouco vale por ora, e também me parece pouco ativo. Enfim, quem carece mais pode ser "probator"...

Vamos ao que interessa. Ele [o marquês de Loulé] não é de opinião de milícias, porque é acantoná-lo duma vez.[273] Eu não sigo isso e vejo que seria talvez mais favorável pretensão. Ele insta que venha à Corte. Eu digo que não porque nada vem fazer, e só arruinar sua casa que principia a ser reparada. Ele diz que estes papéis, que me enviou, não servem para o nosso fim, e que com a patente de Luís XVIII tudo se vencerá. Convenho e esperarei, não deixando contudo de fazer novo requerimento porque ele agora está mais desembaraçado e me guiará sobre a forma de pedir, pois se não conformou com meu primeiro requerimento ou forma porque "pretendia". Enfim um dia breve lá vou ter uma conferência, o que é tão difícil que ainda não lhe falei com comodidade dez minutos e mortifica-me. É

272 Quer o 1º marquês de Loulé quer José Garcez haviam servido a Legião Portuguesa que acompanhou o exército napoleônico.

273 Sempre o problema da reintegração de José Garcez no exército.

verdade que também concorre estar distante junto da Quinta d'El-Rei,[274] que é uma légua e nem sempre se pode combinar o diálogo, porque às vezes, contando ele, tudo se lhe muda porque não é senhor da sua liberdade. Ele enfim parece ter bons desejos, mas não basta. Eu concluirei duma vez o negócio e, quanto mais não seja, esperarei a patente que pedi a D. Maria Urbana[275] e que Vossa Mercê deve adiantar.

Ele [marquês de Loulé] ficou de mandar buscar o caixote de lampréias que seu cunhado teve a bondade de nos enviar. Porém, tendo há dias sido tirado com os outros da alfândega, ainda não foi procurado e estou resolvido, visto o esquecimento, de enviar-lho à quinta para se não perder. Ele agradece e eu agradeço, por enviar tão obsequiosa lembrança e Luís Paulino, José Francisco cada um o fará por si, eles estão entregues, e eu muito reconhecido a seu cunhado, a quem muito lembrado me faço, e a quem já respondi de resposta à sua por Inglaterra no paquete inglês. Pode dizer ao mesmo que tenho falado a Sarmento e que Luís também o fez. Ele me segura que, vindo nas pautas, não será tirado.[276] Que tem grandes notícias do seu merecimento, que um outro amigo daí lhe escreveu a seu respeito e que nos fará tudo. Quanto ao requerimento para vitalício depois de seguro o primeiro, se tratará do segundo.

Quanto à sobrevivência do outro ofício, o marquês me disse que não era possível, e que tinha sido um desengano perfeito, o que posto isto, avisasse a José Francisco para ir cobrar os papéis da mão dele. Meu caro, nada é impossível havendo atividade e poder. Eu o não tenho, senão havia de vencê-lo. Paciência, a boa vontade se me aceite. Enfim, de mãos dadas farei com José Francisco o que puder.

---

274 Luís Paulino já tinha obtido licença para partir para a Bahia, mas ainda comandava o 1º regimento de cavalaria que tinha a seu cargo a guarda do rei.

275 Maria Urbana de Lima Barreto, filha de José Oliveira Barreto, agente de confiança do conde da Barca. Foi amante do conde e casou mais tarde com um general do Império, barão de Beaumont. Depois de enviuvar permaneceu em Paris, tornando-se uma ambiciosa intrigante política. De outras cartas se depreende que estaria em causa obter um certificado de como José Garcez teria sido empregue por Luís XVIII após a queda de Napoleão.

276 Como melhor se depreende da Carta 46, João Teixeira de Melo aspirava a um lugar de deputado da junta de administração da Companhia Geral da Agricultura das Vinhas do Alto Douro.

Ele, muito ativo e isto mesmo dirá ao sr. João Teixeira e à mana Joana Augusta,[277] a quem me recomendo pelo coração e a toda a sua família, e que o dito José Francisco está muito a meu cuidado.

Entreguei o requerimento do seu cunhado ao bacharel Pires. A sorte talvez seja igual à que já teve Antão, em que julgo Luís Paulino também se meteu. Eu o tenho encarregado a um que diz que é meu amigo. Verei a conclusão, e de tudo darei parte ao Trocato, que também diz que tem feito o que pode, mas qual é o poder não sei, será tanto como o meu, que só é com bons desejos. Eu confio pouco de cortesãos, mas assim mesmo vou aplicando os meus pobres ofícios, e o dito que é bom rapaz.

Diga-me alguma coisa sobre o progresso do ventre da sra. D. Joana.[278] Olhe que eu, em efetuando o meu laço, a um mês, hei de dar parte do "vomitório", que der à sra. D. Teresa Adelaide de Azevedo Garcez.[279]

Recomende-me à prima Maria e que respondi à sua com o que poderia dizer. Não escrevo agora à nossa mãe. Vossa Mercê lhe dará um estreito abraço e nas manas e tio, recomendando-me nas suas presenças com afetivas memórias. Também não escrevo à mana Joana Augusta porque esta, sendo a Vossa Mercê, pertence também à dita.

Recebi a nota de 3 de março de 1819, que Vossa Mercê me enviou, tendente aos negócios do sr. João Teixeira, e de inteligência com José Francisco, irei guiando o caminho que melhor convier.

Também estou entregue das suas de 24 de fevereiro e 2 de março, julgo deste ano. Assim, da de recomendação a favor do rapaz (?) que veio ou saiu comigo do Porto. A este ingratinho, esquecido do muito que lhe fiz quando passou comigo a Londres, hoje achou em mim o mesmo acolhimento. Por ora, apesar das boas recomendações que tem, nada obteve, mas obterá, porque o tempo é para esta gente!

---

277 José Garcez casara há pouco com D. Joana Augusta Teixeira de Mello. Assim, João Teixeira de Melo era irmão desta e o cunhado referido e não perdia tempo em se socorrer da influência da família Garcez, no Rio de Janeiro.

278 José Garcez não teve descendência.

279 Antônio Garcez teve um único filho, José, que, embora de nacionalidade brasileira, viria a ser feito visconde de Garcez, em Portugal, pelo rei D. Luís I.

Diz Vossa Mercê, na sua de fevereiro, o portador é meu compadre. Não sei quem é porque recebi a carta não sei por quem.

O frade franciscano parte no Aníbal. Breve por ele responderei se ele voltar aqui, pois, como lhe não emprestei certa quantia, talvez de mim nada mais queira. Até porque, na sua intriga fradesca, fiz o que pude mas não foi quanto queria. Enfim, veremos se vem ou não.

Aceite recados do Manoelinho,[280] a quem Sua Majestade deu o hábito de Cristo por decreto de 25 de maio, por estar destacado no dia do parto da princesa real.

Luís,[281] já saberão, está marechal graduado e inspetor da infantaria e cavalaria da legião da Bahia e das milícias a cavalo. Ficou, à antiga, com a infantaria de linha e milícias. Em breve irá este "cavalheiro" e sua família para a Bahia, para a chamada sua casa. Tal casa não tem bens na capitania. É o mesmo que Vossa Mercê ter a Quinta da Várzea e nem por isso poder dizer que tem casa no Porto. Enfim, Deus o ajude em tudo.

Partindo ele, nada me tem dito a seu respeito, apenas palavras vulgares e mal inteligíveis, segundo o seu costume. Talvez que em poucos dias eu as acabe de todo porque me custa a sofrê-las ou às suas fracas fidalguias, sempre vãs e opostas ao meu gênio. Se ele, contudo, quiser amparar o seu negócio já dito, eu lhe darei uma cópia do requerimento.

Na verdade, Henrique[282] é belo moço e Feliciano muito honrado. Igualmente por esta, tenho de remeter a Vossa Mercê uma insinuação a seu favor e para conservação do lugar, a fim de que frei Vicente o não deite fora quando venha para o arcebispado. Mas em nada fale para que, se ele tiver empenho por outro, não glosar. Hei de falar com ele para lhe dar a cotocada. Por ora cale o negócio, enquanto dele não estiver entregue.[283]

---

280 Seu irmão Manuel Garcez, oficial.

281 Seu cunhado, Luís Paulino de Oliveira Pinto da França.

282 Seu irmão Henrique Garcez, futuro brigadeiro do Exército português.

283 Seu irmão Feliciano Garcez havia servido como secretário do arcebispo da Bahia, D. Francisco de S. Damaso Abreu Vieira, que falecera em 1816, e pretendia conservar o cargo, junto do novo arcebispo designado. D. Vicente Soledade nunca viria, afinal, a assumir a sede arquiepiscopal.

O marquês de Loulé diz que chefe de esquadrão é major e comigo tem teimado e eu cedido.[284]

Desejo bem que cheguem as suas obras militares. Se for bom oferecê-las a Sua Majestade o farei, com seu aviso, eu mesmo, dedicando-lhe Vossa Mercê.[285]

Não recebi a certidão de estudos de matemática[286] com os papéis em francês, que, quando não sirvam, ir-lhe-ão por barco de guerra, bem seguros, para que os piratas se não aproveitem.

Quanto ao hábito [de Cristo] com o tempo é que se pode pedir. Eu bem que espero a decisão do que quer Henrique a quem, indo já coronel, ainda se lho não deu, o que admira, pela facilidade que houve e há para outros.

Gostei bem que vá para a Várzea[287] tratar dos seus bens, para não cair no mesmo que caiu o nosso pai. Seria uma desgraça casar-se para salvar-se e, pelo contrário, criar família e arruinar-se, para dar gosto aos de Penafiel e outros. Bem queria ir a Penafiel ver as suas fadigas e passar o resto da vida com os meus, mas esta esperança se vai perdendo porque Sua Majestade decerto aí não volta e, deste modo, adeus pátria!

Recomende-me à amável Maria Inocência, de quem conservo a saudosa lembrança. Ela foi a primeira que, sem eu lhe comunicar, desatou o meu coração, o que pela minha delicadeza nunca lhe comuniquei, ou para melhor dizer, pelo meu acanhamento e educação apertada. Hoje não seria assim, mas estou longe.

---

284 José Garcez pretendia o reconhecimento do posto que alcançara na Legião Portuguesa, onde servira como chefe de esquadrão. Apesar da porfiada luta que travou, nunca mais voltou ao exército de linha, acabando por aceitar o posto de coronel de milícias, após a revolução de 1820.

285 José Garcez escrevera não só um diário como as memórias e um relatório das campanhas da Legião Portuguesa, que serviram de base à obra referida na nota 158.

286 José Garcez era formado em matemáticas pela Universidade de Coimbra, curso que Luís Paulino também freqüentara.

287 Para além do Solar em Penafiel, na rua da Matriz, os Garcez tinham pelo menos a quinta da Rua, a da Mouta e a da Várzea, todas na proximidade da cidade. Todos esses bens passaram ao sucessor de José Garcez, na representação da casa, Antão Garcez, o irmão mais novo, que viria a ser criado barão da Várzea do Douro. Dos nove irmãos Garcez só este e Maria Bárbara tiveram descendência, que vingou até hoje.

A Gravito e mais amigos, saudades. Vossa Mercê aceite os votos do coração que lhe envia,

Antônio

P.S.: Saudades de Antão e Manuel. Este talvez vá para a Bahia, major de milícias, para casar e gozar os bens de Henrique.[288]

288 Refere-se aos irmãos Antão, Manuel e Henrique Garcez. Manuel viria a casar na Bahia com sua prima co-irmã Joana da Silva Carneiro, filha de seu tio o desembargador Antônio da Silva Carneiro e de uma senhora da família baiana Duque Estrada de Menezes.

# Carta 46

Luís Paulino a seu cunhado José Garcez – endereçada a Penafiel

Rio de Janeiro, 23 de junho de 1819

Meu caro José do coração,

Ainda que muito largamente te escrevo pelo bergantim Leal Portuense, que está a sair, e agora estou muito apressado, não quero perder esta ocasião, na consideração de que esta embarcação chega primeiro.

Da dita escrita, a que me refiro, verás tudo o que eu te posso dizer com aquela abertura e clareza próprias do meu caráter, e com a amizade que te tenho, que não chega à de nenhum outro.

Enfim, meu José, pôde o meu amigo vencer o grande negócio de que te falava na minha última, que por Lisboa te escrevi. Ah, quanto devo ao meu bom amigo, quanto devo ao meu amabilíssimo soberano! Muitos fazem mil requerimentos, fazem mil intrigas, fazem festas a lacaios e com abjeções e baixezas furam por aqui, furam por ali, e nada ou pouco lucram. Eu, graças a Deus, seguindo a minha marcha sempre constante, sempre nobre, recebo contínuas graças e gozo cada vez mais estima d'El-Rei nosso senhor, da sua corte e grandeza.

Remeto-te as cópias dos dois decretos do meu despacho (nomeação).[289] Nada me podia ser mais vantajoso. Sim, com as circunstâncias que já te disse: bem vês como dentro em pouco tempo posso ter a minha casa, não só arranjada e de-

289 Luís Paulino obtivera, finalmente, licença real para partir para a Bahia. O rei concedeu-lhe o direito de abrir uma feira semanal no Engenho de Aramaré, às 5as feiras, que resultaria na fundação da atual povoação de Terra Nova. Simultaneamente, D. João VI nomeava-o inspetor-geral da cavalaria da província da Bahia.

sembaraçada de tudo, mas também muito aumentada. De quantos despachos eu poderia desejar, nenhum igual a este. Vou para uma das grandes e boas cidades do mundo. Vou fazer ali a primeira figura, depois do governador de que nenhuma dependência tem o meu emprego, que responde diretamente à Secretaria de Estado. Vou tratar da minha casa, susceptível dos maiores engrandecimentos. Nestes termos, fazendo segura a felicidade dos meus filhos, dando honra e lustre à minha família e aos meus, por estes quatro anos – este é todo o meu projeto – ou voltarei para a corte ou me verás nessa terra.

Não duvides de ver-me caminhar a grandes empregos, mesmo de alcançar um título.[290] A minha esperança nasce da confiança certa em que estou de que ninguém serve o nosso amabilíssimo soberano com mais zelo e mais amor do que eu, e das provas decisivas que o mesmo augusto senhor me dá, constantemente, da sua alta bondade e benigna afeição.

Eu te confesso que, coberto de lágrimas, não podia levantar-me dos seus pés quando Sua Majestade, depois de assim, tão generosamente me despachar, me permitiu que eu possa sempre, quando quiser, fazer uso desta farda deste distinto regimento. Que independente de licença ou ordem alguma, possa vir beijar-lhe a mão, sempre que eu queira o que ao menos há de ser, constantemente, no dia dos seus anos.

Eu conto partir para a Bahia com muita brevidade, já em razão do meu próprio interesse, já em razão do serviço de Sua Majestade, que se não limita só ao do meu designado emprego, mas se estende a outros mais particulares.

Nestes termos, parecerá que eu nada posso tratar mais dos negócios sobre que me tens escrito, mas não é assim porque ainda da Bahia eu valerei mais, com uma pequena carta, do que outros com suas astúcias e humilhantes lérias que, por fim, nada produzem. Além disso, eu tenho falado de ti e de teu cunhado, quanto

290 Não aconteceria com Luís Paulino, mas com seu filho Bento, criado barão de Mondim e depois conde da Fonte Nova em 1835. Luís Paulino não podia adivinhar que dentro de dois meses naufragaria na viagem entre o Rio de Janeiro e a Bahia, perdendo uma fortuna. Também não previa que se aproximavam tempos turbulentos e a Independência do Brasil. De fato, estaria em Portugal em 1821 como deputado às Constituintes e voltaria ao Brasil para morrer em 1824, em pleno Atlântico.

convém. Pode ser e deixo tudo arranjado para se seguir em conseqüência das respostas e mais papéis que daí chegarem.

Com esta carta, principiada para ir pelo paquete, há de ser a que vai pelo bergantim Leal Portuense, segundo eu no princípio dela te digo.

Passo a falar de tudo largamente e principiarei por ti.

Sobre a tua pretensão a coronel agregado de milícias, eu tenho dito quanto baste para conheceres a sua dificuldade que toca quase a impossibilidade. Porém eu te tenho falado nisto só em relação ao sistema que Sua Majestade tomou de deixar tudo o que é militar, nesses reinos de Portugal e Algarves, ao marechal general Beresford.

Agora falarei também em relação às tuas circunstâncias. Repetidamente tenho falado ao marquês de Loulé, teu amigo certamente, a respeito das tuas pretensões e sobre as tuas atuais circunstâncias, o qual marquês, estando no coração da Corte e tão perto d'El-Rei, pode justamente fazer juízo dos sentimentos do mesmo augusto senhor e do estado e opinião daquela.

As nossas conversações são longas e refletimos nelas a teu respeito. Nada há que nos não lembre, nada que não pesemos. Supúnhamos, meu José, que fazemos algum requerimento em teu nome. É preciso dizer o que foste e o que és. Aí, vem a necessidade de falar na história da ida para França, que ainda se não pode olhar bem, ao menos nunca como meritória. Que alegação se há-de, pois, fazer para pedir tal ou qual graça? Esta mesma ponderação, tão sabiamente feita por quem conhece as coisas, me suspendeu até de falar ou requerer-te um hábito de Cristo cujas mercês, neste ministério, têm ido quase à devida dificuldade, sendo necessário para a graça fazer alguma alegação.

Torno a dizer-te, o marquês, assaz teu amigo, está vendo e ouvindo as coisas diariamente. Assim, fala comigo, que também sei como elas estão e como vão e como podem ir. Ele me tem dito que está pronto para dizer de ti o que sabemos. É isto suficiente? Ele aconselhou o Antônio para te fazer saber que seria bom solicitar, pela baronesa de Beumont, em Paris, algum documento da oferta que te fez Luís XVIII, para seu serviço e em que graduação. Eu, falando nisto ao Antônio, segurou-me que já estavam tomadas as medidas para este fim. Com tal documento supõe o marquês, e eu assim me quero persuadir, que já se pode formular algum requerimento. É constante parecer do dito, que o primeiro passo era vir-te a honra de beijar a mão de Sua Majestade e só assim é que ele considera que se abriria a porta para qualquer pretensão.

Na última conversação que tivemos repetiu o mesmo e me disse que tinha acabado de escrever-te e que te falava com toda a franqueza e amizade.

Eu não sei aconselhar-te, meu querido José, mas quando o fizer e sempre que te falar, há-de ser com a sinceridade própria do meu caráter e com o amor inextinguível que te tenho, não só pelas longas e antigas raízes mas também porque conheço a diferença que fazes de quase todos, no teu gênio aberto e franco que de ordinário não é o melhor para o mundo! Paciência, já agora, nem tu nem eu estamos em circunstâncias de mudar e, cá por mim, não me arrependo.

Reconheço que um homem, o qual passou grande parte da sua vida entre a atividade e inquietação militar não pode, sem grande estranheza, passar apenas ao pacífico trabalho de um senhor de casa e pai de família, apesar das doçuras reais que isto traz diretamente e dos desgostos de que indiretamente se livra quem, vivendo sossegado em sua casa e cuidando dela, zomba do mundo. Quanto mundo se pode zombar! Agora te pareço eu um velho. E não vou eu correndo, a largos passos, para os 50?

Suponhamos, porém, que o teu hábito de vida de nenhum modo pode dobrar-se ao estado de simples cavalheiro com o cuidado, somente, de tirar da casa os meios de viver como tal, de fazer bonitos filhos, de preparar-lhes na educação as mais brilhantes carreiras, nesse caso eu estou sempre pronto para cooperar na satisfação da tua vontade como agora teria feito. Porém não está agora na minha mão e poder, como te acabei de ponderar. Contudo, o tempo e as circunstâncias mudam e então se aproveita de boa vontade.

Nada digo nem aconselho, decididamente. Se te parece, para as tuas vistas e planos, que se deve tomar o entender do marquês e quiseres vir a ter a honra de beijar a mão de Sua Majestade, o ver-te eu e o abraçar-te será para mim fonte de inexprimível prazer. Como te disse, eu hei de, constantemente, nos princípios de abril, partir da Bahia para estar aqui no aniversário do mesmo senhor.

Portanto, chegando tu ali até aquele tempo, nada me podia ser mais satisfatório do que vires a esta Corte na minha companhia. Se esta resolução, que é árdua para um homem que tem a sua casa, não te parecer tomável, não te aflijas. Fica na tua casa, um filósofo e bom administrador dela. O tempo trará as circunstâncias desejadas e confirmará o acerto.

Eu já escrevi a teu cunhado repetidamente. Ele já viu como neste ministério se não alcançam nomeações por alto – o que ele receava – ou reconduções de companhia, e que se trata de proceder segundo a lei. Nestes termos, estamos esperando a eleição e o senhor João Teixeira pode estar certo que todo o favor compatível com a mesma lei se lhe há de fazer e que ninguém será capaz de tirar-lhe o direito com que ele vier na dita eleição.[291] Como, porém, eu posso vir a ausentar-me antes que este negócio venha a tratar-se, já disse a José Francisco Bernardes que, neste caso, o hei de apresentar e deixar entregue, para este negócio, a duas pessoas, pilotos seguros, e que já a este respeito estão falados e prevenidos. Disto mesmo preveni o dito Bernardes, dizendo-lhe o participasse ao senhor João Teixeira.

Agora falemos alguma coisa da minha casa.[292] Pouco, basta-me e satisfaço-me em dizer-te que estou descansado tendo-te aí, porque decerto hás de auxiliar Antônio Joaquim em tudo e em tudo olhar por isso como patrimônio do teu sobrinho, principalmente. Tu me repetes que seria bom ser o Macedo o juiz. Pois bem, faze entretanto todos os cumprimentos e ao atual, e descansa.

Eu conto ainda de escrever à mãe, de quem tive hoje uma cartinha escrita em setembro. Entretanto te peço que lhe dês mil recados meus e igualmente às manas. Teu do coração,

Luís

---

291 Embora os membros da junta da companhia fossem de nomeação régia, esta era feita com base nos nomes propostos pelos acionistas, através de eleição. Como se vê da Carta nº 60, a pretensão do cunhado de José Garcez não teve sucesso.

292 Refere-se ao morgadio da Fonte Nova, que recairia em seu filho Bento. Era constituído pela Quinta da Fonte Nova, à rua do Almada, no Porto, e pelas seguintes quintas: Aldeia, em Boelhe, Mondim, em Paredes de Veadores, Telheiras de Cima e de Baixo, em Vila Nova de Gaia.

# Carta 47

Maria Bárbara a seu irmão José Garcez – endereçada ao Porto

Rio de Janeiro, 25 de junho de 1819

Meu querido irmão do meu coração,

Há bem tempo que não tenho gozado o prazer de saber, deste modo, como passou, e a mana a quem Vossa Mercê, com gosto, dará da minha parte apertados abraços e recados verdadeiramente amigos.

Meu mano, por esta mesma embarcação escreve o Luís, bem largamente, e por isso nada me resta a repetir-lhe. Só, sim, que por estes dois meses deixamos o Rio de Janeiro.[293] Ali esperarei, ansiosa, as suas letras que estimo sempre ao infinito. Creio que igualmente receberá notícias de toda a família. Todos estão bons e o Manuelinho com o seu hábito[294] está muito contente.

Ora como falei dele, vou também falar-lhe o que aqui se passa a respeito dele. Como Vossa Mercê sabe, ele é um dos tenentes mais antigos e quase é natural que antes de um ano seja capitão. E já o seria se não ficasse, contra o voto de Luís Paulino, em Pernambuco, pois isso lhe ia servindo de transtorno. Enfim veio e Luís deu as voltas que pôde e conseguiu o que queria. Ora está, na curta idade

293 Luís Paulino obtivera enfim autorização real para se retirar para a Bahia, a fim de ali se ocupar da administração dos seus bens, sobretudo do Engenho de Aramaré. Iria nomeado num cargo de representação, inspector de cavalaria da província da Bahia.

294 Refere-se à Ordem de Cristo que acabara de ser concedida a seu irmão mais novo, Manuel Garcez Pinto de Madureira, oficial de cavalaria, que anos antes estivera destinado ao sacerdócio. Casaria com uma prima direta, filha do tio materno, o desembargador Antônio da Silva Carneiro, que se encontrava no Rio de Janeiro com a Corte. Manuel morreria muito novo, sem descendência.

de 28 anos, uma grande patente e quer por força Henrique[295] que ele passe para major agregado de milícias e sobre isto nos escreve continuamente. Mas Luís, com a sua franqueza costumada, respondeu "eu não concorro para desgraças, sobre este assunto nada digo, acho que fará uma horrível asneira, etc., etc." Diga, meu querido mano, não acha o mesmo seja quaisquer as circunstâncias que apresente Henrique? Eu não me acomodo e desde já, deste caso, me lanço fora.

Por esta mesma ocasião escrevo à mãe e manas. Os sobrinhos afetivamente se recomendam. Sou e serei sempre a sua maior amiga. A irmã afetiva,

Maria

---

295 Seu irmão, o brigadeiro Henrique Garcez Pinto de Madureira.

# Carta 48

Antônio Garcez a seu irmão José Garcez – endereçada ao Porto

Rio de Janeiro, 26 de junho de 1819

Meu querido irmão do coração,

Sempre que recebo notícias suas experimento grande prazer e é por isso que Vossa Mercê se não deve poupar a esse trabalho, bem como eu que, por gosto, em quase todos os barcos lhe dou novas minhas. Se alguma vez lhe falho, [tal] nasce da falta de tempo e medo dos insurgentes[296] que muitas me têm roubado, e do mesmo as suas.

Não devo passar a tratar de coisa alguma sem que primeiro me recomende à mana Joana Augusta[297] e persuadi-la de que lhe tenho tanto afeto quanto a Vossa Mercê, a quem amo como a mim próprio. Eu lhe escreveria diretamente mas julgo ser impertinência, mesmo porque esta a ela pertence igualmente, pois entre nós não há coisas que não sejam recíprocas. Queira também recomendar-me ao senhor João Teixeira,[298] a quem escrevi de agradecimento pelas lampréias e dei parte da recepção que tiveram os outros a quem se lembrou [de] mimosear. Também lhe recomendava o frei Manuel Capucho, que diz trouxe recomendação de

296 Eram assim designados os partidários de Artigas, que dominavam a parte oriental do Rio da Prata, contra os quais se mandaram expedições militares portuguesas, que ocuparam aquela região, onde se veio a constituir o Uruguai. Nos Estados Unidos da América armavam-se corsários com a bandeira de Artigas, que atacavam freqüentemente os barcos portugueses, conforme estas cartas documentam.

297 Senhora com quem José Garcez casara no ano anterior, D. Joana Augusta Teixeira de Mello, tendo ele 44 anos, pois nascera em 1774.

298 João Teixeira de Mello, irmão da referida senhora.

Vossa Mercê para mim, que não carecia, e agora quer de mim para Vossas Mercês. É celebridade! A seus ilm.[os] sogra e cunhados, recados, e ao sr. Pires, a respeito do qual nada mais digo do que o que nas passadas participava.

Francisco José Rosa, filho do linheiro dos Hortos, que me trouxe a sua de 22 (não diz o mês) tem recebido aquele agasalho que posso. Ele veio comigo para Londres, quando daí parti. É muito inglês e quer continuar a ser, indo encarregado dum consulado.

Estou entregue das suas de 24 de fevereiro e de 2 de março e passo a responder a elas com a devida exatidão. Folguei de saber que foi entregue da que lhe enviei por Nicolau d'Abreu, o qual é mui bom moço e lhe dará notícias minhas com particularidade.

Tenho entregue todas as suas ao marquês de Loulé e ele me segura que lhe escreve e que o fez pelo seu criado que foi no princípio deste mês e eu também por ele escrevi, porque é seu amigo e me disse que foi seu sargento em França e se chama Có-Có. Ele lhe enviaria logo a minha e o avisaria quando vem para o Brasil, com a família do dito, pois que o amo o mandou a coisas da casa.

Tenho tratado com o dito marquês sobre o seu despacho, o qual me diz que os papéis que enviou não servem para o caso, que deve vir a patente na forma determinada, sobre o que escrevi a Maria Urbana,[299] 1ª, 2ª e 3ª via e ora lhe envio nova cópia das ditas minhas cartas. Contudo, se tardar, eu me servirei dos papéis que me enviou os quais tenho em grande cautela, para lhe enviar em tempo oportuno e por via segura, que há de ser por barco de guerra.

O marquês diz que deve pedir-se linha.[300] Entretanto, sempre diz que era bom que Vossa Mercê viesse, sobre o que não sou desse parecer, porque era inútil e mesmo porque Vossa Mercê não pode com essas despesas nem pode deixar minha mãe e irmãs. Nestes termos, deixemos esta lembrança e tratemos do que sirva. Tratemos de milícias que não é mau, segundo o seu plano e, estando de dentro, pode Vossa Mercê servir a Sua Majestade um dia. De maneira que, seja por isso,

---

299 Maria Urbana de Lima Barreto, viúva do general do Império, barão de Beaumont, que vivia em Paris e a quem se pedira um certificado dos serviços prestados por José Garcez a Luís XVIII (ver nota 275).

300 Quer dizer posto em tropa de primeira linha, e não nas milícias, que formavam a segunda linha.

falei e consiga o mais que lhe convém. Ele diz que chefe de esquadrão é major, apesar de eu lhe dizer que Vossa Mercê diz [que] corresponde a tenente-coronel. É questão de nome e sobre isso não nos embaracemos. Quero, novamente, ver se resolvo a que se faça o requerimento com os papéis que enviou, tentando este negócio com o senhor Thomaz Antônio.[301] Se se não vencer ficará para o senhor Palmela,[302] que agora se diz que vem e para ele se deve aí prevenir antes que venha, como já lhe avisei.

Quanto ao nosso Luís,[303] foi despachado para a Bahia, como sabe. Quanto a Vossa Mercê, depois de palavras vagas, nada mais me disse e com ele não conto, porque acha dificuldades. Tomara ele para si. Demais ele é, como todos, incapaz de pedir. Enfim, antes que parta sempre o hei de ouvir e concluir duma vez o meu caro assunto. Não o entendo, nem a toda aquela família a quem Deus ajude. Eu, sempre retirado, por costume e sistema, no que não vou mal.

Já disse que pelo brigue Fiel Portuense recebi as suas e por esse mesmo, ou digo pelo Aníbal (pois largam 5 de conserva uns aos outros) vai esta.

Já avisei que não recebi a sua carta de bacharel, digo a pública forma, mas só o passaporte em francês que diz *"Feuille de route d'officier"* impresso, e bem assim a carta que diz *"Paris, 6 de septembre de 1813"*. Eu vi a [*ilegível*] com prazer. "Sr. José Garcez, o imperador, por decreto de 13 de, etc. etc." com várias assinaturas e dois selos, cujos títulos são os que fiz ver ao marquês e me parece que ele, pelas suas pressas, não deu todo o peso. É por isso que de novo a ele me dirijo. Parece-me que, ao abordar a patente, usaremos destes que, segundo Vossa Mercê me diz e explica, me parecem muito conformes para o nosso fim. Torno a repetir, eles estão em boa guarda, segundo a sua recomendação e não terão descaminho.

Não recebi também a certidão de estudos de matemática e fortificações, que deve vir segura no correio, não se fiando de portadores que são pouco exatos, e

301 Thomaz Antônio Vila Nova Portugal, então ministro do Reino.

302 1º conde e duque de Palmela, D. Pedro de Sousa Holstein. Em 1817 fora nomeado ministro dos Negócios Estrangeiros por morte do conde da Barca. Encontrava-se, porém, na Inglaterra e protelou quanto pôde a sua transferência para o Rio de Janeiro, onde só chegou em 1820, já depois da Revolução do Porto.

303 Seu cunhado Luís Paulino de Oliveira Pinto da França, casado com Maria Bárbara Garcez.

venha passada por Índia e Mina... Pode ser que ainda chegue porque Vossa Mercê diz que vinha no paquete que devia sair a 18 de março. Talvez ficasse.

Quanto ao hábito, sem o ver despachado não trato disso porque é intempestivo. Eu sei que [se] me falasse em tal, já me tinha disso lembrado, como lembrei para Henrique, que trago entre mãos. Manuel já o tem por ter estado de guarda no dia do parto da princesa real.

A respeito do seu cunhado, de quem recebi por Vossa Mercê a nota, tenho feito o que devo. Sarmento parece não estar indisposto, segundo dele percebi. Disse-me que tivera uma carta a favor do dito. Logo que cheguem as pautas, eu me não descuidarei e o marquês falará a Sarmento também, e a quem possa influir sobre este assunto. Me tenho entendido com José Francisco Bernardes e não conto tudo, porque ele explicará melhor, e comandará bem com o sabre sobre a pretensão dos ofícios que não tem lugar, segundo o que disse o marquês.

Quanto à propriedade de deputado, ele disse que só depois da entrada na companhia. Eis o que posso dizer. Os negócios do dito seu cunhado me tocam de perto, porque tocam a Vossa Mercê. É verdade que não admite dúvidas.

Sei que arranjou muito bem a sua casa. Eu estou em obras na que comprei, em enfeites da mesma, trastes decentes, pinturas e óleos, que me tem posto doente. Papéis ricos como os seus, porém caros porque os dourados e aveludados, cada sala 40 mil réis. Enfim, a mesma despesa monta muito, 5 mil cruzados, fora a carruagem de vidros que mandei vir de Inglaterra. Mas são obras finas!

Já disse que a minha Teresinha[304] traz, em propriedades, valor de 50 mil cruzados e se me promete pagar a casa logo que nos recebamos, que foram 22. A isso se obrigam. No mesmo dia, antes do laço, se satisfaz a este ajuste. Vem a ser 70 e tantos e, por morte dos velhos [os sogros], anda de 30 a 40.

Ela é bem educada. Não demanda luxos, porque assim tem sido tratada com o sistema da Europa, porque a mãe é de Lisboa. O pai, filho das Ilhas. Já isto, é um dote no Brasil, onde é rara a família que não tenha "cabritos", etc., etc. Santa gente!

---

304 Antônio Garcez casaria a 29 de agosto deste ano de 1819 com Teresa Adelaide de Azevedo, de família modesta, mas rica. Luís Paulino e Maria Bárbara não terão aprovado o casamento. Antônio Garcez teria então 43 anos.

Não é feia, tem 16 anos e me ajudará na velhice. Ela se lhe recomenda e não escreve porque, até ao dia do matrimônio, pode haver mudança minha ou dela, o que não é natural, porque há 2 anos que trato este negócio onde tenho, com experiência e segurança, conhecido tudo de perto, e desapaixonadamente. Quero-lhe muito mas o fogo que tive em rapaz foi-se. A verdade disto está clara. Se eu estivesse apaixonado, há muito que estava feito tudo. Tudo examinei e lhe seguro que é uma rapariga sem igual.

É muito prazer para mim ver que Vossa Mercê está contente com a sua menina.[305] Julgo que este contentamento terá feito na barriga da mesma alguma inchação, o quero saber. Aliás, com os ares da Várzea,[306] onde me diz vai estar para aumentá-la, se conseguir, a produção. Deve, pois, Vossa Mercê continuar a olhar por essa propriedade que na verdade pode ser uma coisa boa e regular para as suas finanças, para não se pôr, afinal, no estado em que achou a casa, quando nela entrou.

Tenho pois gosto de saber como foi recebido na parda Penafiel e no Porto, como tem sido agasalhado e respeitado, e o bem que por a casa [faz], e a decência com que vive e me explica o seu trato, a sua casa ou carruagem. Cavalo para andar não arruina, havendo arranjo a tempo.

Aqui não sucede outro tanto porque, como é verde o que comem sempre às bestas falta às vezes ou pelas muitas chuvas ou muito calor. Por isso custa o sustento muito dinheiro. O milho, porque não se semeia e se planta, dá trabalho horrível; o alqueire, agora, está a 1.600, sendo pela medida desse reino, e sendo daqui, 3.200 o saco, que são 2 alqueires daí. Enfim, vou-me governando e logo que findemos os primeiros meses dos cumprimentos, vivo no meu lindo bairro e na minha casa, só indo ao teatro, que é boa casa, mas com maus cômicos italianos e maus portugueses. A casa é boa e a dança, tal e qual. Assim, passarei os dias porque o tempo antigo de divertimentos baratos[307] acabou e esta terra é outra. Cada um vive só.

---

305 José Garcez casara em 1818 com D. Joana Augusta Teixeira de Mello, filha do comandante do Castelo de Matosinhos. José Garcez teria então cerca de 45 anos e não teve descendência.

306 Na freguesia de Várzea do Douro, concelho de Penafiel, onde os Garcez possuíam as quintas da Rua e do Miradouro (ver testamento de José Garcez).

307 Da boêmia de solteiro.

Recomende-me à senhora D. Maria Inocência, a quem ofereço os meus respeitos, e ao bom Gravito, a quem muito amo, digno homem e honrado e fiel amigo. E a todos os mais que de mim se lembrarem.

Remeto esse aviso de insinuação da rainha, para o arcebispo eleito da Bahia.[308] Vossa Mercê lho entregará e fechará, de forma que ele o receba seguramente, a fim de segurarmos o nosso Feliciano,[309] que tudo merece e Henrique, os quais têm saúde.

Ora, pois, quando ele [o arcebispo] não esteja no Porto, envia-lha seguro, exigindo resposta. Ele é homem de virtude e não tiraria um homem que serve dignamente, mas poderiam atacá-lo aí e ter dado a sua palavra, à qual deve faltar depois de pedir a rainha. Esta minha cautela do aviso foi para, no caso de chegar aqui e alguns dos senhoritos lhe pedirem, ele dizer que já tinha obedecido ao aviso da rainha e se acabava tudo. Demais, quando aqui chegar, não temo, porque Sua Majestade e o príncipe D. Pedro seriam em nosso favor. Isto, a ponto que ele venha e que não peça demissão como fez o outro, que já tinha dado a sua palavra e prometeu recomendar Feliciano àquele que o sucedesse. Ora, pois, vai tudo explicado e dito de uma vez.

As lampréias chegaram bem, mas não cheguei a comê-las, porque poucos dias depois se perderam. Assim mesmo, ainda consolei a barriga com algumas e reparti com amigos. Na [carta] de seu cunhado, lhe agradeço muito e os outros o farão por si. Acaba-se o papel e devo acabar para não ser importuno. Adeus, meu caro José do coração. Sou seu irmão muito amante,

Antônio

P.S.: Leia como puder e traduza como eu faço às suas.

308 D. Vicente da Soledade, que nunca chegou a ocupar o seu cargo.

309 Feliciano Garcez, que pretendia manter o lugar de secretário do arcebispo da Bahia, que vinha exercendo.

# Carta 49

Antônio Garcez a seu irmão José Garcez – endereçada a Penafiel, Quinta da Várzea

Rio de Janeiro, 20 de julho de 1819

Meu querido irmão do coração,

Não quero perder este paquete ou correio para segurá-lo de que tenho saúde e os nossos daqui e Bahia e todos aqueles que estão a meu cargo se lhe recomendam e à nossa mãe, a quem não cabe no tempo escrever. A ela me recomendo, a sua mulher e às nossas manas. A todos escrevi por mão do frade capucho, capelão do navio Aníbal, que largou a 26 do passado [mês]. Estimarei que esta e aquelas achem a todos de boa saúde e em boa paz.

Dou-lhe parte que estou entregue da certidão dos seus estudos da Academia[310] de Lisboa, que deve ser incorporado no requerimento, para o qual me acho só, porque Luís diz que demos tempo ao tempo. Convém em que Vossa Mercê se insinue para com o senhor conde de Palmela, a quem terá Vossa Mercê feito saber o seu merecimento e terá concordado comigo, nesta parte, como muitas vezes lhe hei dito.

Não tem chegado a eleição dos novos deputados,[311] a respeito do que Vossa Mercê e seu bom cunhado podem contar com os meus bons ofícios. Assim Luís, se não fosse para a Bahia, antes de chegarem [as eleições], porque de muito valeria neste negócio.

---

310 Refere-se à Academia Real de Fortificação, Artilharia e Desenho, fundada em 1790 e que José Garcez freqüentara.

311 Deputados da junta de administração da Companhia Geral da Agricultura das Vinhas do Alto Douro, cargo que o cunhado de José Garcez almejava.

Eu tomo toda a parte, mas que importa, se pouco valho. Porém Deus nos ajudará. Já escrevi a seu cunhado e já agradeci os barris de lampréias e fiz saber da distribuição e que cada um, por si, responderia.

Pelo filho do defunto Manuel Thomaz da Silva Azevedo, que vem ler no Desembargo [do Paço],[312] soube que Vossa Mercê foi a Lisboa e que, sempre com a mesma amabilidade, passa bem. Pelo meu amigo Francisco Pereira soube que passara em Coimbra, mais o seu cunhado. Soube que Luís, porque mo disse, teve carta. Eu não tive nenhuma.

Sei que falou com o senhor Pedro de Mello.[313] Ele lhe diria bastante e Fortunato, secretário, entregaria as minhas cartas e não levariam a via de muitas que os insurgentes têm roubado.

Nada há de novo. Menos despachos para esta Casa da Suplicação,[314] que está no esquecimento, mas Deus ajudará.

Aceite recados da minha Teresa. Em breve será sabedor da minha nova situação. Enfim, tenho respeito ao estado,[315] mas não há remédio, porque vou envelhecendo.

Abrace a nossa mãe e diga-lhe que os manos da Bahia[316] avisam que o negócio do Borralha, em que falou o desembargador Vitorino, não tem lugar. Eles, a troco de tal bagatela, não querem intrigar-se com ninguém e que isto mesmo respondia o mesmo senhor, que pode desfazer esse contrato.

Por esta vez basta de escrita. Aceite recados do marquês e persuada-se que sou pelo coração seu irmão obrigado,

António

---

312 O acesso dos bacharéis em leis ou canônes aos lugares da magistratura dependia da aprovação em uma espécie de estágio – a "leitura" – no Desembargo do Paço.

313 Pedro de Mello Breyner, ver nota 251 à Carta 40.

314 Onde Antônio Garcez era desembargador.

315 Estado de casado.

316 Feliciano e Henrique Garcez.

# Carta 50

Antônio Garcez a seu irmão José Garcez – endereçada ao Porto

Rio de Janeiro, 31 de agosto de 1819

Meu caro José do meu coração,

Primeiro que tudo lhe dou parte que no dia 29 do presente, pelas 10 h e 20 minutos da noite, me casei com a minha Teresa Adelaide e, pela uma hora, principiaram as lágrimas, para se seguirem os gostos.[317] Ela é mui digna do meu amor por seu juízo e virtudes, que experimentei dois anos, pois tanto foi o tempo do meu honrado namoro e dificuldade que tinha para semelhante estado. E lhe seguro que, a não ser com uma menina como esta, o não faria jamais.

Ela tem de idade 16 anos e faz 17 a 20 de outubro. É magrinha, estatura da Joaninha.[318] Trouxe o seu enxoval mui bom, 20 mil cruzados em dinheiro e em bens 50 a 55 mil cruzados, que me rendem bons juros, pois são propriedades que dão muito, atenta a situação do negócio. Por morte dos pais não pode passar a meu poder menos de 35 a 40. Eles estão mui velhos e doentes, porém Deus lhes conserve a vida porque nisso muito lucra.

---

317 Estas cruas referências à consumação do casamento são muito curiosas, por refletirem toda a insegurança de Antônio Garcez no tocante à atitude que a sua família viesse a tomar em relação ao casamento. Em cartas anteriores ficam patentes os complexos que o afligiam; não só pela grande diferença de idade que o separava da noiva, como por esta não ser nobre. Assim, tudo indica que as referências à consumação do casamento se destinavam a sublinhar que Teresa Adelaide era virgem. Mais adiante se vê que seu cunhado Luís Paulino, a sua irmã Maria Bárbara e os sobrinhos não aprovaram o casamento. Seu irmão José compreendê-lo-ia melhor, pois também acabara de casar, apesar de já bem maduro.

318 Sua irmã solteira Joana Garcez.

Ela se lhe recomenda e a sua amável esposa, a quem eu outro tanto faço e, por sua via, lhe comunico o meu novo estado e, se o não faço agora, é porque o tempo me não chega para escrever a todos os nossos.

Tenho presente a sua última de 26 de abril, escrita de Lisboa, que me deu muito prazer porque sempre conservo por Vossa Mercê a mais fiel lembrança. Aprovo muito que apareça na Corte pela razão que dá. Vejo que falou ao Pedro. Ele lhe disse uma verdade. Eu não aprovo que venha, nem mesmo me conformo nisso com o marquês [de Loulé], que diz que deve vir. E bem assim o nosso Luís Paulino, que partiu daqui dia 18 deste mês para a Bahia, e todos os seus, que de si dirão. E a respeito do qual só digo que em maio ele aqui estará, porque a diplomacia há-de exigir que chegue no dia 13. Ali não parará e este golpe último, a que chamam da sua felicidade, talvez seja o fatal para sua casa, que vai cada vez em mais diminuição, tudo por causa das honras e mais honras. Pobre Henrique,[319] a quem se deve já soma nunca pagável, para a conclusão da qual talvez seja necessária disputa judicial. Levou os filhos muito bem empregados.

Não devo omitir que lhe disse à mulher que casava e com quem. Esperei seu marido para o fazer e, porque tardou, ela se encarregou de fazê-lo e aos filhos,[320] que me deram os parabéns no teatro e aqui não vieram, e a mana[321] foi-se sem me falar na mulher e menos seu marido. Muitos abraços até ao momento de separarem-se e, fazendo que nada sabiam, o que foi bem bom, porque, se tivessem alguma liberdade, teriam comigo trabalhos seguramente e eu lhes diria o que nunca lhes lembrou. Enfim, não aprovaram nem desaprovaram e se fizeram silenciosos! Pediram-me que lhes escrevesse, porque sempre lhes interessava ter aqui procurador, porém para mim acabaram e é bem natural que nem resposta recebam se tiverem a liberdade de me escrever. Estou muito picado e dorido.[322] Basta, e vamos ao que mais interessa.

---

319 Seu irmão Henrique Garcez Pinto de Madureira.

320 Filhos de sua irmã Maria Bárbara, Bento da França Pinto de Oliveira, depois 1º conde da Fonte Nova e Luís Paulino Pinto da França Garcez.

321 Maria Bárbara Garcez Pinto de Madureira.

322 O tempo tudo cura. De agosto a dezembro de 1823, Luís Paulino acolher-se-ia em casa de seu cunhado Antônio Garcez, ao Campo de Santana, no Rio de Janeiro, enquanto aguardava o conde de Rio Maior vindo de Lisboa ao seu encontro, e depois na vã esperança de recuperar da tuberculose que o mataria em janeiro

Tenho recebido as suas com as circunstâncias sobre o seu casamento e todos os nossos, à exceção do nosso amável tio Antônio,[323] a quem contudo o tenho dito. Ele se lhes recomenda e tem aprovado não só o seu como o meu [casamento]. Fala com muita franqueza a respeito dos tais senhores. Ele pensa com muito juízo e é nosso amigo fiel. Escreva-lhe, não obstante tê-lo feito, já que à mão lhe não chegaram [as cartas].

Sobre o meu trato nesta Corte, já estará informado. É nobre e com asseio, nossa casa não está rica, está mui decente e é muito linda pelo local.

Percebo muito bem o que me diz a respeito de alguns dos nossos. Não se engana! Porém vamos vivendo sem contudo desbaratar, para não dar que falar. Eis a razão por que assisti a todos os atos públicos, porque o mundo já dizia que eles não aprovavam um e outro, etc.

Agradeço as lembranças do Nicolau de Abreu, do qual aqui chegou o irmão que vai para Goa. A ele me recomendo e ao sr. marquês de Angeja e sra. marquesa, que é amável na expressão. É dessa bela família de belas e basta. A Pissarro, recados e muito senti a morte do bom irmão.

Já vejo que foi a Lisboa a tratar do posto das ordenanças,[324] que bem estimarei se verifique, posto que agora estou animado e o nosso marquês, porque acabo de receber de Paris, em data de 30 de maio do corrente ano, carta da prima Maria Urbana,[325] a qual me diz o seguinte que vai copiado e lhe servirá de prazer e governo e dará os passos devidos, no caso de demora da parte do embaixador ou do seu secretário.

Vou reportar-lhe a dita e também escrever com modo ao pai[326] da madame e, com a devida delicadeza, para lhe fazer os ofícios que puder. Ela me cativou muito

---

seguinte, em pleno oceano, quando regressava a Portugal, após a sua expulsão do Brasil.

323 Seu tio materno, o desembargador Antônio Gomes da Silva Carneiro. Uma das suas filhas casou com o sobrinho, Manuel Garcez Pinto de Madureira, oficial de cavalaria que havia sido destinado a padre e que bem cedo se fixou no Brasil.

324 Quereria certamente referir-se às milícias, onde José Garcez aceitava ingressar, em face das dificuldades em retomar o serviço na primeira linha do exército.

325 Maria Urbana de Lima Barreto, viúva do general do império, barão de Beaumont.

326 José de Oliveira Barreto, que fora agente diplomático de confiança do conde da Barca (ver nota 275).

pelos seus modos e Vossa Mercê lhe escreverá de maneira que ela fique persuadida dos meus fiéis respeitos.

Logo pois que chegue a patente tratarei da confirmação e veremos se passam a dita ao estado-maior desse reino e, se nisso houver dificuldade, veremos se então entra com ela nas milícias e em último lugar no estado-maior daqui, com exercício aí em alguma coisa. As dificuldades todas que havemos de experimentar será por causa de Beresford, que era bem necessário pelos seus amigos e pelo amigo Lacerda,[327] que tudo prometeu, mover o dito general a que lance no rol dos seus a sua pessoa.

Quanto ao hábito, depois de Vossa Mercê empregado, apesar da oposição de Luís, que não acha coisa boa, eu hei de meter o seu requerimento e fazê-lo apresentar pelo seu marquês, que muito se lhe recomenda e parece se não esquece de Vossa Mercê, bem como os mais amigos que se lhe recomendam. Bom seria que aí se entendesse com o conde de Barbacena,[328] seu antigo e esquecido condiscípulo, que dizem volta aqui e é o inspetor de cavalaria deste reino.[329]

Asseca[330] tem saúde e se lhe recomenda; está nas suas fazendas de onde me escreveu.

Quanto ao sr. João Teixeira de Melo,[331] dirá que ainda não chegaram as pautas. Luís Paulino deixou isso recomendado, e muito, e eu pronto a fazer quanto possa em seu serviço, porque o amo como pessoa que nos é muito de perto parente. Por José Francisco Bernardes saberá dos meus desejos e ofícios, a que me presto sempre.

Estimo que seja respeitado e que seja um cidadão tranqüilo e que viva só com os seus e continue a dar o seu coração pelo nosso amável soberano a quem tanto

---

327 Deve referir-se ao visconde de Juromenha, Antônio Lemos Pereira de Lacerda (ver nota 68).

328 Francisco Furtado de Castro do Rio de Mendonça, 2º conde de Barbacena, nasceu em 1780 e morreu em 1854. Distinto acadêmico, fora colega de curso de José Garcez na Academia Real de Fortificação, Artilharia e Desenho. Apesar de ter servido com os franceses, foi bem recebido na Corte quando, no fim da Guerra Peninsular, veio ao Brasil. Em 1818, voltara a Portugal, onde seria ministro dos Estrangeiros de D. João VI, tendo mais tarde tomado o partido de D. Miguel.

329 Tratava-se de, através daquele conhecimento, tentar a reintegração no serviço de José Garcez.

330 Ver nota 183.

331 Cunhado de José Garcez. Com efeito, este bem como seu irmão Feliciano casaram com duas senhoras Teixeira de Mello, filhas de Antônio Teixeira de Melo, capitão do Castelo de Matozinhos, quer dizer do Castelo do Queijo.

devemos e, além do dever, é gratidão insuperável de nós todos. Deus nos guarde e nos livre duma guerra, mas se a houvesse, El-Rei conheceria o seu valor e a sua boa cabeça, no serviço do qual se veria que D. João VI é amado e vive no coração de todos nós. Eu vejo as suas expressões a respeito do mesmo senhor com muito gosto e reconheço a sua amizade e que já assim era do tempo em que, em Mafra, El-Rei tanto me honrou e a quem Vossa Mercê foi reconhecido, quando por mim lhe beijou a mão.

Para a semana vem para esta casa, de vez, minha mulher, a qual por ora só vem interinamente e então dou parte e espero receber, como Vossa Mercê, os cortejos de todos.

Estimo o seu modo decente de viver e seja feliz em tudo e conserve o seu trem no mesmo estado, que com economia tudo se vence.

O tio Antônio me diz vai mandar-lhe segunda via do decreto e eu, com modo, tudo lhe disse e ele respondeu que o rendimento pertencia à tia D. Ana durante sua vida e era ela que devia resolver desse dinheiro, à qual talvez o tio José nada tenha respondido. Bagatela, como não é nosso pouco nos importa!

Diga-me se recebeu o aviso para o novo arcebispo da Bahia o senhor frei Vicente [da Soledade] e talvez nesta ocasião, apesar do medo dos corsários, vá a segunda via para segurança do Feliciano.[332] Vossa Mercê entregará e fechará.

Não posso mais, porque tenho aqui a minha Teresinha, que não quero magoar, porque está sem fazer nada a olhar para mim, ainda que me diga que tem muito gosto em que eu escreva a Vossa Mercê e em sinal aqui se assina.

Adeus meu irmão. Aceite o coração dos seus

Teresa Adelaide de Azevedo Garcez
Antônio Garcez

Queira participar, enquanto eu o não posso, ao sr. João Teixeira de Melo e sua ilustríssima família do meu casamento, bem como a amável D. Maria Inocência, seus irmãos e aos amigos a quem assim o entender.

332 Feliciano Garcez Pinto de Madureira, secretário do arcebispo da Bahia.

# Carta 51

Antão Garcez a seu irmão José Garcez – endereçada a Penafiel

Rio de Janeiro, Quartel de São Cristóvão, 8 de outubro de 1819

Irmão do meu coração,

Ontem na cidade em casa do nosso irmão Antônio tive o prazer de receber a sua, que me entregou um filho do grande Mello e estimo-a, como bem pode conhecer. A ela respondo, ainda que não pode ser com aquela satisfação que sempre tenho, quando me parece conversar com a minha família, de quem me vejo separado e que tanta parte é da minha alma.

Meu caro irmão, a falta da mana Joaninha[333] parece que jamais deixa de me ser sensível. Eu a amava e ela me correspondia. Quiseram os céus que acabasse sem ao menos poder abraçá-la. A noite de 26 do passado mês não sairá da minha memória. Um paisano, no meio duma rua desta cidade, onde por desgraça me encontrou, se chegou a mim dizendo-me tinha tido carta de abril e me deu a terrível notícia, à qual eu pensei sucumbir. Não obstante ter sido soldado, o meu coração é sensível. Porém, caro irmão, que faço em lhe abrir uma ferida há pouco recebida? Será melhor o silêncio. Sejamos, sempre e cada vez mais amigos e consolemos uma mãe aflita. Diga-me sempre como vai e dê-me notícias de todos, de toda a nossa família e da minha estimadíssima irmã.[334]

333 Refere-se à morte de uma irmã solteira, Joana Garcez, que parece não casara por falta de dote e se finou bem nova.

334 Parece referir-se a sua cunhada Joana Teixeira de Mello, que recentemente desposara o seu irmão José.

Eu ardo em desejos por a todos conhecer e muito lhe peço que a todos faça conhecer o meu coração, pois eu espero que a sorte me levará a vê-las e a viabilizar o que digo. Amarei pela vida uma família que um irmão escolheu de sua vontade e de que só ouço louvores. Torno a repetir-lhe que à minha irmã e senhora dê mil recados.

O nosso irmão creio lhe escreve. Ele já se acha casado, desde 29 de agosto.[335] Creio [que] à sua vontade. A senhora é amável e parece ter um bom gênio.

O tio[336] vai vivendo bem. Merece todos lhe queiram.

O nosso Manuel[337] conserva-se com o mano. Tem agora por comandante o coronel Pessanha, que pertencia à Expedição do Sul. Como aqui se achasse, entrou na vaga de Luís Paulino,[338] o qual saiu para a Bahia, como já saberá, inspetor lá duma tal tropa.

E veja mais a bela notícia que também neste mês recebi! Saiu daqui a 19 de agosto, para a Bahia, com toda a família, em ocasião de boa monção, em que se pode chegar com 5 ou 6 dias de viagem. Porém não o quis assim a sorte. Meteu-se num brigue inglês, a fim de evitar algum insulto dos corsários. Fretou-o por sua conta e, à moda do seu gênio, saiu com a mana[339] bem doente. Foi tal a infelicidade que, ao fim de 17 dias, na barra falsa da Bahia, deu à costa às 5 da manhã, ainda com pouca luz. Não posso contar-lhe o que me diz a nossa irmã, pois não me atrevo.

Porém, forme idéia de duas pobres senhoras,[340] com a morte à vista, no estado que estariam, até mesmo quando foram postas no meio da areia, ao pé duma ilha quase de gente, como ou pior que corsários. Enfim, não se pode imaginar tal aflição até ao momento em que lhes acudiram. A sua carta consterna. A sua sede foi grande. O que puderam salvar estava destruído, quase tudo. Veja, a nossa pobre irmã e família o que sofreram! E para quê, meu irmão? Isto só à vista.

---

335 O irmão, Antônio, casara nessa data com Teresa Adelaide de Azevedo.

336 Desembargador Antônio da Silva Carneiro.

337 Quer dizer que o irmão, Manuel Garcez, também oficial, vivia com Antônio Garcez.

338 Significa que o coronel Pessanha sucedera a Luís Paulino Pinto da França no comando do 1º regimento de cavalaria.

339 Maria Bárbara Garcez.

340 A segunda senhora era sua sobrinha Maria Sabina Pinto da França.

Todos os dias lhe vejo menos "arranjo" ao nosso cunhado. Tudo é fartura, tudo são honras e, enfim, nada me importaria, mas é casado com uma irmã a quem amo. Ele está cada vez mais insuportável. Deus lhe dê um momento em que pense que pode acabar e deixar uma mulher e filhos do seu próprio gênio. Disto, meu caro, tenho prova. Mas todos os nossos podem certificar do que digo. Também lhe seguro que não posso ser seu inimigo, apesar de termos tido pequenos contras. Não quero sofrer imposturas para comigo nem para com os meus. Conheço-me e conheço-o. Agora é feito outro e sei que é filho da Bahia...

Vamos adiante. Na minha última carta lhe pedi me mandasse dizer se poderá haver por aí coisa que eu peça ao nosso bom rei e agora novamente lhe rogo me mande dizer ou mesmo justificação dos meus serviços pelos ministros[341] e nobreza da terra, que assentei praça na restauração, que sofreu a casa, etc. Porém, não havendo alguma coisa vaga como ofício, algum que esteja mais próximo a vagar e que não seja coisa grande, pois desse modo nada será, visto que serviços ou cicatrizes pouco valem. Eu ainda não fiz um requerimento, pois vejo me pagariam com um hábito de Cristo, que até os mulatos aqui têm. Eu creio por aí ainda formam outras idéias, pelo que por aqui ouço.

O grande Raimundo ainda aqui se cansava neste quartel, sem nada do que diz arranjar! Ele talvez para aí empenhe. Porém, eu creio, aqui nada vale, pelo que vejo. Isto é, porém, para nós...

Meu inseparável mano, me recomende a toda a família. O seu bom amigo marquês, tenho com ele falado repetidas vezes. É bravo homem e pode servir de modelo aos fidalgos. Bem mostra ser militar e ter andando no grande mundo e com o maior dos homens.[342] Já é bastante e o calar, agora, é conosco.

Quando aí os deixei, a sua foi feita quando [*ilegível*] vizinho a marchar para a Várzea. Eu, dela, muito me lembro. Ainda serei feliz dali o abraçar e ver o seu au-

341 Alude aos magistrados locais, juízes de fora ou corregedores das comarcas.

342 Esta referência, feita a propósito da participação do marquês de Loulé na Legião Portuguesa, só pode referir-se a Napoleão Bonaparte. Trata-se de uma manifestação de admiração curiosa, vinda da parte de quem combatera o exército francês.

mento em tudo. Eu penso que terá uma casa mui linda e viverá sempre contente. Tudo isto dá glória a um irmão.

Saudades a todos os que de mim se lembrem. Adeus meu querido, eu o abraço como irmão muito obrigado,

Antão

P.S.: Eu me parece de nada sirvo. Porém, para experimentar a minha sorte, pedindo para outro, talvez seja ouvido. Se quer o hábito de Cristo mande-me um requerimento e eu vou com ele ao rei. Pode ser que seja contemplado e isso pouco lhe custa e eu peço para um irmão.

# Carta 52

Antônio Garcez a seu irmão José Garcez – endereçada ao Porto

Rio de Janeiro, 9 de outubro de 1819

Meu querido irmão do coração,

Tenho presente a sua de 12 de julho, vinda por mão do filho do Mello. Ele me deu notícias circunstanciadas e do mais que Vossa Mercê me anuncia. Todas vieram amargurar um coração sensível e cheio de ternura pelos seus daqui. Pode julgar o estado em que terei vivido e só à força de reflexão é que posso resistir. Minha mulher tem tomado igual parte e me tem socorrido. Por ocasião de falar dela, direi que muito se lhe recomenda, e a sua mulher, bem como eu, e a toda a sua família. A respeito do seu cunhado, tudo está prevenido e me persuado que seremos felizes. José Francisco Bernardes explica tudo e por isso não repito o que ele terá narrado.

Entreguei a carta ontem ao seu amigo. Ele me diz que lhe escreve neste mesmo correio. Cada vez se lhe mostra mais afeiçoado e quando ele o possa servir deve contar, a meu ver, com a sua pessoa. Se ele me engana, todos são capazes de enganar, se bem que aquela qualidade de gente nunca me mereceu conceito.

Quanto ao seu emprego, estamos todos os dias esperando que chegue a sua patente,[343] para se tratar de coisa mais interessante. O Marquês é desta opinião. Como não pode demorar-se a remessa, à vista da carta que tive da Maria Urbana,

343 Tanto Antônio Garcez como o marquês de Loulé estavam convictos de que o problema de José Garcez se poderia resolver com a apresentação de uma patente, ou seja, de um certificado das autoridades francesas que atestasse ter Luís XVIII convidado José Garcez, após a queda de Napoleão, a permanecer no Exército Real. Para a obter, Antônio recorrera a D. Maria Urbana de Lima Barreto, viúva do barão de Beaumont.

da qual lhe enviei cópia. Dizia que pelo secretário do senhor Marialva[344] lhe era logo remetida. Já me admira pois que Vossa Mercê em nada me fale e apenas me diga que escreveu para a mesma senhora, quando ela segurou que Vossa Mercê ia receber a dita patente e este aviso me fez em 30 de maio do corrente. Ora pois, logo que chegue tudo se fará.

Quanto ao negócio da Várzea do Douro, vou a propor. Porém duvido que se vença porque tem muitos espinhos no tempo presente. As duas em demasia e sem informação, será difícil coisa.

Não posso ser mais extenso, porque estou na aluvião de visitas de parabéns pelo casamento. Principiaram no dia 22 de setembro e ainda duram e durarão. Tenho recebido cortejos de todos, bem como Vossa Mercê recebeu, apesar do desprezo com que politicamente me tratam esses senhores da Bahia, principiando no mais barbudo e acabando na menina recém-nascida, todos me ofenderam.[345] Em suma, essa gente, julgo, vai de uma vez acabar para mim e eu tenho constância uma vez que o pratique. Meu caro, têm-me ofendido o coração e tenho sido, por causa do mundo, um herói para conservar a união, que por mim tem durado entre todos, pois tenho sido, até hoje, o órgão da harmonia. Enfim, vivamos todos e concluo dizendo o mesmo que Vossa Mercê, quando notou a escandalosa diferença?[346]

Não há mais tempo, porque a mala do correio se fecha e eu devo, portanto, acabar esta. O nosso Antão tem saudades, Manuel[347] o mesmo, se recomendam muito. São bons rapazes. Este no correio seguinte escreve. Sou, pelo coração, o seu

Antônio

---

344 D. Pedro José de Menezes Coutinho, 6º marquês de Marialva, que era embaixador de Portugal em Paris.

345 Antônio Garcez refere-se à família de sua irmã Maria Bárbara e de seu cunhado Luís Paulino, sendo a menina recém-nascida a última filha da casa, Maria Francisca, que nascera em 1817. Antônio Garcez estava desesperado pelas reticências com que aqueles haviam encarado o seu casamento, que aliás parece ter sido adiado para depois da partida deles para a Bahia. Luís Paulino não explica se a razão de ser da discordância sobre tal casamento se fundamentava na diferença de idades dos noivos se na origem modesta da noiva.

346 Parece, pois, que Luís Paulino e Maria Bárbara também terão manifestado reservas em relação ao casamento, no ano anterior, de José Garcez com D. Joana Augusta Mello.

347 Seus irmãos Antão e Manuel Garcez, oficiais no Rio de Janeiro.

# Carta 53

Luís Paulino a seu cunhado José Garcez – endereçada ao Porto

Bahia, 23 de outubro de 1819

Meu querido José,

Há muito tempo que só indiretamente tenho notícias tuas. É porém natural que me escrevesses ultimamente para o Rio de Janeiro, porque ainda não saberias do meu despacho, se bem que eu, nas minhas cartas para ti, dava a entender as minhas esperanças. Depois dele te escrevi duas vezes e é também natural que, se não recebesses uma em razão dos malvados corsários, tenhas recebido outra e portanto pouco ou nada mais tenho a dizer relativamente a ti. Sempre te falei e falarei com a franqueza e amor de irmão amantíssimo, que deseja a tua verdadeira felicidade. E como homem já experimentado e seguro não creio de leve nem faço torres no ar.

Meu caro José, hoje tomara eu ver-vos a todos felizes, mas tu tens um lugar muito distinto no meu coração e, se não és feliz por mim, é porque eu não posso, apesar de eu poder muito na realidade, graças a Deus. Em todas as minhas cartas eu te tenho dito quanto tenho falado e passado com o marquês de Loulé, teu verdadeiro amigo, e repetindo-te o seu desejo como o seu interesse a teu respeito. Assaz me tenho explicado.[348]

Os desastres que vieram em conseqüência da Revolução da França te arrancaram talvez do caminho da representação e da glória entre os teus,[349] mas a tua

348 Refere-se aos problemas que José Garcez teve de enfrentar ao regressar das Campanhas Napoleônicas, onde participou integrado na Legião Portuguesa.

349 Depreende-se que alude aos portugueses em geral.

honra em todas as circunstâncias tranqüiliza a tua consciência. O notório dela consola os teus amigos e conserva ilesa a tua nobreza e o teu juízo e amabilidade de tua esposa te podem colocar na sociedade como um dos bons membros dela.

Antes de falar-te de outra alguma coisa não posso deixar de significar-te o meu sentimento pela Maria Joana:[350] a história deste triste acontecimento nos é ainda desconhecida. Ele foi anunciado ao Feliciano em uma carta mui breve, que se referia a outra anteriormente escrita, mas que ainda não chegou. E se o participaste diretamente a mim ou a Maria Bárbara, ainda não recebemos as cartas que chegaram ao Rio depois da nossa partida.

Eu te dizia nas minhas sobreditas cartas, não só o grande e interessante do meu despacho, mas também os obrigantes modos e expressões do nosso amável soberano, o mais digno dos reis e o melhor dos homens. Tudo porém foi pouco, à vista do que Sua Majestade me fez a honra de dizer quando lhe beijei a mão, duas horas antes de embarcar-me. As suas palavras foram da mais segura confiança em mim, enfim um pai não se despede dum filho com mais agasalho. Conto-te isto na certeza de que, como bom irmão, o hás de estimar e por isso mesmo te digo mais, que ainda ninguém da nossa classe saiu duma Corte, recebendo mais testemunhos de consideração e amizade do que nós. E basta dizer-te que, depois que tua irmã fez as suas despedidas, não ficou uma pessoa de representação que lhe não viesse fazer companhia de despedida. Todas as grandes do reino, e algumas vieram estar com ela três e quatro vezes, como foram a condessa de Cavaleiros, condessa de Belmonte, marquesa de Belas, etc., etc. Enfim, já na hora mesmo do nosso embarque, os mesmos ministros de Estado vieram despedir-se da tua irmã.

Ah, meu José, muito grato é tudo isto a quem como tu e eu tem sentimentos nobres e altivos! Mas quantos [há que], por uma paixão torpe e insensata ou por uma miserável e parca avareza de dinheiro, sem mesmo nisto terem ao menos aspirações a coisa muita, que se esqueceram de quem são, no caminho brilhante em que estavam e da representação dos seus! São "gênios" e os que assim os têm fariam bem de não desenvolver os seus sentimentos, se não na minha ausência, e

350 Sua cunhada Maria Joana Garcez.

eu estimarei sempre ter-me poupado ao dissabor e à vergonha de presenciar.[351]

Maria Bárbara julgo que te escreve agora, bem como à mãe. Ela está admirada de não ter recebida carta da tua cara consorte, tendo-lhe escrito duas vezes e não podemos atribuir esta falta de cartas, senão à infelicidade de terem sido tomados os navios em que se remeteram. Espero que à dita tua cara consorte farás os meus respeitosos cumprimentos e, porque todos somos casados, permite que eu passe do sério ao jocoso e que exprima a minha admiração, assim como o meu sentimento, por não ter até agora notícia de esperanças dum sobrinhito. Ora pois, nada de descuidos.

Passo a falar do negócio do sr. Antônio Teixeira:[352] eu ao mesmo senhor escrevi e ao seu procurador José Francisco Bernardes disse tudo o que havia e convinha fazer. Disse mais a este, que apenas a eleição chegasse, se dirigisse a casa de monsenhor Miranda,[353] a quem eu deixara encarregado de lembrar este negócio ao ex.^mo^ senhor Thomaz Antônio, já que o serviço de S. M. me chamava a esta capitania, antes da chegada da dita eleição ou votos.[354] E diante mesmo de S. Ex.ª, em minha casa, quando este se foi despedir de tua irmã, disse eu ao dito monsenhor que eu deixava na mão do tal procurador uma carta minha, para ele com ela se lhe apresentar e que ao seu cuidado deixava o mais. Com efeito, fiz a referida carta e no momento do meu embarque a entreguei aberta ao Antônio[355] para a ver e entregar ao Bernardes. Isto é quanto estava na minha mão, sendo-me pesar assaz sensível o não poder pessoalmente tratar esta dependência. Contudo não me desesperanço do bom êxito.

Por esta ocasião te rogo que faças os meus cumprimentos ao dito sr. Antônio Teixeira e os meus oferecimentos, na certeza de que eu o considero como da família. E deves viver na persuasão de que, apesar de eu estar fora da Corte, qualquer carta minha há-de valer ali mais do que os inculcados valimentos de outra qualquer pessoa.

---

351 Parece estar a referir-se ao casamento de Antônio Garcez.

352 Trata-se de João Teixeira de Melo, a quem por lapso chama Antônio.

353 Ver nota 232.

354 Alude à proposta de nomes eleitos pelos acionistas para integrarem a junta de administração da Companhia da Agricultura das Vinhas do Alto Douro.

355 Seu cunhado Antônio Garcez, desembargador no Rio de Janeiro.

Nesta carta vou passando de umas coisas às outras conforme me vão lembrando, sem cogitar da ordem delas, porque este é o privilégio de quem escreve em toda a familiaridade.

Aqui estou esperando todos os dias a marquesa de Loulé,[356] a qual me disse seu marido que deveria vir no paquete e tocar este Porto, como é costume. E lhe disse logo que havia de ter a honra de oferecer-lhe a minha casa pelos dias que aqui se demorasse. Portanto, já tenho tudo disposto para a receber e darlhe uma grande festa. Tudo nos merece o marquês pelo seu afeto e honrado caráter. Enfim, quem se não trata e não despende não mantém a dignidade da sua representação, nem conserva as suas amizades e eu tenho muitas e boas na Corte. Aqui, devo representar como a primeira pessoa, logo depois do governador e capitão-geral, bem entendido, que sem dependência nenhuma dele, pois a minha correspondência é diretamente com a Secretaria de Estado. Se eu me servisse da dependência, grandes vantagens poderia tirar, como quase todos fazem. Porém isso repugna com o meu gênio. A minha retidão, integridade e desinteresse têm sido os principais motivos da minha grande reputação no serviço d'El-Rei Nosso Senhor.

Portanto não ajuntarei dinheiro, viverei da minha casa mas, se Deus quiser, hei de sempre representar bem. Digo da minha casa, apesar de te dever dizer que este emprego,[357] não só é de representação mas também de utilidade pecuniária, de forma que os meus soldos e ordenados andam por perto de sete mil cruzados. O Bento faz quase oitocentos mil reis e o Luís quase seiscentos e isto tudo em boa moeda metálica, paga infalivelmente no princípio de cada mês e, além disto, os vencimentos de todos os cavalos e cavalgaduras que nos pertencem, o que é duma grande importância.

Nestes termos, meu José, vamos sempre botando para diante e nunca se esmoreça! Qualquer desgraça que aconteça deve contar-se como uma dor que passou e eis aqui como sempre tenho feito. Constantemente animoso, já no meio

356 Dona Maria Margarida do Carmo de Menezes, filha do 5º marquês de Marialva.

357 Havia sido nomeado inspetor-geral da arma de cavalaria na Bahia.

de invejosas intrigas, já nos acontecimentos desastrosos. O céu tem premiado a minha constância.

Já a esta hora terás notícias do nosso naufrágio,[358] na viagem do Rio de Janeiro para aqui e por isso não to refiro extensamente. Porém, para fazeres uma ligeira idéia deste desastre, se é que se pode fazer verdadeira idéia dum naufrágio sem estar nele, basta-me dizer-te que apenas o navio bateu era um inferno dentro dele. As pancadas que dava faziam um estremecimento horrível, parecia que se desmanchava logo em bocadinhos aquela grande máquina. Tua irmã e Sabina, que saltaram da cama em camisa, corriam como doidas e quase sem sentidos, de uma parte para a outra. Maria Francisca, nua, e que elas trouxeram a rasto, dava gritos e parecia entender o perigo.[359] Considera como eu estaria. Eram 4 para as 5 horas da madrugada. Já corria a animá-las e a dizer-lhes que sossegassem, já corria a um lado e ao outro, gritando à gente que não perdesse o acordo. Uns lá me entendiam, outros não me entendiam (porque o navio era inglês e inglesa toda a sua tripulação) e outros não me obedeciam e cada um tratava de si. Enfim, no meio daqueles horrores, já à força de promessas, já de ameaças, tratei de aproveitar o bote para salvar as senhoras e lançado este ao mar, lancei-as a ele, levando eu debaixo dum braço a Maria Francisca e, debaixo do outro, os papéis e ofícios pertencentes a Sua Majestade, única coisa que tratei de salvar a par da minha família. Assim, remei para uma costa que desconhecíamos, sem saber se na chegada à praia seria despedaçado o bote em alguns rochedos ou virado pelas vagas.

Deixo, enfim, miudezas de narração e concluo que, salvas assim, era uma cena tocante ver as senhoras nuas e soltos os cabelos, beijando a areia e levantando as mãos e olhos para agradecer aos céus! Os trabalhos que passei para salvar o resto fariam uma larga história. O navio, finalmente, com uma felicidade indizível e inesperável, rodeado de pedras por toda a parte, varou num banco de areia, aonde ficou assente e assim se salvou toda a gente. Porém a minha perda foi muito grande, pois eu tinha fretado o dito navio todo por minha conta e trazia nele,

358 Foi com base nesta experiência amarga que Luís Paulino compôs o poema "O naufrágio", que se transcreve anexo a esta carta.

359 Maria Francisca tinha 4 anos.

como se costuma dizer, a minha casa em prazo. Para salvar alguma coisa estive dois dias e duas noites na praia, prometendo e gastando um dinheirão e metendo-me continuamente ao mar, rodeado de bandos e bandos de bárbaros ladrões, de forma que o que escapou às ondas dificilmente escapava a estes. Basta, meu José, de tristes narrações e limito-me a dizer que a minha perda, entre frete que dei no Rio de Janeiro, preparos para a viagem e o que perdi no naufrágio, monta de 25 a 30 mil cruzados, pois tudo o que era mais rico, mais delicado e precioso, ou se foi embora, ou se quebrou, ou se salvou mareado.

Vamos agora a outra coisa. Segundo as representações que várias vezes me fizeste, e continuamente me fazia Antônio Joaquim, me resolvi a incomodar terceira vez a Sua Majestade para nomeação do meu ministro[360] e lhe pedi o amigo Macedo. O mesmo augusto senhor imediatamente assim mo concedeu e mandou lavrar o decreto que remeto. Agora sim, fico descansado, porque conto sobre a honra e amizade do Macedo. Tu lhe dirás, da minha e da tua parte, o que eu te escuso de dizer.

Nesta mesma ocasião escrevo a Antônio Joaquim, mas refiro-me a tudo quanto aqui te digo e que tu lhe dirás, bem como conto que tu o terás sempre debaixo da tua proteção, como coisa e pessoa nossa, referindo-me nesta parte o que sempre te tenho dito em todas as minhas cartas. Eu lhe escrevi uma cartinha que dirigi solta no correio para o Porto. Porém, à cautela, mando esta dentro da tua e lha mandarás logo entregar e dizer-lhe que o decreto está na tua mão para se tratar de lhe dar execução e assim espero do teu cuidado e do dito.

O "senhor coronel" Bento da França e o "senhor capitão" Luís estão bons e passam os dias em passeios e as noites em bailes, enquanto o pai velho trabalha de dia e escreve de noite. Maria Bárbara e Sabina passam bem, em todo o sentido. Maria Francisca tem estado doentinha, mas não dá cuidado. É duma beleza e viveza raras. O Henrique e o Feliciano estão excelentes e fazendo-nos sempre a mais constante e melhor companhia. Adeus, meu José. Sou e serei sempre o teu amantíssimo,

Luís

360 Ou seja, de um juiz administrador da sua casa.

# Poema de Luís Paulino inspirado no naufrágio que sofreu em outubro de 1819

## O Naufrágio

Do vento açoitado
O oceano geme;
Desarvora o mastro,
E nos rouba o leme.

Já rasgada a vela
Pelos ares voa,
Nas ondas mergulha
Soçobrada a proa.

Matéria inflamada
Do ar se despega,
Clarão cor de enxofre
A vista nos cega.

Raio combustível
Nosso barco arromba,
No bojo dos mares
O eco ribomba.

Três vezes netuno
Com ânsia imploramos:
Netuno está surdo,
Em vão o chamamos.

O terror e o susto
De nós se apodera,
O medo da morte
Só em nós impera.

Montões de infelizes
Nas ondas sorvidos,
Inventam salvar-se
Por entre alaridos.

Um disputa ao outro
A tábua partida,
E qual mais ligeiro
Vai perdendo a vida.

Acabada a contenda
A tábua fugiu,
Ao longo dos mares
Boiando se viu.

Feliz o que vive
Na sólida terra,
Que negra borrasca
Jamais lhe fez guerra!

# Carta 54

Antão Garcez a seu irmão José Garcez – endereçada a Penafiel

Rio de Janeiro, Quartel de São Cristóvão, 18 de novembro de 1819

Querido irmão,

Eu tenho recebido suas cartas e dado resposta às mesmas e como ao presente todos os meses vai correio a Lisboa, eu sempre darei notícias de mim e família, que toda agora passa bem. Da Bahia, é natural que para aí tenham escrito, segundo me dizem.

De cá, novidades nenhumas sei mais que ouvir falar muito duma expedição espanhola, que creio dá algum cuidado a estes senhores. Tudo penso ser motivo de medo, pois sendo verídico não pode ter outro fim do que nos pôr ao fresco de Montevidéu,[361] a fim de não sermos espertos. Também aqui se acha um embaixador inglês há dias. Ainda não falou. Eu tinha vontade de saber dos tais espanhóis para ainda me rir deveras. Isto está famoso! Nada mais, só que por aqui cuidam dessa cidade três requerentes: Rocha, um Rodrigues Linheiro, que me dizem quer ser oficial de secretaria, e Viana, empando com a sua grande farda, dizem quer ser deputado.[362] É o que ouço, mais [se] saberá para o futuro.

361 Invocando as perturbações causadas pelos guerrilheiros de Artigas na parte oriental do Rio da Prata, a Divisão dos Voluntários Reais, comandada pelo tenente-general Lecor ocupara Montevidéu em janeiro de 1817. Embora sem poder de fato sobre o território, a coroa espanhola reivindicava ainda a soberania, e daí o rumor de uma expedição militar.

362 Deputado da junta de administração da Companhia da Agricultura das Vinhas do Alto Douro, o mesmo lugar que o cunhado de José Garcez pretendia.

Sempre tenho visto o seu fiel? amigo marquês, bravo fidalgo, merecedor de tudo.

Não lhe esqueça responder ao que lhe pedi, a respeito de alguma coisa que eu possa alcançar, pois ainda nada tenho requerido e o tempo vai passando[363] e ainda nós ao fim? Eu bem conheço que tanto faz pedir como estar calado, porém quero ainda desenganar-me. Peço-lhe muito me lembre à Mana Joana,[364] primo e primas. Eu escrevo à mãe e Teresinha.

Conheça que sou pela vida irmão amante,

Antão

P.S.: Thomaz passa bem. Ele se recomenda e eu também lhe peço o faça da minha parte a sua família. Francisco já lá tem 3 meses, sem responder. Talvez pensem o degredo por toda vida, porém enganam-se, devemos findar entre brancos! Far-me-à muito favor se mandar o *Almanaque Militar*, o mais moderno, que já deve ser do presente ano. Já se me faz preciso vigiar a minha antigüidade, a fim de que não aconteça alguma novidade. O requerimento do Serpa foi entregue, porém eu duvido dele lembrado e que tenha juízo pois ainda o poderei servir algum dia...

---

363 Antão Garcez encontrava-se então colocado no batalhão de caçadores 3, do Rio de Janeiro.

364 Joana Augusta de Mello, mulher de José Garcez.

# Carta 55

Luís Paulino a seu cunhado José Garcez – endereçada ao Porto

Bahia, 17 de janeiro de 1820

Meu caro José,

Há muito tempo que não tenho o gosto de receber cartas tuas e apenas uma pequeníssima, de proteção a favor do outeiro, que ma veio apresentar e no meu agasalho experimentou o apreço que tu me mereces. Antes de partir do Rio de Janeiro te escrevi largamente a teu respeito e do senhor Antônio Teixeira, ao qual também escrevi, oferecendo-me então, assim como o faço hoje, para quantos serviços eu lhe possa prestar. Além de que me bastava para isso que ele fosse teu cunhado, as suas boas qualidades tudo merecem.

Maria Bárbara também te escreveu e à tua amável consorte, minha senhora, mas igualmente está ansiosa de notícias tuas. Não nos prives, pois, desta consolação, dando-me sempre larga notícia da nossa família e seja o primeiro passo teu, depois de receber esta, o dar à mãe e à mana Teresa as mais vivas saudades nossas.

Daqui te temos igualmente muito escrito, já por Lisboa, já em direitura a essa terra. Ora dando-te uma leve idéia do nosso desastroso naufrágio, ora acompanhando-te no sentimento da perda da nossa querida Mana,[365] procurando sempre notícias tuas e aquela comunicação consoladora e própria da familiar e cordial amizade que nos une.

365 Joana Theodora Garcez, a cunhada que recentemente morrera.

Agora te faço esta no momento que estou a partir para Aramaré, a fim de dar princípio ao meu novo estabelecimento, que o nosso augusto soberano, na sua lei, me concedeu. Vou só, por ora, porque dali hei de seguir a fazer a inspeção de 6 regimentos de milícias, que ficam naquela direção.

Se não fossem as saudades daqueles sítios e daquelas pessoas, com quem fui criado, te seguro que podia dizer agora que estava no Paraíso! O país é duma natural magnificência e beleza que encantam. Nesta extensa, populosa e opulenta cidade estamos fazendo a segunda figura, isto é, a primeira depois do capitão-general. Obséquios, distinções e respeitos, por todos nos são tributados e como nunca soubemos ofender ninguém, a todos estes obséquios devolvemos amizade.

A roda dos meus parentes,[366] aqui – que, graças aos céus, com muita presunção o digo – é da mais pura e melhor nobreza, vive toda em abundância e esplendor e, portanto, não tendo de que envergonhar-me nem afligir-me, não posso estar melhor.

Tenho andado agora sobre uma grande barca de vapor, atravessando esta espaçosa Bahia com uma velocidade suma, para assistir a várias funçanatas e convites destes grandes proprietários do Recôncavo.

No meio, porém, de tudo isto não me esqueço do meu Porto, meus primeiros amores, nem perco esperanças de o tornar a ver brevemente e que prazer será o nosso.

Não sei ainda quando poderei ir beijar a mão do nosso amável soberano, como quisera fazer no próximo dia do seu aniversário, mas por isso mesmo, que está muito próximo, é impossível, pois não devo ir antes de ter revistado todos os corpos da minha inspeção e poder responder sobre todos os objetos militares desta capitania e não posso fazer isto sem fazer um rodeio de mais de 300 léguas. Assim que tiver satisfeito este objeto do meu dever, parto a satisfazer a promessa.

Tua irmã e sobrinhos estão bons à exceção da pequena Maria Francisca,[367] que tem tido um pequeno incômodo, entendo que em razão da muita fruta e

366 Deve tratar-se de parentes pelo lado de sua mãe, D. Maria Francisca de Jesus Ferreira d'Eça, que era baiana, filha, neta e bisneta de senhoras de engenho no Recôncavo Baiano.

367 Maria Francisca Pinto da França. Nascera no Rio de Janeiro em 1817 e recebera o nome da avó paterna acima referida. Foi a paixão de sua mãe, a quem acompanhou na longa viuvez. Morreu solteira, com trinta e poucos anos, deixando o sobrado e os escravos da família a seu sobrinho Salvador d'Oliveira Pinto da França.

doce que come. É uma criança interessantíssima e que já tem, unidas a uma gentil beleza européia, toda a viveza e graça brasileiras.

Feliciano anda ótimo, o Henrique[368] agora naturalmente andará ao menos um mês comigo. O Manuel e Antão[369] têm-me escrito e sei que estão bons. O Antônio[370] sei também, mas indiretamente, que está bom. Sei que se casou, porém não que ele me desse parte de o ter feito, nem que claramente me dissesse que o ia fazer. Apenas, depois de muitos aflitos rodeios, disse a Maria Bárbara: "Eu já tenho vindo aqui algumas vezes para dizer a você e ao Luís que vou tomar estado e, como ele cá não está, diga-lho você". "Está bom", respondeu ela, "se é só isso eu lho direi". Ele, estando comigo depois e com ela quase todos os dias até embarcarmos para a Bahia, nada mais nos disse. Porque teve pejo de dizer a sua irmã e a mim quem ela era, nós não devíamos aumentar a sua vergonha, perguntando-lhe quem ela era. Assim fomos vivendo e ele esperando que nós saíssemos para se casar (no que fez bem), o que efetuou, mas sem nunca nos dar parte de o ter feito. Deus o ajude e eu mil venturas lhe desejo, pois a todos cordialmente amo.

Eu descanso sobre o teu desvelo nos interesses da minha casa e espero que auxiliarás em tudo o nosso Antônio Joaquim, a quem agora, além do que lhe tenho mandado e mandarei, vai o estabelecimento da sua mesada. Darás saudosos recados ao amigo Macedo e lhe significarás a confiança que tenho na sua honrada e segura amizade.

Põe-me, respeitoso, aos pés da exma. senhora D. Joana, minha senhora, e dá recados aos amigos que de mim se lembram. Teu do coração,

Luís

---

368 Seus cunhados Feliciano Garcez, secretário do arcebispo da Bahia, e Henrique Garcez, que, embora oficial, tinha vindo a administrar o Engenho de Aramaré na ausência de Luís Paulino.

369 Seus cunhados mais novos que teriam entretanto, talvez após a morte do pai, vindo ambos para o Rio de Janeiro, onde eram oficiais.

370 Seu cunhado Antônio, que casara no Rio de Janeiro com uma rapariga de 16 anos, casamento que Luís Paulino ignorou.

# Carta 56

Maria Bárbara a seu irmão José Garcez – endereçada ao Porto

Bahia, 28 de janeiro de 1820

Meu adorado irmão da minha alma,

Ainda no penúltimo navio que saiu deste porto escrevi a todos largamente. Agora apenas posso nestas poucas linhas certificar-lhe da minha constante amizade e lembrança eterna. Estou há dias incomodada com um forte defluxo, que me priva de escrever por me atacar os olhos, mas não será coisa de cuidado.

A ordem que devia ir para a mesada do nosso bom Antônio Joaquim,[371] neste navio, não vai, pois o negociante a remete por Lisboa, mas talvez chegue primeiro, pois o navio é uma "pérola do céu". Já posso dizer-lhe que, nos primeiros dias de todos os meses, se deve dirigir a casa de "João Ferreira dos Santos Silva & Filho", que esta é quem deve dar-lhe os 12 mil estipulados e ele lhes passará recibo das ditas quantias. Além disso, nós teremos cuidado de lhe mandar daqui algum açúcar ou qualquer outro mimo que possa ser-lhe útil.

Peço-lhe dê mil saudades à mãe[372] e por mim lhe beije a mão e abrace as manas, a quem desejo milhões de venturas. Pelo navio em que falo, que vai para Lisboa, escrevo novamente a todos.

Sabina, saudosa, se recomenda e os rapazes, que estão excelentes. Maria Fran-

---

371 Feitor dos bens dos Pinto da França no Porto.

372 Maria Libória Máxima da Silva Carneiro, viúva do capitão-mor de Penafiel, José Cardoso Garcez Pinto de Madureira.

cisca esteve incomodada por uma febre gástrica que me matou. O meu defluxo devo à sua moléstia.

Ora, meu mano, aqui não há novidades que dar. Os manos estão bons.

Sou do coração toda sua

Maria Bárbara

P.S.: Mande, por quem quiser, entregar essa carta ao velhaquíssimo Gramaxo.[373] Luís Paulino o toca às direitas!

373 Poderá referir-se a Francisco Caetano da Lima Gramaxo, familiar do Santo Ofício e escrivão da Correção do Porto, que foi 2º marido de Bernarda Maria da França, tia paterna de Luís Paulino que, em primeiras núpcias, fora casada com João de Reli.

# Carta 57

Maria Bárbara a seu irmão José Garcez – endereçada ao Porto

Bahia, 25 de março de 1820

Meu adorado mano,

Recebi uma cartinha sua que, como sempre, estimo ao infinito. Vejo que passa bem e a mana. Isto me consola e a ela me recomendo com a maior amizade. Sei que passaram muito bem em Leça; assim os banhos produzam efeito, pois me parece vai tardando um filhinho. Contem tudo. Eu ouvi que a mana tinha sofrido antes de ir para os banhos.

Eu tenho também passado muito incomodada. Não sei se efeitos da má viagem[374] que trouxemos, pois os males não vêm logo. Agora estou também eu pró de banhos, num lugar muito agradável. Veremos como passarei depois. Eu sei o que me curaria logo, logo: era a vista dos queridos irmãos. Se esse dia chegar, será o maior da minha vida.

Agradeço as lembranças dos meus amigos e conhecidos. Eu lhe peço queira agradecer a todos e assegurar-lhes a minha constante amizade. Eu, de ninguém me esqueço. As mais pequenas coisas são passadas em revista constantemente. Se vir Maria Inocência diga-lhe que o seu afilhado Carvalho aqui vem muitas vezes e que está muito bom, diga-lhe mais que me escreva e que eu, afetiva, me recomendo pois que sou bem sua amiga.

---

374 A viagem não fora má, fora péssima. Como Luís Paulino descreve tão dramaticamente em carta anterior, naufragaram entre o Rio de Janeiro e São Salvador, por pouco não perecendo toda a família

Meu irmão, hei de ser forçosamente lacônica hoje, pois estou tão zangada com a Maria Francisca dum lado a fazer desordens, doutro o vento que a todo o instante me arrebata o papel[375] e até me salta areia. Estou inteiramente abarracada, não tenho lugar para nada.

Adeus, Sabina se recomenda muito. Eu sou do coração irmã muito amante,

Maria Bárbara

375 Talvez seja a esplendorosa lagoa por trás da praia de Itapoã, a uns 12 quilômetros de Salvador.

# Carta 58

Luís Paulino a seu cunhado José Garcez – endereçada ao Porto

Bahia, 17 de abril de 1820

Meu querido José,

Ainda há pouco tempo te escrevi, depois de já ter recebido a tua última carta, porém aproveito mais esta ocasião e aproveitarei a seguinte para te escrever largamente, se bem que muitas vezes nada poderia dizer mais do que repetir o que já disse. Contudo, estou certo que esta espécie de conversação, assim mesmo, reciprocamente agrada.

Remeto essas cartas de tua irmã, que atualmente se acha na barra tomando banhos. Tanto ela como todos os nossos estão bons. Cá, os meus só cuidam de divertir-se, enquanto eu trabalho, já no real serviço, já nos meus estabelecimentos os quais, com efeito, exigem fortes despesas, mas prometem as maiores vantagens. Pode bem ser que com o auxílio deles eu possa em bem pouco tempo soltar toda a minha casa dos mais pequenos embaraços de dívida. Talvez, meu José, não decorram três anos sem que aí nos vejamos. E que dirão então esses meus tolos e ingratos, ingratos sim, e tolos, porque, em me inquietarem, têm deixado de conhecer os seus verdadeiros e melhores interesses.[376]

Cada vez tenho mais motivos de estar satisfeito por estarem satisfeitos comigo. Aqui tenho sido recebido com geral aplauso e lisonjeiros versos, cujas cópias te mandarei quando tiver mais vagar e na Corte ainda me celebram e sou lembrado

376 Parece aludir a credores em Portugal.

das pessoas que mais honra fazem. Para o ano irei até lá, porque agora não só a necessidade do serviço não o permite, como também transtornava todos os meus planos e arranjos.

Segunda vez me falas no meu retrato. Bem está. Eu o vou mandar já tirar[377] e se o pintor for feliz, te mandarei também o de tua irmã e talvez o de algum sobrinho ou um grupo de todos. Assim que chegarem as estampas, que se mandaram abrir em França, te mandarei uma na qual à primeira vista me conhecerás, no ato de aclamar El-Rei, na frente da tropa.

Põe-me aos pés da tua cara esposa, minha senhora, e recomenda-me à mãe e mana, com toda a sensibilidade dum coração afetivo e saudoso. Ao nosso caro Macedo dirás tudo o que entendes eu lhe devia sobre a minha amizade e confiança. Ao bom Antônio Joaquim prestarás todo o auxílio que ele, por si e por mim, merece.

Sobre negócios, nada posso acrescentar ao que te tenho dito, ao que tudo me refiro.

Teu do coração

Luís

377 Será porventura o quadro a óleo, em tamanho natural, que hoje está na casa de Nelas, na posse de Madalena Pinto da França Raposo, atual condessa da Fonte Nova e 4ª neta de Luís Paulino.

# Carta 59

Luís Paulino a seu cunhado José Garcez – endereçada ao Porto

Bahia, 3 de junho de 1820

Debalde uma alma toda nobre e grande como a minha luta contra a fortuna, se são obstados todos os seus planos para a sua grandeza, perante almas pequenas e indignas, que se satisfazem com qualquer pequeno prazer e que não se julgam enxovalhadas com a baixeza.

Teu sobrinho Bento,[378] que se o quiseres riscar desse título me darás muito gosto, se casou sem o meu consentimento, contra minha vontade e às escondidas com a filha dum coronel de infantaria, ajudante de ordens deste governo, o qual deu clandestinamente os mais vis e criminosos passos para esse fim.

O dito Coronel,[379] já filho e neto de ministros, se queria honrar e enriquecer sua filha com este casamento. Não devia contudo ser um traidor e para isso cometer tais vilezas. E por isso o tenho tratado de infame e estou no projeto inabalável de o injuriar de todas as formas.

Aprontei já os papéis para mandar o Luís[380] à Corte, para onde dei logo parte

378 Seu filho primogênito, Bento da França Pinto de Oliveira, futuro conde da Fonte Nova.

379 Salvador Pereira da Costa, futuro encarregado de negócios do Brasil em Lisboa. Pela sua ação em prol da Independência do Brasil foi preso pelas tropas portuguesas, que o remeteram preso para Portugal, onde ficou encarcerado durante 8 meses no castelo de S. Jorge. Ver Antônio Monteiro Cardoso e Antônio Pinto da França, *Cartas baianas*, São Paulo, Companhia Editora Nacional, 2008.

380 Seu segundo filho, Luís da França Garcez, futuro marechal do Exército brasileiro.

disto, pôr na presença de Sua Majestade a traição com que me foi aliciado e roubado um filho e os vergonhosos crimes para este fim praticados.

Enfim, inquira-se um desenvergonhado que não tem direito algum à sua reputação e dê-se um exemplo, para que as pessoas honradas possam viver seguras.

Eu bem sei que o tal senhor que foi meu filho já era maior de 25 anos e que podia casar, mas assim, não! Em qualquer idade me devia pedir licença, além da outra que devia também ter.[381] Mas fica certo, meu José, que um e outro hão de ver-se comigo. Em vão se tem revolvido tudo. Eu sou e serei inexorável. Um homem do meu caráter a nada se move e nada teme se não o ser [*ilegível*]. Já a minha constância tem feito uma admiração nesta terra e ainda não viram até onde há de chegar.

O dito teu sobrinho julgo que por estes doces dias estará em uma tortura. Ele desprezou loucamente a grande ventura que eu lhe preparava e para que tanto tenho trabalhado. Eu o levei a um estado de ser o rapaz mais desejado para o casamento, que por cá havia. Eu era falado todos os dias para isto, com oferecimentos de grossos cabedais e não me tinha decidido ainda, esperando realizar um projeto de maior ventura e de que tinha tais esperanças que já podia chamar certezas! Ele nos matou com este dissabor, ele se desgraçou, mas eu hei de o fazer sentir mais a sua desgraça. Ah! Malditas sejam as almas destituídas do amor da glória e da boa representação, malditos sejam os corações pequeninos e miseráveis em toda a parte execrados![382]

Deixemos por algum tempo os pesares e vamos ao prazer. Dou-te parte e à mãe e manas, minhas senhoras, de ter contratado o casamento de tua sobrinha e afilhada com Rodrigo Antônio Brandão Pereira Falcão. Este homem é capitão de cavalos desta legião. Tem trinta anos e uma gentil figura, bem como docilidade de gênio.

Tem sido alguma coisa rapaz e gastador, mas sempre homem de bem e brioso. Se assim não fosse, nadaria em dinheiro. Contudo, assim mesmo, os seus bens livres, pela mínima avaliação, valem mais de 350 mil cruzados e tem excelentes morgados. Além disto, ainda nada recebeu da herança da sua avó, senhora Dona

381 Licença do rei, por ser herdeiro do morgadio.

382 Apesar de toda esta indignação, em dezembro de 1821, por ocasião do nascimento do seu 1º neto Luís, Luís Paulino já havia perdoado Bento.

Brites e, no caso de vencer uma questão na qual me asseguram que todo o direito é dele, virá a ser senão o mais rico, um dos vassalos mais ricos de todo o Reino Unido. A sua qualidade de nascimento é por todos os lados de uma ilustríssima distinção, pois por parte de seu pai é descendente das primeiras pessoas e fidalgos, que passaram a este Estado em grandes empregos. E agora vou cuidar do seu foro que deixaram de tirar, competentemente. Por parte de sua mãe é filho duma irmã da mulher do tio Antônio[383] e não é preciso dizer mais nada, porque essa é sem contradição a primeira família do Brasil e com a qual se vieram enlaçar muitos que hoje são grandes do reino.

As escrituras foram feitas em grande tom e segundo todas as formalidades dos casamentos dos fidalgos e pessoas de qualidade. Os parentes de ambos os noivos foram os que assistiram com vestidos e trem de toda a formalidade. Dois desembargadores foram os letrados que ditaram as escrituras, servindo um de procurador do noivo e o outro da noiva, e foram testemunhas do contrato. Enfim, remeto-te a cópia da escritura, para que vejas como foi feita, em vantagem da tua sobrinha.

E o senhor que foi teu sobrinho, assistindo a tudo isto e devendo esperar de representar em igual cena, ainda com mais aparato, foi-se casar como um negro, às escondidas, na 4ª feira seguinte.

Considera a minha dor, medindo-a pelos meus nobres sentimentos e terás compaixão do meu estado.

Agora estamos dispondo tudo para o recebimento da minha querida filha, que está destinado a ser a 22 do corrente, dia dos meus anos. O meu pesar, longe de me fazer esmorecer a respeito da magnificência e dignidade, me estimulará para os testemunhar mais nesta aliança tanto do meu gosto.

Quisera agora, meu José, falar-te da minha casa, mas não tenho coração nem cabeça. Portanto refiro-me ao que tenho dito e à tua amizade me recomendo.

---

383 Rodrigo Brandão Falcão, futuro barão de Belém, era filho do mestre-de-campo Antônio Brandão Falcão e de D. Ana Rita Evarista Duque Estrada Menezes. Quer pois dizer que o desembargador Antônio da Silva Carneiro, tio materno dos Garcez, era casado com uma irmã daquela senhora D. Maria Luísa de Menezes, que já morrera há vários anos na Bahia, de onde era natural.

Por esta mesma razão não posso já nesta ocasião dar parte para essa terra do casamento da minha filha. Às pessoas da minha amizade e do meu respeito, e porque não ignoras quais são, lhes darás esta desculpa quando lhes falares. Espero também que animarás sempre o nosso bom Antônio Joaquim, ao qual apenas faço duas regras, referindo-me a estas, cujo conteúdo lhe exporás. O senhor João Teixeira é uma das pessoas a quem nesta ocasião eu queria escrever, mas está dada a desculpa.

Adeus meu José. Teu do coração,

Luís

# Carta 60

António Garcez a seu irmão José Garcez – endereçada ao Porto

Rio, 19 de julho de 1820

Meu querido irmão do coração,

Depois de lhe haver escrito hoje mesmo e ter mandado lançar no correio a carta dirigida a seu cunhado, recebo a sua de 7 de maio à qual vou responder mui ligeiramente e o não posso fazer à mãe, de quem também recebi, e à Teresinha, porque não cabe no tempo e do mesmo a seu cunhado, que também me escreve com a data de 20 de maio. À nossa adorada mãe, às manas Joana e Teresa, abraços e igualmente de minha mulher que acaba de ler as de todos e se recomenda muito. Sua Metade deve persuadir-se do muito que ela a estima no que me imita e posto que Vossa Mercê me diz ela agora escrevia há muito, assim não sucedeu e nem ainda recebeu carta dela. Olhe que isto não é acusação porque Teresinha pensa como eu e não é capaz de pensar mal. É uma inocente de 17 anos com juízo, mas de educação, sem viver sujeita a etiquetas ridículas.

Logo farei a entrega das da família a Manuel[384] quando se recolher, e a Antão[385] amanhã, pois deve vir à cidade.

Já procurei Beresford[386] de cumprimento e na qualidade de seu ministro e

384 Seu irmão Manuel Garcez Pinto de Madureira.

385 Seu irmão Antão Garcez Pinto de Madureira, depois 1º barão da Várzea do Douro.

386 William Carr Beresford (1768-1854), então comandante-em-chefe do Exército português. Já em 1815 fora obrigado a deslocar-se ao Brasil na seqüência de conflitos com a regência por tender a ultrapassar os seus poderes, intervindo na política geral do país. Em 1820, de novo se viu obrigado a deslocar-se à Corte no Rio de Janeiro. Conseguiu, então, não só obter de D. João VI a confirmação dos seus poderes como vê-los

agora o farei pelo modo que diz. Não lhe tocarei decisivamente porque, segundo a esperança que me dá da sua patente, é melhor para então. Isto para quando chegar enfim a conversação, me abrirá caminho e veremos o ânimo em que o acho e darei parte do que com ele tratar. Ele está despachado marechal general junto a pessoa, como verá dessa lista. Pode tudo e vai organizar o exército daqui e olhando pelas tropas que daí vieram e que se iam pondo no estado das daqui e antigamente nesse reino, tropa do papa chamada.

Padim me deu boas novas suas que gostei de ouvir. Porém este homem só serve para viver e brincar e nada mais bem como todos os mais que daí vêm, que querem para si. Ele nada me falou a respeito do seu cunhado e nada fará segundo o que me disse o Bernardes, mas eu nada digo a seu cunhado porque ele crê nele, nos seus ofícios e amizade, que não duvido lhe tenha, mas fica nisso.[387] Portanto nada de intrigas; ele irá conhecendo os cavalheiros de indústria da sua pátria.[388]

Quanto ao seu marquês [de Loulé] não entendo este moço. Confessa-se seu amigo, mas vive esquecido. Veremos se no momento necessário faz alguma coisa. Eu já o toquei levemente há tempos. Segura-me que é todo seu, que lhe quer escrever por mim porque já entende que as que lhe envia se perdem, mas bem podia então mandar aqui, já que o tempo lhe não chega... Já lhe chegou quando mendigava, antes de entrar no exercício. Enfim, quando Sua Majestade vem à cidade podia bem buscar-me como parte integral do seu amigo! Busquei-lhe sua irmã e minha mulher a quem falamos e por ora nada. Enfim, nada de descanso, porque

---

ampliados. Porém, ao regressar a Lisboa o governo liberal, que entretanto se apoderara do poder, impediu-o de desembarcar.

387 Em causa estava a pretensão de João Teixeira de Melo de ser nomeado deputado da junta da companhia, uma pretensão que, apesar dos empenhos que moveu, dificilmente poderia vingar, tanto mais que dependia de uma eleição prévia pelos acionistas.

388 João Teixeira de Melo veio a distinguir-se, logo após a revolução de 1820, ao oferecer a cada um dos deputados uma medalha comemorativa (*Diário das Cortes* n$^{os}$. 53 e 62, de 10 e 25/4/1821). Na sessão de 29/11/1821, agradece-se a sua oferta a benefício do tesouro nacional de uma tença que se lhe pagava na alfândega do Porto. Membro da Sociedade Patriótica Portuense, em 1823 era provedor da administração dos expostos de Lisboa. Perseguido por D. Miguel, exilou-se em 1831. Membro da Assembléia Portuense, foi eleito deputado em 1846.

ali há leveza antiga. Eu, contudo, o não julgo ingrato. Um destes dias o busco e verei o que me diz. Ele espera pelas suas obras e eu mais que ninguém e bem quisera que as oferecesse a Sua Majestade ou ao príncipe.

Sei que trata do seu estabelecimento futuro e que as coisas, pelo que me expõem, têm uma boa face. Deus o ajude e faça prosperar os seus bens. Venha o aviso informado para a alagem dos barcos.

Quanto a Luís, não se enfade. Conheça aquela alma, como eu, há tantos anos. Ele alega serviços a nós todos e não se lembra que o temos socorrido e que estamos pagos, em dia. Enfim, ele vive em suma política comigo e desde que foi para a Bahia só agora me escreveu a dar parte da fortuna da filha[389] que é quanto lhe disse o bom do noivo.[390] Só me faltava dizer que tem alguns filhos bastardos de negras etc.[391] A rapariga, se o fez e a mãe consentiu, foi temendo-se já dos filhos.

Bento casou-se e se os males dos outros apagassem as minhas dores, estava despicado. Ele tem feito espalhafato. O rapaz foi desobediente, casou pobre mas esse mal é para ele. A menina[392] agradou-lhe e agrada-lhe tudo, pelo que vejo, porque em poucos dias se agarrou. É filha dum coronel, parentes ministros e ainda, por lado estrangeiro, do general Lecor.[393] A desobediência é que é notável, mas como tinha a certeza de que o pai não lha dava [a licença] fez e deu o passo. Estava habilitado para grandes fortunas e as perdeu em parte. Enfim, basta de Bento e queira Deus a Luís lhe não passe o mesmo, porque são filhos muito livres.

Peço-lhe que se não magoe com as insolentes palavras, dessas já eu ouvi e já o fiz calar, tanto a seu como a respeito de Henrique e mesmo pela minha saída e

---

389 Maria Sabina Pinto da França.

390 Rodrigo Antônio Brandão Falcão, depois barão de Belém.

391 Esses bastardos viriam, anos mais tarde, a causar sérios problemas em questões de heranças, quer de Maria Sabina quer de Rodrigo Falcão, casamento de que não houve filhos.

392 Maria José Tovar da Costa, futura condessa da Fonte Nova.

393 Carlos Frederico Lecor, visconde da Laguna no Brasil e barão do mesmo título em Portugal. Era filho de Luís Pedro Lecor e de D. Quitéria Maria Krusse. Salvador Pereira da Costa era filho de D. Vitória Bernarda Mariana Krusse, provavelmente irmã de D. Quitéria Krusse.

estada em Portugal no tempo da guerra, mas caiu duma vez. Vossa Mercê já me deu conselhos: nada de quebrar com parentes. Assim o pratico. Faça o mesmo, bem entendido, que tem razão.

É melhor que tenha uma filha, para o meu filho José,[394] que é lindo menino. Com delicadeza direi ao tio, porque é irmão [*truncado*]

394 José Garcez Pinto de Madureira viria a ser visconde de Garcez em Portugal e morreria solteiro, sem descendência.

# Carta 61

Luís Paulino a seu cunhado José Garcez – endereçada ao Porto

Bahia, agosto de 1820

Meu José do coração,

Têm sido os bárbaros piratas o embaraço de terem a esta hora chegado à tua mão largas cartas que te temos escrito, pois sabemos que, sendo ultimamente tomada e retomada a galera Tentadora, pela qual remetíamos as mais importantes cartas e papéis, deitara a mala ao mar apenas se viu investida.

Tanto tenho estimado o despacho do meu caro arcebispo, tanto tenho querido expressar-lhe o meu prazer, quando a minha má sorte desvia de chegarem à sua presença as minhas expressões de satisfação e de glória para as minhas pátrias.

Sim, eu tenho duas pátrias:[395] a Bahia e o Porto. Aquela me viu nascer, esta cuidou dos meus primeiros dias e os encantou com as suas delícias! Agora, vou pela 4ª vez escrever-lhe e praza aos céus que seja mais feliz e, porque tu podes dizer mais do que eu escrever, significa ao mesmo ex.mo senhor o transporte com que espero de o ver, trazendo a fortuna a esta minha pátria e a maior satisfação do seu amigo e respeitador desde a mocidade.

Apesar da citada perda das cartas, como as notícias voam por toda a parte, já saberás as que me têm causado uma dor, a qual me arrastará mais cedo à sepultura, bem como saberás também as que passo a dar-te com muita satisfação.

---

395 Nesta época, ainda longe da construção do moderno Estado-Nação, era corrente falar-se de pátria, não no sentido atual, mas sim como terra de nascimento.

Aquelas são a do criminoso e inconsiderado casamento dum homem que foi meu filho,[396] mas que hoje não é senão o maior dos ingratos. Estas são as do casamento de minha filha[397] e tua sobrinha e afilhada, muito à minha escolha e contento.

Sim, o tal sujeito que foi meu filho e para cujo engrandecimento eram todas as minhas fadigas e trabalhos, que era o rapaz mais desejado e o melhor casamento que havia, em razão das circunstâncias em que se achava, para o qual todos os dias me falavam casamentos e acabava de me ver não assentir a um, cujo dote, fora o que depois havia de vir por legítima herança, passava muito de meio milhão. Este bárbaro que conhecia os meus nobres sentimentos e que sabia serem todas as minhas vistas a casá-lo, reunindo algum interesse de fazenda a maior esplendor de nobreza. Este indigno, que sabia que a minha escolha para ele casar era com uma menina, filha do barão de Santo Amaro,[398] por quem ele mostrava a mais extremosa paixão. Sua parenta[399] pelos seus antepassados, que tiveram o foro grande há mais de trezentos anos, já filha dum titular, com um único irmão[400] que, por força, há-de vir a ter uma grande representação neste reino, muito galante, muito bem-educada e que, além de tudo isto, tem de legítima, por sua mãe, mais de 50 mil cruzados!

Este monstro e indigno, torno a dizer, falho de brio e de sentimentos, se casou, no dia 24 de maio, de madrugada, às escondidas, sem nós o podermos saber... Meu José, espero que te esqueças de ter tido um tal sobrinho.

---

396 Bento da França Pinto de Oliveira, futuro conde da Fonte Nova, casara sem autorização com Maria José Tovar da Costa.

397 Maria Sabina de Oliveira Pinto da França casara com Rodrigo Brandão Falcão, futuro barão de Belém e cabecilha da Proclamação da Independência na Cachoeira, Bahia. Era homem truculento e apaixonado e, como se vê da correspondência, morreu jovem. Também se portou mal com os sogros no decurso da crise da Independência. Pelo contrário, o casamento de Bento com Maria José foi harmonioso e feliz e durou muitos anos. Ironias do destino!

398 José Egídio Álvares de Almeida, 1º barão de Santo Amaro em Portugal (1818), 1º visconde e marquês de Santo Amaro no Brasil (1825-1826). Era natural da Bahia, filho do capitão-mor José Álvares Pinto de Almeida e de D. Antônia de Freitas. Foi gentil-homem da câmara do príncipe D. Pedro, a quem apoiou na luta pela Independência. Foi depois senador e embaixador em Paris. Casou duas vezes, a primeira com D. Maria do Carmo de Passos, a segunda com D. Maria Benedita Papança.

399 O parentesco deveria ser pelo lado baiano de Luís Paulino, sua mãe, avó ou bisavó.

400 José Carlos Pereira de Almeida, 2º visconde de Santo Amaro. Foi embaixador em Paris, Bruxelas e Nápoles. Era casado com uma filha dos marqueses de Barbacena.

Eu o abandonei, e todos os nossos desta terra, eu o abomino como vil escória da minha geração. Em vão se têm manejado os maiores empenhos e incentivos de compaixão. Eu sou e serei inexorável. O opróbrio e a miséria acompanharão sempre um tal ingrato e vil monstro. Eu não me acomodarei por coisa alguma. Perseguirei sempre o baixo e infame alcoviteiro pai da menina. É um coronel de infantaria, ajudante de ordens deste governo, mas é um infame, pois que para buscar esta honra e felicidade para sua filha, fez os mais vergonhosos crimes. A felicidade da menina não se efetuará e as poucas-vergonhas dele serão patentes.

Passemos ao objeto de prazer, um cavalheiro desta terra, homem de 30 anos, dotado de gentileza, capitão de cavalaria, possuidor duma grande casa em morgadios e bens livres, sendo só o valor destes últimos muito para cima de 400 mil cruzados. Finalmente, pessoa por todos os lados dum distintíssimo nascimento, pois por parte de seu pai é, por todas as alianças, descendente das ilustres famílias que aqui, com "pureza"[401] e esplendor representam, há perto de 3 séculos, todos descendentes dos fidalgos, já que conquistaram, já que defenderam este belo país. Por parte de sua mãe, não preciso dizer-te mais, que esta era irmã da mulher de teu tio Antônio,[402] cuja nobreza sabes tu que enlaça com muitas casas titulares. Em uma palavra, o meu genro pode afoitamente dizer que melhor do que ele, em qualidade de nascimento, ninguém!

Agora devo-te falar das suas qualidades pessoais. É verdade que tem sido alguma coisa gastador e valentão, o que lhe tem custado muito. Porém isto é tributo de quem nasce com 300 escravos para o servirem e que ouve, a cada hora, dizer em casa que é filho do Sol e neto da Lua! Seguro-te, contudo, que agora está concertadíssimo e que nunca vi pessoa de melhor índole e gênio mais dócil, de modo que por todas as razões estou satisfeitíssimo.

Aqui tens, meu José, como vai a minha vida, na qual muito tenho trabalhado para dar lustre e aumento à minha família, sempre perseguido e envergo-

---

401 Sangue europeu, sem mistura.

402 Tio materno, Antônio Feliciano Gomes da Silva Carneiro, desembargador no paço no Rio de Janeiro. Sua mulher era irmã da mãe de Rodrigo Brandão, D. Ana Rita Evarista Duque Estrada de Menezes.

nhado, já por invejosos, já por almas baixas e sem brio, dentre os meus, que assaz me têm atormentado, mas entre todos este monstro de ingratidão, que agora me rasgou o coração e transtornou todos os meus planos. Foi a maior tormenta contra que tive de lutar. Sim, agora vou projetar de novo. Se não fosse esta fatalidade, dentro neste ano a minha casa daí ficaria desembaraçada e segura a ventura daquele brejeiro. Contudo eu não desanimo e, se Deus quiser, a casa há de ir para cima em todo o sentido, porém não a favor do tal monstro, pois já estou trabalhando para o inabilitar para tudo o que por mim possa haver.[403] Quem não tem altos sentimentos não é meu filho e tu bem sabes que eu sou tão bom para o bem, como mau para o mal.

Torno ao casamento da minha filha, pois que sei quanto amas a glória e a decência. A pouca vergonha do senhor que foi meu filho me excitou ainda mais para o fazer com dignidade e magnificência. Um igual, ou maior aparato era aquele que o esperava no seu consórcio, mas ele preferiu casar às escondidas, como um negro fugido, ao brilhantismo do casamento de pessoas fidalgas!

Tudo se fez com as formalidades e grande pompa. No dia das escrituras assistiram só os parentes e dois desembargadores que serviram de procuradores, um por parte do noivo outro por parte da noiva. Este era um parente, D. Carlos. O noivo mandou buscar o seu na sua carruagem, acompanhado dum primo seu e teu,[404] pois era o filho do tio Antônio, Feliciano. Eu mandei buscar o da noiva na minha carruagem, acompanhado por um meu sobrinho, pessoa muito distinta e oficial de cavalaria da legião.

Os criados no maior asseio e todos os parentes vieram em carruagens com a mesma pompa. Enfim, feita a escritura, cuja cópia te remeto, e por ela farás idéia. Fomos para a mesa, seis escudeiros próprios, a saber: três mulatos meus escravos

403 Afastá-lo da sucessão no morgadio instituído pelo seu pai, capitão Bento José d'Oliveira.

404 Trata-se de José Manuel, filho do desembargador Antônio Gomes da Silva Carneiro. Em uma carta de 2 de março de 1822, Maria Bárbara escreve da Bahia a Luís Paulino: "Maria Gertrudes está comigo desde que Deus dispôs de José Manuel; está na eternidade e eu não sei como o tio receberá esta fatal notícia". E Antônio Garcez, também a Luís Paulino, em 22 de março, em carta do Rio de Janeiro para a Bahia: "O tio Antônio vai vivendo mas agora promete pouca duração; ele ignora a morte do filho porque tememos a sua morte com tal notícia".

e três homens livres, vestidos todos com os melhores vestidos, feitos de propósito para o dia, serviram à mesa, etc., etc.

Passemos ao casamento. Eu apresentei três carruagens, duas mui asseadas e uma muito rica, para irem buscar os ditos desembargadores, e uma de estado. Já se vê que cada uma levava dois criados na tábua, tudo de casacas novas de pano fino, meias de seda, chapéus com ricas plumas brancas, etc., etc.

O noivo fez a sua pompa e o nosso Henrique veio também em carruagem magnífica, com os seus criados fardados de novo e ricamente. Os mais parentes e pessoas que além destes vieram para servir de testemunhas, vieram em estadão. Estes foram o conde de Palma,[405] o marechal Felisberto Caldeira,[406] o marechal José Inácio Acciolli,[407] desembargador do paço Nabuco[408] e o desembargador do paço Bernardo Teixeira.

Foram padrinhos o parente mais próximo do noivo, o coronel de milícias José Garcia Pacheco de Aragão e o parente mais chegado da noiva que foi o Henrique, visto o Feliciano não estar ainda representado como já fazendo família à parte.[409] Se aqui estivesses, tu o serias e não outro.

Celebrado o casamento no nosso oratório,[410] fomos para a mesa e não preciso

---

405 D. Francisco de Assis Mascarenhas, 6º conde de Palma, filho dos condes de Óbidos, capitão-general da Bahia até 1821. Quando chegaram ao Rio de Janeiro, em novembro de 1820, as notícias da Revolução Liberal, ponderou-se a substituição do conde de Palma, temendo-se que desencadeasse um movimento constitucional, usando a sua situação na Bahia.Afinal, quando tal ali ocorreu, em 10 de fevereiro de 1821, o conde de Palma acabou por se opor aos revoltosos.

406 Felisberto Caldeira Brant Pontes Oliveira e Horta, futuro marquês de Barbacena, comandante- em-chefe do Exército brasileiro, ministro da Fazenda e diplomata. Viera em 1807 para o Brasil com a família real e fora para a Bahia, como comandante militar. Apesar de ter seguido a via da Independência, opôs-se pela força ao movimento liberal de 10/2/1821 na Bahia, o que o forçou a retirar-se para o Rio de Janeiro.

407 Marechal José Inácio Accioli ou Acciavoli Brandão e Vasconcelos, que, depois de reformado, se instalou na Bahia como comerciante. Grande amigo de família. Quando em 1822 surgiram os problemas derivados da nomeação do general Madeira para governador da Bahia, Luís Paulino propôs ao Congresso Constituinte que se fosse buscar Accioli da reforma, por ser bem aceito por todos.

408 José Joaquim Nabuco de Araújo, chanceler da Relação da Bahia. Em 1828, foi agraciado por D. Pedro com o título de barão de Itapoan.

409 Quer dizer casado.

410 No sobrado do Campo de São Pedro – Bahia.

referir-te a magnificência e delicadeza do jantar, durante o qual tocaram (uma em proximidade, outra em distância) duas soberbas bandas de música.

Passados dois dias seguiu-se a concorrência de visitas e no oitavo dia dei um baile de aparato. E, ainda que houve uma extraordinária tempestade nessa noite, tudo esteve brilhantíssimo.

Ora, aqui te faço esta resumida narração para te entreteres conversando com a mãe e manos, não passando isto da família, pois que só entre ela é que deve haver esta espécie de conversação familiar.

Agora estou de partida para Aramaré, a continuar nos arranjos do meu grande estabelecimento, em que já muito tenho gasto, mas já começo a tirar-lhe o proveito. Depois hei de vir buscar a Maricas, que há de ir passar dois meses lá, porque eu tenho, em razão de serviço, de fazer um giro pela capitania no qual hei de andar mais de quinhentas léguas.

Da nossa Corte, cada vez tenho melhores notícias e cada vez tenho maiores motivos para bendizer o nosso amável soberano. Ah! Queiram os céus prolongar e prosperar os seus dias.

Já te disse que te mandaria o meu retrato e agora te posso dizer que a obra está entre mãos, de forma que, a não partirem depois de amanhã estes navios, já to poderia remeter.

Nada tenho que dizer-te relativamente à minha casa, pois seria ofender o teu zelo recomendar-te o cuidado dela, porque com ele e com os bons e honrados ofícios do nosso Macedo e com as diligências do nosso Antônio Joaquim conto, para minha segurança. Eu vou escrever a este, mas naturalmente será muito à pressa, portanto, quando lhe falares, podes referir-lhe o principal do que nesta te digo.

Diz ao marido da minha sobrinha Maria Emília[411] que eu não posso assentar senão o que for justo, pois outra coisa não é do meu caráter e que, como ele foi o primeiro que comigo teve uma atenção, eu não me hei de esquecer de fazer a seu

411 Antônio Joaquim Pereira de Azevedo e Vasconcelos, senhor da Casa da Seara, em Laviz, marido de Maria Emília Pinto Russel. Esta era filha do irmão mais novo de Luís Paulino, Manuel Lúcio d'Oliveira Pinto, que morreu cedo deixando viúva e duas filhas que, depois de casadas, procuraram desmanchar juridicamente o morgado instituído por seu avô Bento José d'Oliveira, de que era então cabeça seu tio Luís Paulino.

favor mais do que aquilo que é unicamente da minha obrigação e que isso não há de tardar e talvez já este ano se efetuasse, se não fosse o transtorno que fez à casa o senhor que foi meu filho.

Hei de dar parte do casamento da Sabina às pessoas da minha amizade nessa terra, mas será nos seguintes navios.

Adeus que se acaba o papel. Teu do coração,

Luís

# Carta 62

Maria Bárbara Garcez a seu irmão José Garcez – endereçada ao Porto

Bahia, 3 de agosto de 1820

Meu adorado irmão da minha alma,

Os malditos corsários todos os dias nos privam da única ventura que a ausência nos concede! Por esta mesma embarcação tinha eu escrito, a Vossa Mercê e a toda a família, longas cartas participando-lhes, entre mil outras coisas, que Sabina estava a mudar de estado em poucos dias, até mesmo lhe remetemos uma cópia das escrituras e como tudo isto se tinha feito, que na verdade desde que se justou o casamento até agora tudo tem sido feito em regra e com aparato. Não sei se Luís mandará agora outra cópia.

A não ser o cruel e desasinado passo que deu Bento, passo que nos lançou em novos trabalhos, eu estaria bem feliz, mas o destino zomba constantemente da nossa existência curta e apoquenta-lhe os dias. Eu já não sei o que fazer, nem Luís Paulino. Enfim, vamos de novo começar novos planos e assim passa a vida. E o pior é virem os trabalhos maiores quando o frio inverno está junto de nós. A primavera risonha, ainda que nos traga maus dias, dá-nos em troca muitos deliciosos, e os do rigoroso inverno são sempre como emprestados. Assim, meu irmão, agora é que os meus cuidados se hão de tornar mais ásperos apesar de eu há muito estar em guarda e esperar por eles, opondo-lhes a razão sólida que o céu me quis dar em partilha bem certamente celestial.

Com efeito, tornando ao que principiei a narrar, lhe participo que já se acha casada a Sabina. Efetuou-se o casamento no dia dos meus anos, 11 do mês passado.

Fez-se com a possível ordem. Foi padrinho da menina o nosso Henrique e testemunhas três conselheiros da Fazenda e dois desembargadores que tinham sido procuradores da menina e do noivo, o marechal Felisberto, o conde da Palma, governador desta cidade, José Garcia Pacheco, parente do noivo, José Manuel, primo de ambos e o nosso Feliciano. Receberam-se nesta tua casa, no oratório dela, bem como assistiram mais alguns parentes. Por todos, fomos de mesa, no jantar, vinte e quatro pessoas. Houve, ao fim do oitavo dia, baile, etc., etc... Agora, qualquer destes dias principia a tarefa das visitas, mas torno a repetir-te assisti a tudo isto com o coração enlutado. Eu não posso ter alegria. Esse esperto Bento, que cuidados me dá! Qual será a sua sorte? Luís Paulino cada dia está mais raivoso, pelo modo com que lhe aliciaram o filho.

Basta, meu mano, tenho feito grande digressão. Desculpe-me e dê-me um abraço da minha parte em sua mulher quando lhe entregar a carta que a esta uno.

Adeus, muitos recados ao digno Antônio Joaquim a quem, na primeira embarcação, conto mandar uma lembrança. Não esqueço o bom Macedo assim como todos os amigos. Adeus meu irmão, o céu lhe dê as venturas que eu muito lhe apeteço, pois sou do coração toda sua,

Maria Bárbara

# Carta 63

Antônio Garcez a seu irmão José Garcez

Rio de Janeiro, 12 de agosto de 1820

Meu querido irmão do meu coração,

Recebi a sua carta de maio do corrente em que me anuncia o bom estado de sua saúde e melhoramento do da mana Joana, a quem me recomendo e o mesmo faz a Teresinha que já está batendo doce, pois que o parto a abateu bastante. O seu sobrinho José G. P. M. vai-se criando. É galantíssimo e já tem feitiços com dois meses e tantos dias, pois nasceu em 6 de junho e se batizou a 30 – agora dirá V. Mercê todos somos tolos com os nossos meninos – é criança que se não conhece que há em casa. Deus o ajude para poder ir ver a noiva a Portugal, a qual deve ser sua filha, para o que deve continuar na operação diária com modo, e sem molestar a mana com o seu cabeça de gato.

Vamos ao sério agora, porque o tempo é pouco e por isso não escrevo à mãe, a quem abraçará e me recomendo muito e à Teresinha e ao tio, a que também se recomenda Teresinha, e não escrevemos, porque a nau está a largar e quero ver se envio esta por Lisboa.

Em cumprimento da dita sua carta fui falar ao marechal, a quem tinha visitado e fui pôr em prática o que me dizia. Ele me ouviu benignamente a sua pretensão e me disse que o conhecia muito bem e que sobre a sua pretensão nenhuma dúvida podia haver, logo que o governador da província o pedisse. Ao que eu lhe respondi que Filipe de Sousa [Canavarro][412] fora seu capitão, que conhecia V. Mercê muito bem e que, sendo seu amigo, nenhuma dúvida poderia haver na proposta. Porém, se sua

412 Governador das armas do Porto.

senhoria permitisse, eu requeriria a Sua Majestade, a fim do mesmo senhor enviar para ele, sr. marechal, o requerimento. Ripostou: "Oh não, general da província" e parece-me que me disse que Sua Majestade nisso nada resolvia, porque a ele estava cometido. Ripostei-lhe que V. Mercê não desejava ser nulo e por isso pretendia esse lugar e, em falta, coronel de milícias, o que recebeu bem e acrescentou "havendo vaga". Como ele vai agora munido de poderes decisivos e concluirá o arranjamento quando não chegue a patente, a qual segundo as novas resoluções que leva, também me parece não dever ser cá encaminhada e, quando fosse, talvez ele não cumprisse. Eu lhe disse que V. Mercê era o único que aí tinhamos e por isso [era] impraticável vir, pois que se viesse era natural [que] Sua Majestade lhe fizesse boa a sua patente. Conveio e também me disse que V. Mercê estava casado. O que se infere deste dito é que reconhece a impossibilidade de V. Mercê passar a este reino. Ora pois deve V. Mercê chegar a Lisboa, faça mais essa despesa e apresente-se-lhe. Ele é amável, ele não há-de deixar de recebê-lo muito bem e atendê-lo. O seu amigo visconde de Jerumenha vai nomeado seu secretário de negócios imediatos e extraordinários. Ele conhece suas virtudes e não deixará de promover o seu bem-fazer. Eu recomendei ao dr. (...), médico dele, hoje também da câmara de Sua Majestade, que desse a V. Mercê recados, logo que V. Mercê ali chegasse. Tratei com ele do seu negócio, ele me disse que conhecia a V. Mercê. Não sei se assim é. O que sei é que é um inglês amável e virtuoso e que V. Mercê travando com ele amizade há-de gostar e ele tem meios de se fazer lembrado. Também o ajudante de ordens do mesmo a quem chamam <u>Narcizo de si mesmo</u> [*sic*] me parece bem e me disse que o conhecia. Eu lhe pedi igualmente que quando o visse lhe desse recados a fim de V. Mercê abrir conversa com o mesmo.

Ora pois é quanto à pressa posso dizer e reservo pelo correio de setembro fazê-lo com mais miudeza em resposta à sua. Marquês [de Loulé] bom e se recomenda e estou pelo que tenho dito a respeito desses senhores. A seu cunhado recados e que Padim a quem procurei por seu respeito ainda aqui não apareceu. Enfim, José Francisco Bernardes é moço honrado e fie-se seu cunhado no que ele disser a quem omito.

Abrace a mãe, de novo repito e manas e V. Mercê receba as saudades que lhe envia o seu

Antônio

# Carta 64

Antônio Garcez a seu irmão José Garcez – endereçada a Penafiel

Rio de Janeiro, 26 de abril de 1821

Estou derramando lágrimas, porque me vai falhando da vista a nau que leva o nosso amável soberano, que vai alegrar esses povos deixando em saudade perpétua aqueles que, como eu, nunca lhe fomos ingratos. Deixa seu amável filho, para nosso prazer, que é perfeitíssimo moço e que dá as maiores esperanças. Enfim, aí o tem e seja feliz, que é quanto lhe desejo. Eu me despedi dele dizendo que a felicidade que até hoje tinha passava para meu irmão, que logo iria da província vê-lo e beijar-lhe, em meu nome, a mão, o que espero Vossa Mercê faça.

Vamos ao mais. Acabei de escrever-lhe e leva a carta, para lançar no correio de Lisboa, um primo de minha mulher de nome Lino José Baptista, capitão-de-fragata e oficial da guarnição da nau D. João VI onde mora. Se aí não estiver, aí lhe dirão onde é sua morada para Vossa Mercê dele se informar de nossa saúde, e do grande número de pessoas que segue El-Rei poderá saber de mim.

Eu lhe nomeio algumas que buscará, querendo. A saber, criados particulares e homens capazes: Luiz do Valle, Luiz Ribeiro, homem que serve para dar algum recado, Tomazinho Antônio Carneiro que leva muito dinheiro e que, posto que não esteja no valimento, é bom homem. Todos os carv.os picadores. O mestre das cozinhas José da Cruz Alvarenga, bom homem e muito serviçal, e a sua família com quem [con]vivi muito e com o filho, que é moço de juízo e posto que se foram sem se despedir e sua senhora da minha, contudo lhe não levo em mal.

Frei Joaquim, confessor de Sua Majestade e meu amigo, deve procurá-lo. Quanto ao seu marquês,[413] é bom sujeito, nunca me tratou mal mas seu coração não merece a sua ternura. Contudo, pode ser que, estando junto de Vossa Mercê, seja o mesmo homem daquele antigo tempo. Enfim, é o mundo e deve conhecer-se e vamos vivendo. Eu nunca ocupei a dita gente e a que se segue, porque de nada serviam. Contudo, é bom conhecê-los e de política tratá-los para quando não façam bem, não fazerem mal!

Queira procurar Francisco Lobato, da sua e da minha parte, que assim lho recomendei e mesmo os irmãos particularmente o Mathias. Ainda que a "casca" é má, ele o não é.

Marqueses de Valada[414] e Lavradio[415] lhe dará notícias minhas bem como o conde de Rio Maior,[416] o melancólico, a quem notei de [há] tempos alguma indiferença. Ele é o camarista do senhor infante [D. Miguel] e o apresentará para Vossa Mercê o cumprimentar, e mesmo da minha parte, e à rainha, que é amável senhora, e lhes beijará a mão em meu nome.

Queira procurar logo os novos ministros de Estado que no dia 26 de fevereiro elegeu o povo[417] e são homens capazes: os senhores Quintela,[418] do Reino; Torres,[419] da Marinha; e, ultimamente, o nosso contemporâneo Silvestre Pinheiro,[420] que é

---

413 O 1º marquês de Loulé, que em 1824 seria assassinado no paço de Salvaterra, dando origem a um grande escândalo político que envolveu o infante D. Miguel. Seu filho, o futuro duque de Loulé, casaria com a infanta Ana de Jesus.

414 D. Francisco de Menezes Silveira e Castro, 1º marquês de Valada e 1º conde da Caparica, estribeiro e mordomo-mor da rainha Carlota Joaquina. Foi casado com duas senhoras da Casa Lavradio, filhas respectivamente dos 2º e 3º marqueses de Lavradio.

415 D. Antônio d'Almeida, 3º marquês de Lavradio e 6º conde de Avintes, mordomo-mor de D. João VI.

416 Antônio de Saldanha e Sousa, 2º conde de Rio Maior, gentil-homem da Real Câmara.

417 Refere-se ao pronunciamento do dia 26 de fevereiro de 1821, desencadeado pelas tropas da guarnição do Rio de Janeiro, as quais, com o apoio de D. Pedro, impuseram o juramento da Constituição que fosse feita pelas Cortes de Lisboa e a formação de um novo governo. Antão Garcez, major do batalhão de caçadores 3, assumiu um papel de destaque, conduzindo-o aquele corpo para o Rossio ou Praça, onde ficava o paço.

418 Vice-Almirante Inácio da Costa Quintela, que foi depois ministro da Marinha em 1822.

419 Vice-Almirante Joaquim José Monteiro Torres.

420 Jurisconsulto e publicista Silvestre Pinheiro Ferreira. Teria, pois, andado com Antônio e José Garcez na Universidade de Coimbra.

da Guerra. Ele ontem me disse o seguinte, quando lhe disse que Vossa Mercê viria logo da província vê-lo, e falando-lhe no estado de nulidade em que tem estado: "que ele procuraria e desejaria ter meios de poder contribuir (foi a expressão de que se serviu) para o seu bem". É moço capaz e não da [*ilegível*] dos grandes [*ilegível*] d'alma do senhor Thomaz Antônio,[421] que tanto mal fez à escola de que foi membro. Pode dizer que eu lhe avisei disto e, posto que as Cortes sejam quem resolva da sua sorte, eu estou que o ministro pode contribuir. Fará o que lhe parecer.

Também me agasalhava os condes de Parati e Torres Novas.[422] Porém esse nada vale. D. João Belas[423] é bom rapaz e toda a sua família. Bem particularmente lhe recomendo que busque mais o conde de Cavaleiros[424] e condessa, a nossa Patrícia, flor dos fidalgos e [*ilegível*] nossa.

Aí vai o barão de Alvaiazere,[425] conhecido aí em outro tempo pelo médico Vieira. Busque-o porque é honrado. É meu amigo e sua senhora, que veio daí o ano passado, é amável e é natural da Beira. Este homem é o mesmo que se ofereceu para me alcançar a licença para eu ir para o reino. Logo que for tempo eu lhe escreverei para ele me obter a dita. Falei a Sua Majestade sobre isto mesmo, ainda que julgava agora intempestivo, o que ele aprovou e lhe pedi que, logo que o príncipe se retirasse, eu fazê-lo-ia, o que aprovou. Logo que faltem os velhos pais da minha mulher, que não prometem grande duração, eu vou e ainda acabaremos todos juntos com nossa mãe e Teresinha, a sua amável mulher, a quem me recomendo, o que igualmente faz a minha Teresinha.

---

421 Thomaz Antônio Vila Nova Portugal, que havia sido primeiro-ministro no governo anterior.

422 Antônio César de Vasconcelos Correira, 1º visconde e conde de Torres Novas.

423 D. João Castelo Branco Vasconcelos e Sousa, filho dos 1ºs marqueses de Belas, vedor da princesa D. Maria Benedita.

424 D. Gregório Ferreira d'Eça e Menezes, 2º conde de Cavaleiros, estribeiro-mor de D. Carlota Joaquina. Os condes de Cavaleiros eram da casa Marialva e a mãe do 2º conde tinha morgadios e raízes em Recezinhos, nas vizinhanças de Penafiel, daí o termo "nosso patrício".

425 Manuel Vieira da Silva Borges e Abreu, 1º barão de Alvaiazere. Fora médico em Ourém, onde ganhara certa fama, razão por que foi chamado a tratar do príncipe D. João, que muito se lhe afeiçoou, fazendo-o médico da Real Câmara e cobrindo-o progressivamente de graças e benesses pela vida adiante. Era casado com D. Maria Ludovina de Almeida e Vasconcelos.

O seu sobrinho José,[426] que me está chamando Pá pá pá pá, é galante menino e já anda pela mão. Tem 11 meses, feitos no dia 6 de maio. Deus o ajude. Irá ser homem na terra de seus pais, pois que a dele se fez ingrata, como saberá pelos papéis públicos,[427] mas como não contarão com exatidão tudo o que houve, queira Vossa Mercê buscar as duas pessoas que nomeio e são: D. Antônio Casimiro que foi cruzio e hoje é cônego da Patriarcal. Este moço vive em São Vicente de Fora com o irmão, ou vai viver. Este homem deu-se muito comigo, é belo padre e o saberá informar do estado do Brasil e do que tem havido do dia 26 de fevereiro[428] para cá, [tal como] o desembargador Mascarenhas,[429] que vai para o senado de Lisboa. Vai na companhia da condessa da Ribeira[430] e Vossa Mercê gostaria de o tratar porque é homem de letras e mui capaz. Ambos conhecem o tio[431] e todos nós. Eles dirão com miudeza nossos despachos, nossos arranjos e tudo o que Vossa Mercê queira deles saber. Eu próprio a eles me remeto para melhor conhecimento de quem é este desembargador João José de Mascarenhas. Lhe digo que é um que, no tempo dos franceses, esteve preso e depois 5 anos no Limoeiro.

Teresinha queria escrever mas o tempo não dá lugar a fazê-lo, bem como à mãe e Teresinha de Penafiel e ao tio José, a quem me recomendo e o farei no próximo barco, e não se esqueça dos amigos a quem envio memórias e à prima Vieira.

Pedro Álvares Diniz,[432] secretário da rainha, desembarcou porque o nomearam juiz dos "rotos". Ele ia desembargador do paço e irá, finda a comissão ou se

---

426 Seu filho José Garcez Pinto de Madureira, que, embora de nacionalidade brasileira, foi feito visconde de Garcez pelo rei D. Luís I em 1874.

427 Alusão aos ventos de rebelião que começavam a soprar no Brasil.

428 Ver nota 436.

429 Desembargador João José Mascarenhas de Azevedo e Silva. Corregedor de Beja no tempo das invasões francesas, a sua atuação como presidente da junta suprema ali constituída valeu-lhe, por queixa dos povos, uma devassa com a conseqüente prisão e seqüestro em 1809. Em 1814, foi absolvido pela Relação de Lisboa. Integrou o senado da câmara de Lisboa. O seu espólio encontra-se no Arquivo Distrital de Beja.

430 D. Mariana de Almeida Portugal, filha dos 3^os^ marqueses de Lavradio. Enviuvara em janeiro deste mesmo ano do 7º conde da Ribeira Grande.

431 Tio materno, o desembargador do Paço, Antônio da Silva Carneiro.

432 Desembargador da Casa da Suplicação, substituiu no governo o conde dos Arcos, após a destituição e prisão deste, imposta pelo pronunciamento de 5 de junho de 1821.

verificar-se o perdão, que corre, Sua Majestade deixa. Ele, quando for, dará recados e muito de mim dirá. É belo moço.

No despacho do batizado eu fui despachado 6º agravista, mas que gosto posso fazer com a idéia de que os tribunais acabam?[433] Coisa que muito custa porque trabalhei toda a vida para obter afinal o foro [de fidalgo], carta de conselho, etc., etc. e fazer feliz o filho e ver que pelo novo plano e arranjamentos das Cortes estes títulos se [*ilegível*] ou acabam. Faz perder o gosto e mesmo porque me vão à bolsa, porque ouço dizer que já aí acabaram as conservatórias.[434] Portanto, diga-me Vossa Mercê se é verdade, porque perder 800 mil reis é triste e o que sirvo? dos ingleses é importante.[435] O tio saiu juiz da Coroa por este despacho, porém não está contente e Mascarenhas dirá o resto e a razão que lhe assiste para chorar-se.

Da Bahia tenho notícias boas dos nossos manos e mana, bem como de Luís, que já fez as pazes com o filho.[436] Eu acredito que Sua Majestade ficará na Bahia para acabar de consolidar esta com Portugal, pois ali há partidos tremendos,[437] como aqui, que é quem me assusta. A tal independência é necessário ser bem olhada pela nossa pátria.

O fato acontecido Sábado de Aleluia[438] é uma prova e que há inteligência com

433 Na sessão das Cortes de 10/12/1821 foi aprovada a extinção dos tribunais, que D. João VI criara no Rio de Janeiro, ficando a Casa da Suplicação ali existente reduzida a uma Relação provincial. Os membros dos tribunais extintos ficariam aposentados com meios ordenados, enquanto não fossem empregados.

434 Tal não veio a suceder, pois, embora as bases da Constituição tivessem extinto os privilégios de foro, ressalvaram os que, pela sua natureza, pertencessem a juízos particulares, o que abrangia os juízes conservadores das nações estrangeiras.

435 Antônio Garcez era juiz da feitoria inglesa, ou seja, conservador da nação inglesa.

436 Como em cartas anteriores se refere, Luís Paulino havia decidido cortar todos os contatos com seu filho primogênito Bento, por este ter casado contra a sua vontade.

437 Salientava-se o futuro deputado às Cortes Cipriano José Barata de Almeida (1762-1838), que estivera já envolvido na Conspiração Baiana de 1798, também chamada Revolta dos Alfaiates.

438 Refere-se a um incidente sangrento, ocorrido no Rio de Janeiro, na noite de 20 para 21 de abril de 1821. Preocupados com a inexistência de um órgão representativo, que limitasse os poderes do regente, um grupo de liberais, autorizados por Silvestre Pinheiro Ferreira, promoveu uma assembléia dos eleitores de paróquia da cidade, que já tinham sido escolhidos com vista à eleição dos deputados às Cortes. A assembléia votou a favor da adoção provisória da Constituição de Cadiz e da formação de uma junta fiscal do governo. O rei aceitou a primeira destas propostas, recusando a segunda. Entretanto, D. Pedro mandou uma força de caçadores dissolver a assembléia, do que resultaram três mortos e alguns feridos.

as capitanias, é uma verdade. É por isso necessário medidas e tropa, para sossego e para que eles brasileiros, que não sabem o que querem, sejam felizes com os seus irmãos de Portugal e acabar rivalidades.

Enfim, nós estivemos em iminente perigo e apesar de todas as medidas quem sabe o que será. Por isso me disse o conde de Seia:[439] "Cá fica, meu amigo, e não lhe invejo a sorte". Ele não é mau vivente e convivente, bem como o conde de Viana,[440] [seu] irmão, com quem me tratei.

Aí vai também o irmão mais moço do marquês de Alegrete, de nome João Gomes, irmão também de D. Prior de Guimarães, José Telles da Silva, que lhe dará notícias minhas. É bom mocinho e...

Não posso mais. Pode ler esta a nossa mãe e dizer-lhe que a Antão e ao seu batalhão[441] deve El-Rei o seu sossego, e todo o Rio, e aos mais corpos, mas aquele batalhão foi o que serviu de mola real.[442]

Thomás Valente,[443] que saiu do corpo dia 26 de fevereiro por não entrar no movimento, mereceu por isso a amizade do rei, que o despachou governador de Santa Catarina e julgo vai coronel. Ele na verdade é bom moço e Vossa Mercê, à família [dele] me recomende. Ele está comendador.

Dizem que Antão,[444] agora, foi feito tenente-coronel do batalhão, o que é verdade e houve mais promoções, que lá saberá.

O nosso Manuel,[445] há meses é capitão da 5ª companhia, como o tenho avisado.

Pela fragata Maria da Glória, seguro no correio, lhe enviei os papéis que de Vossa Mercê possuía e de que me havia recomendado a boa guarda, pois que agora

---

439 D. Antônio Manuel de Menezes, 1º conde de Seia. Foi o major general da esquadra que trouxe a família real do Brasil para Portugal.

440 D. João Manuel de Menezes (1783-1831), 2º conde e 1º marquês de Viana.

441 Antão Garcez e o batalhão de caçadores nº 3.

442 Refere-se decerto ao papel do batalhão no movimento de 25 de fevereiro de 1821 (ver nota 418). A alusão ao sossego sublinha a natureza ordeira e disciplinada do pronunciamento militar, que evitara a temida "anarquia".

443 Tomás Joaquim Pereira Valente, comandante de caçadores 3 e futuro barão e conde do Rio Pardo.

444 Antão Garcez fora quem comandara o batalhão de caçadores 3 no levantamento de 26 de fevereiro, por Tomás Valente se ter retirado. Foram assim premiados uns e outros.

445 Seu irmão Manuel Garcez.

lhe serão precisos. A dita fragata é a que levou a notícia de Sua Majestade aprovar a Constituição que as Cortes fizerem. Saudades a seu cunhado e aos amigos todos e Vossa Mercê nunca se esqueça do seu irmão que o ama.

É para notar não receber cartas suas [desde] junho do ano passado, quando partia para a Várzea com sua mulher e não sei se é roubo ou não querer Vossa Mercê fazê-lo por delicadeza. Seja o que for, vivo mortificado.

Para o Porto vai um filho do Porto que é José Duarte, que veio trazer a mulher do barão de Alvaiazere[446] e vai médico da câmara. Este moço é seu conhecimento e lhe pode contar tudo, enquanto não for a Lisboa, e em Lisboa o apresentará ao mesmo barão, se quiser; mas não é necessário. Adeus, meu irmão, sou fiel e muito seu,

António

446 D. Maria Ludovina de Almeida e Vasconcelos, que em 1819 viera de Lisboa para casar com Manuel Vieira da Silva Borges, 1º barão de Alvaiazere.

# Carta 65

José Garcez Pinto de Madureira a seu cunhado Luís Paulino[447]

Porto, 29 de maio de 1821

Meu Luís,

Tenho visto com prazer tudo que se passou na Bahia e que tu fizeste prova do lugar que ocupas. Enfim, todos os habitantes dos Reinos Unidos estão unidos por igual vontade.[448]

Circunstâncias, que não relato por longas, me tiraram da representação primária.[449] Porém, sempre bem visto dos meus concidadãos,[450] alcancei um lugar onde, podendo ser útil à pátria, esteja em minha casa. Nomearam-me coronel das milícias de Penafiel.[451] Este posto, se não tiver outro, é já suficiente para as minhas posições de casado. Com arranjar a mal outras coisas, o fazem ter para mim valor. O que te seguro é que corpo nenhum desta espécie tem à testa um ho-

447 Depreende-se que esta carta é dirigida à Bahia. Como se refere à eleição de Luís Paulino para deputado às Constituintes, é portanto de 1821.

448 Refere-se à adesão da Bahia à revolução liberal portuguesa.

449 Quer dizer que não foi eleito deputado às Cortes Constituintes, não chegando sequer a ser escolhido como eleitor de comarca. Seria interessente conhecer os motivos da sua exclusão.

450 Nas *Revelações e memórias para a história da revolução de 24 de agosto*..., publicadas em 1846 por José Maria Xavier d'Araújo, este autor, membro do sinédrio, relata que Manuel Fernandes Tomás, desconfiado de Gaspar Teixeira, que ficou a comandar o exército do norte, que avançou do Porto em direção a Lisboa, tentou colocar junto dele, como ajudante do general, José Garcez, militar vindo de França.

451 Na sessão das Cortes, de 19 de maio de 1821, fez-se honrosa menção da carta de felicitação enviada pelo coronel agregado, comandante do regimento de milícias de Penafiel, em nome de todo o seu regimento (*Diário das Cortes* nº 84, de 21/5/1821, p. 959). Por decreto de 20/5/1824, passou a coronel agregado das milícias da Maia.

mem que pelejou até as portas da Ásia.[452] Saberás que o congresso desmanchou as administrações.[453] Já se fez um requerimento excelente ao mesmo congresso mostrando a tua posição e as tuas circunstâncias, para que se tome uma decisão a este respeito.

Até onde eu puder hei de trabalhar. Escrevi aos nossos amigos comuns. Manuel Alves do Rio[454] muito te estima e a esse também me dirigi. Ele, quando no mês passado chegou a notícia da Bahia, foi ele que ma deu e cheio de entusiasmo me mostrou o teu nome.[455] E bebemos à tua saúde pois jantámos ambos em casa de um amigo comum.

As tuas sobrinhas[456] muito trabalharam. Fizeram um requerimento às Cortes para te desmancharem o morgadio, mas esse se fez inutilizar. Veremos o que se passa. Antônio Joaquim[457] cada dia é mais digno homem. Não se esquece um só momento dos teus interesses.

Adeus [*ilegível*] à mana Maria, Maria Francisca, Luís e Sabina. A Bento já sei

---

452 Referência à campanha da Rússia, em que José Garcez participou. A respeito da sua participação, ver entre outros Artur Ribeiro, *Legião Portugueza ao serviço de Napoleão*, Lisboa, Livraria Ferin, 1901.

453 Por serem incompatíveis com as bases da Constituição, as Cortes aprovaram em 19/5/1821 um decreto extinguindo todos os juízos de comissão ou de administração, concedidos a favor de casas nobres ou de outras pessoas particulares, revertendo as causas pendentes para os juízes competentes e a administração das casas para os seus donos, tutores ou curadores.

454 Manuel Alves do Rio (1777-1849), deputado às Cortes Constituintes pela Estremadura. Membro antigo da maçonaria, fora deportado para os Açores, aquando da "setembrizada" de 1810. É provável que se tratasse de um condiscípulo da Universidade de Coimbra, onde Alves do Rio se bacharelou em Cânones em 1794.

455 Refere-se ao movimento liberal de 10 de fevereiro na Bahia. Embora não tivesse entrado na conjura que desencadeou o pronunciamento, Luís Paulino participou na reunião dos comandantes e oficiais da tropa de linha da Bahia, que deliberou que se cedesse aos objetivos do movimento, de modo a evitar a efusão de sangue.

456 D. Maria Emília Pinto Russel, casada com Antônio Joaquim Pereira de Azevedo e Vasconcelos, senhor da Casa de Seara em Laviz e D. Inez Inocência Pinto Russel, casada com o desembargador Joaquim José Soares. Eram filhas do irmão mais novo de Luís Paulino, Manuel Lúcio de Oliveira Pinto, que morreu antes de seu pai, Bento José d'Oliveira, instituir o morgadio da Fonte Nova a favor daquele. Destas senhoras descendem as famílias de Braga Soares Russel, Feio Soares de Azevedo, Arantes Russel e Costa Araújo de Sousa Menezes. De outros papéis de família se depreende que nem a viúva nem as filhas de Manuel Lúcio aceitaram bem, e por muitos anos, a instituição do morgadio, que as prejudicou na herança de Bento José d'Oliveira.

457 Procurador da família no Porto.

perdoaste[458] e ele, dizem, tem brilhado. A tua primeira ordem às tropas muito aqui agradou e agora. [*ilegível*] faz-te lembrado no seu dizer.

Adeus, teu do coração

J. G.

P.S.: Minha mulher, mãe e mana estão boas e se recomendam. Faz-me também lembrado a Feliciano, Henrique[459] e amigos.

---

458 Ver as cartas anteriores. Seja como for, a opção matrimonial de Bento veio a resultar, enquanto o casamento de Maria Sabina com o 1º barão de Belém, que tão do agrado foi de Luís Paulino, veio a dar muitas preocupações.

459 Seus irmãos Feliciano e Henrique Garcez Pinto de Madureira, que viviam na Bahia e ali seguiram o Partido Português, sendo expulsos do Brasil, conforme consta de cartas posteriores de Maria Bárbara.

# Carta 66

Luís Paulino a seu cunhado José Garcez – endereçada ao Porto[460]

Bahia, 18 de junho de 1821

Meu querido José,

Depois da nova ordem de coisas apenas recebi uma tua e assaz lacônica. Eu te tenho escrito já duas vezes depois do dia 10 de fevereiro,[461] memorável nesta cidade, e bem vês que tais circunstâncias dum e doutro hemisfério excitam curiosidade de notícias a quem se interessa, como estou persuadido de ambos nós, no verdadeiro bem e sossego da sua nação.

Já quando te escrevi ultimamente, te dizia o quanto eu tinha sofrido na minha saúde, sendo-me impossível cuidar dela pelo contínuo trabalho a que me chamavam os empregos e ocupações para que me nomearam. Agora te digo que, a não ser a minha natural robustez, já não existiria, pois as moléstias têm continuado ao passo que se dobram os trabalhos aos quais não posso faltar. Contudo, foi-me forçoso sucumbir e há um pouco de tempo que me acho de cama, mas assim mesmo na necessidade de continuar a regulação das tropas desta província e o comando-em-chefe delas que chegam, entre linha e milícias, a 20 mil homens. Deus queira dar-me saúde, sossego e a todos nós uma sólida felicidade.

460 Esta carta foi ditada a Maria Bárbara, que a escreveu.

461 Data do movimento desencadeado na Bahia, do qual resultou o juramento da Constituição que as Cortes aprovassem e a formação de uma junta provisional de governo. A iniciativa do movimento partiu do regimento de artilharia, comandado pelo tenente-coronel Manuel Pedro de Freitas Guimarães. Em 26 de fevereiro, as tropas do Rio de Janeiro seguiam o exemplo da Bahia.

Segundo notícias que tive proximamente do Rio de Janeiro, estamos esperando aqui, todos os dias, o nosso Antão,[462] que já está tenente-coronel, mas agora vai, juntamente com outros oficiais, licenciado para Portugal.[463] Não entendo isto nem saberemos decifrar estes arcanos senão quando ele aqui chegar. Eu, agora, bem nessa cidade tinha de ir, a esse reino. Cheguei a falar nisso aos senhores desta junta provisional, que me dizem não podem dar-me a licença e fazem-me mais a honra de dizer que eu sou preciso. Isto é favor pois eu de pouco sirvo já, meu José. Portanto, eu vou mandar pedir para Lisboa a dita licença e não te preciso dizer quão indispensável me é ir arranjar a minha casa desse reino, e ter ao mesmo tempo toda a consideração com a daqui, para cujo adiantamento fiz os maiores esforços e tenho feito grandes despesas.

Os portadores destas cartas são dois moços bem criados, filhos duma grande casa de comércio e moradores na minha freguesia. Por esta ocasião de freguesia, lembro-me dizer-te que eu, por bondade ou amizade destas gentes, fui nomeado compromissário e depois eleitor de paróquia. No dia de S. João faremos a eleição que se segue, mas eu não sei se poderei aparecer porque, na verdade, a minha moléstia me não deixará.[464]

A senhora D. Maria Bárbara é a minha amanuense. Aqui, me ralha muito, chamando-me velho rabugento *(e com razão, pois com a doença está irritável, sim, meu mano, coitado do seu Luís tem sofrido muito; ora pois, dê mil saudades à mana)*.

Não tenho notícias algumas da minha casa pois, depois do dia 24 de agosto [de 1820], só tive uma carta de Antônio Joaquim que, na maior parte, tratava só

462 Seu cunhado Antão Garcez era comandante do batalhão de caçadores 3 no Rio de Janeiro. Depois de se ter destacado no movimento de 26 de fevereiro, aquele corpo teve um papel importante nos acontecimentos de 8 de junho, que levaram à destituição e prisão do conde dos Arcos. Tal colocou-o em confronto com D. Pedro, que terá pretendido licenciar o comandante daquele batalhão e outros oficiais, o que não veio a suceder, de imediato.

463 Antão Garcez seguiu, com o seu batalhão, a sorte da Divisão Portuguesa Auxiliadora, comandada pelo tenente-general Jorge de Avilez Zuzarte de Sousa Tavares, o qual, para evitar o confronto eminente no Rio de Janeiro entre as tropas brasileiras e portuguesas, instalou a divisão na Praia Grande, de onde embarcou para Portugal em 15 de fevereiro de 1822.

464 Preparavam-se as eleições para o Congresso Constituinte. Luís Paulino seria eleito e faria parte da representação da Bahia no Congresso, partindo para Lisboa em 1º de outubro deste mesmo ano de 1821.

dos sucessos daquele dia e seguinte. Como, porém, sei que está concluído o tombo o que resta unicamente é ir-se pagar os direitos e pedir-se a confirmação no Desembargo do Paço conforme foi determinado e é o estilo. Para este fim, eu vou escrever a Antônio Joaquim e, pelos navios de Lisboa, vou remeter ordem que naturalmente será ao mesmo negociante que aí lhe dá as mesadas. Paga-se a pronto o dinheiro para os tais novos direitos, o qual, segundo eu entendo, há-de andar de 3 mil cruzados para cima.[465]

Entretanto, recomendo-te, como sempre tenho feito, que ajudes e dirijas sempre em tudo, por ti, pelo teu conselho e dos teus amigos inteligentes, o nosso bom Antônio Joaquim, pois uma causa que é minha e do teu sobrinho a deves considerar como tua para em tudo a protegeres e assim conto.

Todos os nossos desta terra passam muito bem e eu cada vez estou mais ambicioso de receber, dos daí, as melhores notícias. Põe-me aos pés de tua mulher, minha senhora, dá-me saudosas lembranças à mãe e mana e lembra-te sempre do teu velho amigo e fiel irmão,

Luís

465 Problemas administrativos ligados ao morgadio da Fonte Nova, instituído por seu pai, o capitão Bento José d'Oliveira.

# Carta 67

Antônio Garcez Pinto de Madureira a seu cunhado Luís Paulino. Ao il.$^{mo}$ sr. Luís Paulino de Oliveira Pinto da França, comendador das Ordens de Cristo e da Conceição, marechal-de-campo dos reais exércitos

Rio de Janeiro, 2 de agosto de 1821[466]

Meu Luís do coração,

Recebi a tua carta de 11 de junho, muito retardada, e por isso é agora que te passo a escrever, certificando-me do muito que me penaliza a tua falta de saúde e mais magoado por te faltar o tempo para tratar dela, sem o que não podes ser útil nem à nação nem a ti. Queira o céu que, ao receberes esta, estejas gozando o mais perfeito sossego.

Vejo o que me dizes sobre os papéis para conseguires o fim da tua comenda e para o que falei a Carneiro. Este me disse que a tua era de 12$000, que assim se designou e que portanto não podias requerer. Que segundo o sistema de Portugal, aqueles a quem se não designou também o não podiam fazer porque eles se incorporavam e que o título para usar a insígnia tu o tinhas, que é ao que se reduziu este negócio simplesmente de enfeite. Portanto, aprontar papéis de habilitação, eram [*ilegível*] para sem fim, e que estes eram só formalidades que todos os procuradores sabem. Curarei por que professes.

Professarão Henrique, Feliciano[467] e outros, a quem mando mercês feitas por Sua Majestade. Ora, pois, prepara os papéis para professar. O padrão para receberes tença é dispendioso porque pelos manos podes saber que anda por perto de trezentos mil reis. Carneiro disse-me havia encarregado um procurador, que há e são pes-

466 Esta carta ainda conserva o sinete com as armas dos Garcez.

467 Henrique e Feliciano Garcez Pinto de Madureira, também irmãos de Maria Bárbara, que viviam na Bahia, vindo mais tarde a tomar partido pela causa portuguesa, razão pela qual foram expulsos do Brasil. Estava em causa o ingresso nas ordens de cavalaria, para o que tinham obtido mercê.

soas suficientes, a custo de 25$600, que tanto importa a sua agência. Julgo, portanto, aprovarás a minha deliberação e que, se não agradar, farei o que determinares.

Estimo que se concluíssem essas eleições.[468] Que se apressem os deputados em fazer viagem. Eu também fui compromissário da nossa freguesia. Felizmente, por poucos votos escapei de ser eleito, do que dou graças a Deus por não assistir no ato do dia de Sábado de Aleluia.[469] Sei o que são esses trabalhos (que por mim passaram) e por isso julgo bem o incômodo que terás no teu estado de moléstia.

Julgo que o tio[470] escreve e ele se recomenda bem como Manuel e Antão,[471] o qual não deu o gosto a Gordilho[472] de vê-lo nessa cidade. Porém teria maior prazer em ver o seu amigo conde,[473] que viu por óculo a terra onde foi o primeiro regente. Oh tempos! E se ele, depois que foi demitido (com o seu antagonista, o beato Antônio), não aceitasse a entrada conhecendo o ânimo popular e não se fiando de meia dúzia de marotos que o adulavam, não passaria por vexames e injúrias e goraria seus bens compor. Tudo sucede a quem segue mau partido e é reformador ou quer ser.

Enfim, deixemos estas causas em que nunca falei nem falo por sistema. E vivo muito bem em minha casa, se é que entre tantas novidades pode haver tranqüilidade. S. A. Real tem saúde e é digno do nosso afeto e respeito.

Aqui busquei o capitão Garadas e ele já veio satisfazer minha visita e me pareceu bom sujeito.

Devo acabar porque tenho muito mais a escrever e te seguro que sou, pelo coração, teu irmão amigo

Antônio

---

468 Refere-se às eleições no Brasil para as Cortes Constituintes.

469 Se tivesse sido escolhido eleitor de paróquia, teria participado na assembléia de eleitores, realizada em 20/4/1821, que esteve na origem do incidente sangrento referido na nota 438.

470 Antônio da Silva Carneiro, tio materno de Maria Bárbara, desembargador do paço no Rio de Janeiro.

471 Outros dois irmãos de Maria Bárbara, Manuel e Antão Garcez Pinto de Madureira, este último comandante do batalhão de caçadores 3 do Rio de Janeiro, que se amotinou em fevereiro e junho de 1821.

472 Deve referir-se ao então ajudante do conde de Arcos, brigadeiro José Egídio Gordilho de Barbuda, futuro visconde de Camamu, que nesta altura estava na Bahia, onde foi preso, acusado de conspiração.

473 O navio que conduzia o conde de Arcos para o seu desterro em Portugal, arribou à Bahia, onde a junta local o acusou de conspiração, reduzindo-o à condição de preso. Encerrado na Torre de Belém, acabou por ser libertado em 28/11/1821, por não se apurarem culpas, depois de acesos debates nas Cortes.

# Anexos

# Testamento de José Garcez Pinto de Madureira

Digo eu, José Garcez Pinto de Madureira, assistente na cidade de Penafiel, que sou católico romano apostólico, e que nesta crença tenho vivido e nela hei de morrer, que fui casado e estou viúvo, ficando sem filhos do meu matrimônio com D. Joana Augusta de Mello Garcez, e que além disso não tive igualmente filho algum ilegítimo; e que sou senhor e possuidor de bens de raiz todos de natureza de prazos, e para salvar acontecimentos, que pode haver na vida, faço o meu testamento em meu juízo perfeito e puro entendimento, e para que minha vontade se cumpra nomeio meus universais herdeiros e testamenteiros os meus irmãos Feliciano Garcez Pinto de Madureira e Antão Garcez Pinto de Madureira e a minha irmã D. Teresa Augusta Garcez, nos quais nomeio os prazos da minha casa e mais bens dela para serem deles usufruários durante a sua vida, da maneira seguinte: a quinta de Marecos com todas as suas pertenças a meu irmão Feliciano; a quinta da Rua e Miradouro, na freguesia de Várzea do Douro, e suas pertenças a meu irmão Antão Garcez Pinto de Madureira e, a minha irmã D. Teresa Augusta, a quinta da Mouta, na freguesia de Marecos, com todos seus pertences e os foros que se pagam nesta cidade e minha casa, assim como o meu montepio. Esta é a divisão que estabeleço e se deve executar. À morte de cada um destes meus três irmãos marcados aqui, irá o todo pertencendo àquele que sobreviver, sempre com usufruto durante a sua vida, e à morte deles três, então nomeio nos prazos todos e mais bens do meu casal, o filho mais velho do meu irmão Antão Garcez Pinto de Madureira, que se chama José; se este morrer sem sucessão ou mesmo antes de casar, passará a nomeação dos prazos para o imediato e assim, sucessivamente, tendo sempre preferência os varões às fêmeas, ainda que estas sejam mais velhas. Se por acaso se extinguirem os filhos legítimos do meu irmão Antão Garcez, a nomeação dos meus prazos passará para o filho mais velho do meu sobrinho e barão da Fonte Nova, o qual se chama Luís e, se este não quiser aceitar a nomeação dos meus prazos com as condições que eu determino, então nomeio os prazos em meu segundo sobrinho, Salvador, filho também de meu sobrinho o barão da Fonte Nova e, não tendo este sucessão, passará a nomeação para o imediato varão e assim, sucessivamente, tendo sempre preferência os varões às fêmeas, ainda que estas sejam mais velhas.

A casa em que habito nesta cidade, com todos os seus móveis, pratas, roupas e tudo mais que nela existe, ficará em poder dos meus três irmãos acima notados, para poderem nela viver, devendo-a conservar como eu faço, a fim de que possa passar aos nossos descendentes e àqueles que principalmente eu chamo à minha herança e da nomeação dos prazos; sendo de tudo os ditos meus irmãos possuidores em comum.

Serão obrigados os meus herdeiros à condição de terem a sua sede nesta cidade, e nesta minha casa e, não lhe convindo, passará a nomeação dos meus prazos e mais herança ao irmão ou irmã, que lhe suceder, como acima tenho determinado, pois quero perpetuar nesta minha morada o nome dos vindouros, para nisto ir de acordo com os meus antepassados, não os privando de poder estar neste ou naquele lugar, onde os negócios ou emprego os puderem chamar ou levar. Tenho um fiel criado chamado José de Sousa Silva; quero que os meus herdeiros o tratem com amor e carinho, como ele sempre me tratou nas minhas agudas moléstias, e, se por acaso nem os meus herdeiros o quiserem ter consigo nem ele de por si quiser com eles estar, então os meus três irmãos acima nomeados lhe darão anualmente, e enquanto ele viver, quarenta mil réis. Ele é casado com Maria Rita de quem tem um filho chamado João, a quem pôs o nome de Napoleão, quero dizer, ajuntei o nome de Napoleão; para este menino eu peço e é minha vontade que os meus herdeiros acima mencionados o alimentem, vistam e calcem e lhe paguem os mestres de primeiras letras e gramática, fazendo que ele tenha boa educação, e logo que tenha idade, lhe busquem modo de vida, não desejando por modo algum que seja mandado para o Brasil, só no caso de que meus irmãos e irmã D. Maria Bárbara Garcez dele se queiram incumbir, e só quando chegar à idade de quinze anos o dito menino.

Eu sei que amando-me, como me amam meus irmãos, hão de praticar este ato de caridade a favor do dito rapaz, pois sabem a amizade que lhe tenho, o desejo que tenho igualmente de o amparar, mais que seja alimentado e vestido, até que tenha a idade dita.

Tenho algumas pinturas feitas por mim próprio, quero que ornem uma das salas desta casa, fazendo o mesmo que eu faço. Quero que elas avivem a memória de meus irmãos e daqueles a quem serão oferecidos o amor fraternal que me domina e a amizade que aos outros consagro.

Não nomeio meus irmãos do Brasil como meus herdeiros, porque eles têm uma subsistência vantajosa e não necessitam que os ajude. Dei àqueles que mais precisam. Nenhum dos meus queridos irmãos deixe de conhecer o quanto os amo e mesmo confesso que a todos sou obrigado. Se o acaso os trouxer a este Portugal, sua antiga pátria, poderão cobrir-se debaixo do teto onde nasceram.

Recomendo todos os meus papéis e que, se a minha obra militar e a história da minha vida militar não [*chegarem a ver*] o dia, a conservem para que os nossos descendentes leiam o que fiz em tão remotos climas.

Pertence a esta casa a Capela dos Passos, sita na igreja matriz desta cidade, onde estão enterrados meus pais e avós, nela quero também jazer, e se morrer em outro lugar serei enterrado onde convier.

Quero se diga pela minha alma uma só missa, e que sobre a minha campa se ponha o seguinte:

"Aqui jaz (Fulano, meu nome) que viveu e morreu como homem de honra e que foi amigo da humanidade".

Deste modo dei este meu testamento por findo e acabado, sendo todo feito pela minha própria mão e peço às justiças de Sua Majestade o façam cumprir.

Penafiel, 16 de maio de 1839.

Ass. José Garcez Pinto de Madureira

Aprovado e aceite pelo tabelião Rodrigo José Dias Lopes de Vasconcelos, que o fechou e lacrou.

Aberto pelo regedor da paróquia de Penafiel em 3 de fevereiro de 1844.

## Nota biográfica sobre Luís Paulino de Oliveira Pinto da França

Nasceu em S. Salvador da Bahia em 30 de junho de 1771.

Era filho legítimo do capitão Bento José de Oliveira, cavaleiro professo da Ordem de Cristo, familiar de número do Santo Ofício de Lisboa, natural de Soalhães, bispado do Porto, e de sua mulher D. Maria Francisca de Jesus Ferreira d'Eça, natural da Bahia, filha de um senhor de engenho, nascido em Portugal.

Tendo enviuvado em 1779, o pai de Luís Paulino vem para Portugal com os filhos pequenos. Com apenas 15 anos, Luís Paulino matricula-se nas faculdades de Matemática e de Filosofia da Universidade de Coimbra, mas não concluiu esses cursos, pois em 1789 opta por direito, obtendo o grau de bacharel em leis em 1793.

Casou em 17 de dezembro de 1792 com D. Maria Bárbara Garcez Pinto, filha do capitão-mor de Penafiel, José Cardoso Pinto de Madureira Garcez.

Em 1795, resolveu seguir a carreira das armas e assentou praça, como cadete, no regimento de cavalaria nº 6, em Bragança, passando a alferes em 7 de abril de 1797 e a tenente em 5 de agosto do mesmo ano. Em 1801, tomou parte nas operações executadas em Trás-os-Montes, sob o comando de Gomes Freire de Andrade, quartel mestre general do marquês La Rosière, comandante do Exército do norte do Douro.

Quando, porém, Luís Paulino se torna pela primeira vez notado é por ocasião da redução do Exército português, ordenada por Junot. Chamado a Coimbra, em presença do coronel do seu regimento, do brigadeiro Pamplona e de um oficial francês, foi-lhe perguntado se queria continuar ao serviço e alistar-se na Legião Portuguesa que acompanharia os exércitos napoleônicos. Luís Paulino respondeu negativamente, com tal energia e indignação, que a sua resposta teve de ser moderada pelo brigadeiro, para que não fosse preso, mandando-se-lhe passar a demissão, bem como a seu filho Bento, que, embora apenas com 12 anos, era já cadete e o acompanhava nesse momento. Abandonou o regimento e dirigiu-se arrebatadamente à igreja de Santa Cruz, sempre acompanhado de seu filho, quebrou a espada junto ao túmulo de D. Afonso Henriques e aí improvisou este dramático soneto:

A teus pés, fundador da Monarquia,
Vai ser a lusa gente desarmada!
Hoje cede à traição a forte espada
Que jamais se rendeu à valentia!

Oh Rei! Se minha dor, minha agonia
Penetrar podem sepulcral morada
Arromba a campa e com mão mirrada
Corre a vingar a afronta deste dia!

E eu fiel qual te foi Moniz, teu pajem,
Fiel sempre serei. Grata esperança
Me sopra o fogo de imortal coragem
E as lágrimas que a dor aos olhos lança,
Recebe-as, grande Rei, por vassalagem,
Aceita-as por protesto de vingança

Em 8 de junho de 1808, quando o general Ballesta, comandante das tropas espanholas de ocupação a norte do Douro, prende o governador francês do Porto e retira para a Galiza, Luís Paulino conta-se entre os que mais insistem para que se aproveitasse a oportunidade para desencadear a revolta, incitando os seus amigos e conhecidos a pegar em armas contra os invasores. No dia seguinte à aclamação do príncipe regente no Porto, em 18 de junho de 1808, acompanhou os oficiais que mais tinham cooperado para a revolta e dirigiu-se ao Paço Episcopal, onde funcionava a junta de governo, oferecendo-se para as mais arriscadas empresas.

Como a junta tivesse decidido organizar um pequeno corpo de cavalaria, Luís Paulino forneceu os cavalos e arranjou soldados para os montar, assumindo o encargo de os sustentar.

Luís Paulino passou a integrar a comissão de guerra, que se elegeu em 19 de junho, para ficar adstrita à Junta do Supremo Governo. Quando no Porto se soube que Loison marchava sobre aquela cidade, a junta encarregou Luís Paulino de ir ao seu encontro com uma força composta de algumas companhias de infantaria, quatro peças de artilharia, milícias e povo que se lhe juntasse. Levando consigo o seu filho Bento, que, apesar de contar apenas 15 anos, serviu de porta-bandeira, saiu do Porto em direção a Penafiel, dali a Peso da Régua, passou o Douro e chegou até Lamego. Nesta cidade, soube que os franceses tinham retirado e que era impossível alcançá-los, pelo que retrocedeu para o Porto.

A 27 de junho, partiu para Viseu, a fim de promover o levantamento naquela cidade e povoações limítrofes, devendo, por ordem da Suprema Junta do Porto, seguir dali para Coimbra em apoio do movimento já ali iniciado. Quando se constituiu a Leal Legião Lusitana, Luís Paulino foi nela incorporado com o posto de capitão e encarregado de organizar a cavalaria daquele corpo.

Em 15 de dezembro de 1808, foi mandado partir para Sevilha, acompanhado pelo alferes Antônio Garcez, seu cunhado, a fim de se entender com a Junta Suprema ali formada e entregar correspondência. De Sevilha regressou a Ciudad Rodrigo, para onde marchara a Leal Legião Lusitana. O brigadeiro Roberto Wilson, comandante da vanguarda do exército das Beiras e Trás-os-Montes, escolheu-o para lhe servir de major de brigada, confiando-lhe a defesa de Martin del Rio. Foi já nessa qualidade que tomou parte no combate de 27 de março de 1809, próximo de Ciudad Rodrigo, ação militar que comandou por se achar ausente o general.

Em 20 de abril do mesmo ano, foi encarregado de percorrer a parte do norte do reino em serviço de reconhecimento. Do quartel-general da brigada Munhole partiu Luís Paulino com as seguintes instruções: "Fica o referido oficial encarregado de tratar da defesa de Arouca e sua linha, de reconhecer e proteger todos os caminhos, devendo servir estes para a retirada de Lamego para o Porto". Desta comissão se desempenhou com sucesso, logrando reunir debaixo das suas ordens, em Arouca, as ordenanças e povo insurreto, forças irregulares que disciplinou a ponto de com elas resistir por nove dias aos franceses, desejosos de tomarem a vila para saquearem o opulento convento.

Mais tarde, o brigadeiro Wilson pôs às ordens de Luís Paulino, em Arouca, um batalhão de infantaria e dois regimentos de milícias, com os quais foi mandado marchar por Beresford, com o fim de se estabelecer em Amarante, devendo impedir o inimigo de atravessar o Tâmega. Quando, depois da batalha de Talavera, o exército português se concentrou nas Beiras para vigiar e proteger a retirada de Wellington para Portugal, coube a Luís Paulino comandar o regimento de cavalaria 9.

Terminada a segunda invasão francesa, tratou Beresford de galardoar os serviços prestados durante a campanha e Luís Paulino foi um dos contemplados. É do teor seguinte o despacho que o promoveu a major graduado e que tem a data de 10/7/1809: "O capitão de cavalaria da mesma legião, Luís Paulino, para major agregado ao regimento de cavalaria nº 9, pela sua conduta leal, zelosa e brava, que mostrou muitas vezes debaixo das ordens do brigadeiro R. Wilson".

Depois de ter conduzido o regimento nº 9 a Abrantes, Luís Paulino passou a integrar cavalaria 12, como major agregado, a 7 de junho de 1810, marchando logo ao seu destino. Luís Paulino distinguiu-se no combate de Puebla em agosto de 1810 e em Valverde, a 14 de novembro, no qual carregou e levou de vencida um regimento de lanceiros, ficando ligeiramente ferido. Sob as ordens do general Silveira evitou, logo depois, que os sete mil franceses à ordem de Claparède, entrados por Trancoso e Pinhel, abrissem comunicação com a parte principal do exército de Massena. Mais tarde, cooperou com as forças a mando de Bacelar, Silveira, Wilson e Trant, para evitar que Drouet, Gardanne e Claparède lograssem fornecer reforços a Massena. Participou então nos combates de Vila da Ponte e Porta do Abade.

Em princípios de 1812, Luís Paulino, que tinha a família no Brasil e propriedades na Bahia a administrar, solicitou licença para se deslocar a Salvador. Não lha deram logo. Foi-lhe comunicado que era proposto para tenente-coronel efetivo e comandante interino de cavalaria 7, até que pudesse ser-lhe concedida a licença. Beresford chama-o ao quartel-general em Fuente Guinaldo e convida-o a servir sob as ordens do brigadeiro d'Urban. Só em setembro de 1812, partiu para o outro hemisfério, com destino à Bahia. Não chegou a estar um ano entregue à administração de sua casa, porquanto, em fins de agosto de 1813, D. João VI o promovia a coronel e o chamava para comandar o primeiro regimento de cavalaria do Exército do Brasil. O decreto dizia que tal promoção era feita em consideração aos seus merecimentos militares e distinção no mesmo serviço.

Em 1817, tomou parte na expedição que marchou do Rio de Janeiro para esmagar a revolta de Pernambuco e a sua ação valeu-lhe a promoção a brigadeiro. Reza assim o decreto de promoção: "Dom João, etc., etc..., querendo contemplar a boa vontade, zelo e fidelidade com que se ofereceu para servir na divisão que mandei organizar, e partiu para Pernambuco, Luís Paulino de Oliveira Pinto da França, ajudante general da divisão e coronel comandante do 1º regimento de cavalaria do Exército, e tendo em atenção as informações e a proposta de Luís do Rego Barreto, governador e capitão geral da sobredita capitania, hei por bom de o promover, como por esta promove ao posto de brigadeiro de cavalaria...".

Em princípios de 1819, era promovido a marechal-de-campo graduado e nomeado inspetor e instrutor da arma de cavalaria de linha e de milícias da Bahia. Em ofício de 10 de maio de 1820, Thomaz Antônio Vila Nova Portugal informava-o do seguinte: "Tendo recebido os seus trabalhos militares e tendo-os apresentado a Sua Majestade, ele ficou muito satisfeito com eles e com os planos das fortalezas". Na comissão de inspetor das tropas de cavalaria se conservou Luís Paulino até que as eleições para as Cortes Constituintes o vieram eleger deputado pela Bahia.

Foi certamente um dos períodos mais difíceis da sua vida o que atravessou no seio da representação brasileira. Era preciso fino tato para contrabalançar as posições dos independentistas mais radicais e ao mesmo tempo zelar pelos interesses da província que representava e onde tinha filhos casados, o que tentou com esforçado bom senso.

Dissolvidas as Cortes, após o triunfo da Vilafrancada, D. João VI resolveu mandar uma deputação ao Brasil com o objetivo de tentar a reconciliação. Esta deputação era composta pelo conde de Rio Maior e pelo desembargador Francisco José Vieira, devendo estes ser precedidos por Luís Paulino, que levava instruções especiais para ir à Bahia entender-se com o general Madeira e o chefe da divisão naval, João Félix de Campos, para que cessassem as hostilidades e evacuassem aquela cidade. A 10 de julho de 1823, partiu de Lisboa a bordo do brigue de guerra Treze de Maio.

Chegou à Bahia a 18 de agosto. Logo que o navio apareceu à vista de terra, com bandeira parlamentária, foi a bordo o capitão do porto que levou para terra Luís Paulino e os documentos de que era portador. Foi de imediato conduzido ao palácio onde funcionava a junta governativa. Esta ordenou que fosse apreendida a correspondência de que era portador. Luís Paulino apelou para o cavalheirismo da junta e sublinhou o melindre de devassar correspondência diplomática.

No dia seguinte, comunicaram-lhe que a junta havia decidido guardar a correspondência. Visto isso respondeu Luís Paulino que só lhe cabia apressar a sua partida para o Rio de Janeiro, mas que exigia da lealdade da junta um documento em que atestasse ter ficado de posse dos sacos com correspondência. Efetivamente, no dia 21 de agosto a junta governativa passou-lhe o certificado que exigia e autorizava-o a fazer-se à vela no dia seguinte.

Fundeando na barra do Rio de Janeiro a 7 de setembro, com bandeira parlamentária, oficiou no mesmo dia Luís Paulino ao ministro dos Negócios do Império e dos Estrangeiros, José Joaquim Carneiro de Campos, dando-lhe parte de que se achava ali para se reunir à comissão que de Lisboa devia ter vindo, ficando a aguardar as determinações do imperador. Respondem-lhe que não o autorizam a desembarcar, sem previamente confirmar que estava credenciado para reconhecer a Independência do Brasil, ao que Luís Paulino retorquiu não o poder fazer.

Permaneceu pois a bordo mas, como o seu estado de saúde se agravasse e a sua vida perigasse, permitiu o imperador que desembarcasse e se fosse hospedar em casa de seu cunhado, o desembargador Antônio Garcez, onde esteve sempre guardado à vista por um oficial e duas ordenanças. Sabendo da chegada ao Rio de Janeiro da corveta Voadora, a bordo da qual vinha a comissão portuguesa, em 17 de setembro de 1823, oficiou Luís Paulino ao ministro dos Estrangeiros do Brasil solicitando-lhe que mandasse entregar um outro ofício ao conde de Rio Maior. Este ofício era um relatório de tudo quanto se tinha passado depois da sua chegada ao Brasil. O conde de Rio Maior respondeu-lhe aprovando e louvando o seu procedimento e anunciando-lhe que D. Pedro não estava disposto a receber a comissão e queria fazê-la partir quanto antes para o reino.

Ao conde de Rio Maior endereçou ainda Luís Paulino outro ofício em que lhe mostrava ser indispensável que se representasse ao governo brasileiro a fim de lhe ser concedido ficar no Rio de Janeiro, em virtude do seu perigoso estado de saúde. Acrescentava ser-lhe extremamente doloroso não poder acompanhar a comissão, tanto mais que não alimentava esperanças de tornarem a ver-se em Portugal. Foi entretanto concedido a Luís Paulino ficar no Rio de Janeiro até que o seu estado lhe permitisse partir. Porém, na seqüência de desordens com os portugueses que tinham ficado no Brasil, D. Pedro demitiu o ministério e viu-se obrigado a tomar providências. Assim, em 15 de novembro de 1823, Luís Paulino recebia do ministro dos Estrangeiros, Luís José de Carvalho e Mello, uma intimação em nome do imperador para que embarcasse no brigue português Glória, que seguia para o reino.

A esta brutal intimação respondeu Luís Paulino dizendo que, a despeito de ser perigosíssimo o seu estado de saúde, cumpriria imediatamente as ordens que recebera. A 4 de dezembro, fazia-se à vela para a Europa, minado pela tuberculose e corroído de desgostos. Foi piorando e veio a falecer a 8 de janeiro de 1824, em pleno Oceano Atlântico. No dia 3 do mesmo mês, ditou ainda uma carta para seu filho Bento e outra para o conde de Subserra, então ministro assistente ao despacho. Pedia a este que intercedesse pelo seu filho Bento junto de D. João VI. A poucas horas de morrer e do seu corpo ser lançado ao mar, conforme anotou o comandante do brigue que o transportava, compôs ainda um dramático soneto de despedida:

Eis já dos mausoléus silêncio horrendo,
Ele impede o respirar, a voz me esfria.

Eis chega a morte eterna, eis morre o dia,
Ao nada a natureza vai descendo.

No da aniquilação, passo tremendo,
Escudo-me da sã filosofia,
Terror humilde o rosto não m'enfia,
Como Catão morreu, eu vou morrendo!

Mas ah tu, d'alma, nobre qualidade,
Saudade cruel com o sofrimento
Me arremessas a mares de ansiedade!

Mulher, filhos, amigos, num momento,
No momento do adeus para a eternidade
Vós sois o meu cuidado, o meu tormento!

Deixou ainda outras composições poéticas que foram publicadas. Veja-se os nºˢ 22 e 41 do *Jornal de Coimbra*, respectivamente de 1813 e 1845, o tomo III do *Parnaso Brasileiro e a Miscelânea Poética* (Rio de Janeiro, 1853).

Destacam-se das suas obras outros dois sonetos, o primeiro glosando o mote "De Jano às portas por desgraça abertas", o segundo glosando também um mote, "Entre os horrores da malvada guerra". Conhece-se também um poema alusivo à invasão francesa, cujo primeiro verso é o seguinte: "No tempo de um Afonso a monarquia".

Durante a sua vida recebeu diversas condecorações e mercês: Medalha de Ouro das Campanhas Peninsulares; Comenda de Cristo; Comenda de Nossa Senhora da Conceição de Vila Viçosa; Torre e Espada. Foi fidalgo cavaleiro da Casa Real e segundo administrador do vínculo da Fonte Nova, instituído por seu pai.

# Sobre os organizadores

Antônio Manuel Monteiro Cardoso nasceu em Freixo de Espada à Cinta, Portugal, em 8 de setembro de 1950. Graduado em direito pela Universidade Clássica de Lisboa, doutorou-se em história moderna e contemporânea pelo Instituto Superior de Ciências do Trabalho e da Empresa (ISCTE), de Lisboa. É professor da Escola Superior de Comunicação Social do Instituto Politécnico de Lisboa e pesquisador do Centro de Estudos de História Contemporânea Portuguesa (CEHCP). Publicou várias obras na área do direito da comunicação social e o romance *Boas fadas que te fadem* (Lisboa, Dom Quixote, 1995). No domínio da história, tem-se dedicado sobretudo ao estudo do liberalismo, matéria sobre a qual publicou *A Guerrilha do Remexido*, com Antônio do Canto Machado (Lisboa, Publicações Europa-América, 1981) e *A Revolução Liberal em Trás-os-Montes (1820-1834). O povo e as elites* (Porto, Edições Afrontamento, 2007). No que se refere ao século XX, publicou *Timor na 2.ª Guerra Mundial. O diário do tenente Pires* (Lisboa, CEHCP-ISCTE, 2007).

Antônio de Oliveira Pinto da França nasceu em Matosinhos, Portugal, em 12 de setembro de 1935. Graduado em direito pela Universidade de Lisboa, é diplomata de carreira, tendo servido como embaixador e cumprido missões em Jacarta, Bissau, Luanda, Bonn e Vaticano. De 1974 a 1977, foi cônsul-geral de Portugal no Rio de Janeiro. É autor, entre outras obras, de *Portuguese Influence in Indonesia* (Jacarta, Gunung Agung, 1970/Lisboa, Fundação Calouste Gulbenkian, 1985); "Costa Cabral nos dias da queda da Roma papal em 1870" (separata, Centro de História e Cultura da Universidade Nova de Lisboa, 1999); *Angola – o dia-a-dia de um embaixador* (Lisboa, Editora Prefácio, 2004); *Em tempos de inocência – um diário de Bissau* (Lisboa, Editora Prefácio, 2006).

Nicolas Louis Albert Delarive, *Embarque do príncipe regente para o Brasil*, 1807, óleo sobre tela, 90,7 x 118,7 cm, Museu Histórico Nacional/IPHAN/Minc.

Este livro foi produzido em 2008 pela Companhia Editora Nacional.
A tipologia empregada foi a Spectrum MT 12/17
e o papel utilizado, Starmax 90g.
Impresso em São Paulo pela IBEP Gráfica.